आत्मनिर्भर भारत

जल : जीवन का अमृत

[खंड-2]

आत्मनिर्भर भारत

जल : जीवन का अमृत

[खंड-2]

लेखक

एम. वीरप्पा मोइली

अनुवादक

रमेश कपूर

राजकमल प्रकाशन

नयी दिल्ली पटना इलाहाबाद कोलकाता

ISBN : 978-81-267-2665-3

मूल्य : ₹ 600

पहला संस्करण : 2014

प्रकाशक : राजकमल प्रकाशन प्रा. लि.
1-बी, नेताजी सुभाष मार्ग, दरियागंज
नई दिल्ली-110 002

शाखाएँ : अशोक राजपथ, साइंस कॉलेज के सामने, पटना-800 006
पहली मंजिल, दरबारी बिल्डिंग, महात्मा गांधी मार्ग, इलाहाबाद-211 001
36 ए, शेक्सपियर सरणी, कोलकाता-700 017

वेबसाइट : www.rajkamalprakashan.com
ई-मेल : info@rajkamalprakashan.com

मुद्रक : बी.के. ऑफसेट
नवीन शाहदरा, दिल्ली-110 032

ATMA NIRBHAR BHARAT-2
by M. Veerappa Moily
Translated by Ramesh Kapoor

समर्पण

डॉ. वाई.एस. राजशेखर रेड्डी की पुण्य स्मृति को,
जिन्होंने नवप्रवर्तनशील 'जल यज्ञ' द्वारा सिंचाई और
पेय जल के क्षेत्र में एक क्रान्ति की शुरुआत की।

धरती के पास सभी की ज़रूरतों को पूरा करने के लिए पर्याप्त सामर्थ्य है, लेकिन उनकी लालसाओं के लिए नहीं।

—महात्मा गांधी

अपस्वऽन्तरमश्तमप्सु भेषजम्– अथर्ववेद (4/4)

जल जीवन का अमृत है, जल की औषधीय महत्ता है।

(जल मानव शरीर की मूलभूत आवश्यकता है। जल जीवन के लिए अमृत सदृश है जिसके कारण शरीर शुद्ध होता है और हममें ऊर्जा का संचार होता है। जल का औषधीय महत्त्व भी है। जल शरीर को विभिन्न दोषों {विकारों} से मुक्त करता है और इसे भेषज्य भी कहा जाता है। जल से हमें अच्छा स्वास्थ्य, प्रसन्नता और संतोष प्राप्त होता है)।

तः आपः शिवः आपः अयक्षमानकरणीयः

यथैव तश्प्यते मायास्तस्तः आ दत्तः भेषजीहि– अर्थववेद (2/5)

जल सभी के लिए कल्याणकर है यह सभी व्याधियों का निराकरण करता है। जैसे प्रसन्नता बढ़ती है, जल सभी व्याधियों के लिए रामबाण है, इसे ग्रहण करें।

(जल का औषधीय मूल्य और उपयोगिता सर्वज्ञ है। कई व्याधियों के उपचार हेतु जल अपने आप में एक रामबाण औषधि है)

आभार

इस अवसर पर मैं धन्यवाद देना चाहता हूँ, अपनी पुत्री हंसा, पुत्र हर्ष और अपनी पत्नी मालती को, जिन्होंने इस कार्य के दौरान मेरी महती सहायता की। श्री आर.के. सिंह, आई.ए.एस. को, जो एक स्तम्भ की तरह मेरा अवलंब बने रहे। कर्नाटक सरकार के पूर्व निदेशक (योजना) श्री नसीर हुसैन ने कठिन परिश्रम से समस्त आँकड़े और शोध सामग्री उपलब्ध करवाये। सुश्री महुआ मोइत्रा और श्री एस.के. दास, आई.ए.एस. (सेवानिवृत्त) पूर्व सचिव, कर्नाटक सरकार और निदेशक (वित्त), इसरो, बंगलौर और प्रोफेसर प्रकाश, कृषि विश्वविद्यालय, बंगलौर का भी ऋणी हूँ जिन्होंने मेरी पाण्डुलिपि को बहुत मेहनत से संपादित किया है।

नीचे वर्णित महानुभावों ने भी पुस्तक के इस खण्ड में मुझे अपना अमूल्य योगदान दिया है: श्री चिरंजीव सिंह, आई.ए.एस. (सेवानिवृत्त), पूर्व अतिरिक्त प्रमुख सचिव व विकास आयुक्त, कर्नाटक सरकार; डॉ. वसन्त कुमार, निदेशक बागवानी विज्ञान, कर्नाटक सरकार; श्री विजय कुमार गोगी, आई.एफ.एस., प्रोजेक्ट ऑफिसर (वानिकी), ग्रामीण भारत परियोजना के लिए जैव ईंधन ऊर्जा, बंगलौर और श्री एच.वी. जनार्दन, उप निदेशक, कृषि (सेवानिवृत्त), कृषि विभाग, कर्नाटक सरकार।

भूमिका

हर बूँद के सदुपयोग के लिए जल संरक्षण

जल जीवन है और जनसंख्या व जल की मांग के बढ़ने के साथ–साथ यह और भी अमूल्य हो जाता है। प्रदूषण और भूमण्डलीय तापक्रम में वृद्धि होने से जल संसाधनों पर दबाव बढ़ गया है और भारत व उसके उत्तर–पश्चिमी, पश्चिमी और दक्षिण क्षेत्र में मानसून की अनिश्चितता के कारण जल संसाधनों में भी बहुत कमी हुई है। जहाँ नई वास्तविकताओं व जल के भविष्य की अनिवार्यता के बारे में हमें अपने को पुनर्शिक्षित होना ज़रूरी है, वहीं यह संतोष का विषय है कि वर्तमान केंद्रीय विधि मंत्री डॉ. एम. वीरप्पा मोइली, जो कि एक बड़े कद के राजनीतिक व्यक्तित्व हैं, ने अपना बहुमूल्य समय निकाल कर इस बेहद ज़रूरी विषय पर 'आत्मनिर्भर भारत–जल : जीवन का अमृत' नामक इस पुस्तक की रचना की।

एक प्रख्यात राजनीतिज्ञ, कर्नाटक के पूर्व मुख्यमंत्री तथा कुछ समय पूर्व तक प्रशासनिक सुधार आयोग के चेयरमैन, डॉ. मोइली ने, जिन्होंने हाल ही में एक बड़े काम को अंजाम दिया है, अपने विशद अनुभवों के साथ इस विषय को संबोधित किया है। यद्यपि प्रशासनिक सुधार आयोग ने सीधे–सीधे तो इन विषयों को संबोधित नहीं किया है, परंतु गह विषय इतने व्यापक हैं कि विभिन्न यर्चाओं के अंतर्गत, यथा नरेगा, स्थानीय जल पूंजी के रखरखाव और सुधार में ग्रामीण रोज़गार के साथ उनका उल्लेख आपदा प्रबंधन (बाढ़ और सूखे) इत्यादि से बचाव एवं पर्यावरण वहनीयता तथा टकरावों के समाधानों के संदर्भ में होता ही रहा है। इस पुस्तक का मूल संदेश महात्मा गांधी की प्रसिद्ध उक्ति से लिया गया है कि धरती के पास सभी की ज़रूरतों को पूरा करने के लिए पर्याप्त है, लेकिन लालसाओं के लिए नहीं। उसका मूल अभिप्राय यह है कि बर्बादी कम करो और इच्छाओं को घटाओ। भारत में पानी की बर्बादी बहुत अधिक होती है और

इसके मुख्य कारण हैं उचित नीतियों का न होना, जल निकासी की व्यवस्था के अभाव के कारण जलभराव एवं भूमि में लवणीयता की समस्या इत्यादि। यहां जल की कोई कीमत भी नहीं चुकानी पड़ती है। कैसी विडम्बना है कि पानी जैसे दुर्लभ संसाधन को भी मूल्यहीन समझा जाता है और सही रखरखाव के साधन न होने के कारण हमारी यह सम्पदा निरंतर कम होती जा रही है। इसलिए डॉ. मोइली का संदेश है कि जल को एक सार्वजनिक न्यास के रूप में ही समझा जाना चाहिए और जो राष्ट्र के संसाधनों के कर्णधार हैं, उन्हें मात्र जलप्रबंधक नहीं वरन् सर्वकल्याण हेतु सार्वजनिक न्यासी समझना चाहिए।

यद्यपि जल के कई उपयोग हैं, परंतु राष्ट्रीय खाद्य आपूर्ति को बनाये रखने के लिए इस का प्रमुख भाग कृषि में ही प्रयुक्त होता है। हालांकि, आबादी में निरंतर वृद्धि होने से प्रयोज्य जल की अधिकांश खपत कृषि के अलावा ग़ैर–कृषि कार्यों (यथा पेयजल व नागरिक आपूर्ति में), औद्योगिकरण एवं जन मनोरंजन क्षेत्र में भी काफी हो रही है। फिर भी कृषि का क्षेत्र ही उसका प्रमुख उपभोक्ता है और हमेशा रहेगा क्योंकि हमारी जलवायु ही ऐसी है। परंतु पोषकता के स्तर पर भारत में इसका उपयोग अब भी काफी कम है। कृषि में इसका उपयोग अधिक वांछित है क्योंकि तब ही हमारी बढ़ती आबादी की खाने–पीने, चारा, बीज आदि की मांग पूरी होती रहेगी। आबादी तो स्वतंत्रता प्राप्ति के समय से तिगुनी हो चुकी है और अभी डेढ़ गुणा और बढ़नी है। अगले चालीस वर्षों में तो यह 1650 मिलियन का आंकड़ा छू लेगी।

यहां डॉ. मोइली की चिंता है कि कैसे अपने सीमित जल संसाधनों को और 'विस्तृत' किया जाये, जिससे नयी मांगों की आपूर्ति भी हो और ज़्यादा से ज़्यादा लोगों को भोजन उपलब्ध करवाया जा सके। छोटे राष्ट्र तो खाद्य सामग्री बाहर से भी मंगवा सकते हैं, परंतु भारत जैसे बड़े राष्ट्र के लिए तो यह एक लघु आयामी आपातकालीन समाधान ही हो सकता है। भारत की जनसंख्या समूचे विश्व की जनसंख्या का 1/6 भाग है, जो शायद समस्त विश्व के बचे हुए खाद्य भंडार की खपत कर सकती है (बशर्ते यह राजनैतिक रूप से संभव हो और हमारे लिए आर्थिक रूप से वहनीय हो)। यानि हम आयात करने वाले देसरे देशों के लिए कुछ न छोड़ें। भारत में ज़्यादातर कृषि योग्य बड़े भूखण्ड वर्षाजल से ही काम चलाते हैं, क्योंकि यह

भी सत्य है कि हमारा देश विश्व का सबसे बड़ा कृषि जीवी देश है (लगभग 100 मिलियन हेक्टेयर–स्थूल संभावना) अपेक्षाकृत हमारी बाहरी कृषि संभावित क्षेत्र के (14 करोड़ हेक्टेयर) यानि अगर नदियों को जोड़ कर जल आपूर्ति के साधन विकसित किये जायें, तो यह आंकड़ा अनुमानित है।

वैसे अधिकांश सिंचाई भूजल से होती है जो थोड़ी सस्ती भी पड़ती है क्योंकि उसके उपयोगकर्ता काफी सतर्कता व बारीकी से इसका इस्तेमाल करते हैं, जो स्रोत के तो स्वामी होते हैं परंतु संसाधनों के नहीं। लेकिन बड़े परिप्रेक्ष्य में उसका ज़्यादा लाभ नहीं होता क्योंकि भूमिगत और भूजल एक ही जलसाधन चक्र से प्राप्त होते हैं। वाटरशेड प्रबंधन के द्वारा भूजल की मात्रा बढ़ाई जा सकती है तथा पुनः उपयोग में लाने के अन्य तरीकों द्वारा भी यह संभव हो सकता है। परंतु डॉ. मोइली की रणनीति है कम से कम पानी से अधिक से अधिक फसलें उगाना। इस उद्देश्य के लिए वह जल संरक्षण के तरीकों द्वारा अधिक से अधिक पानी बचाने और सिंचाई के लिए ड्रिप और स्प्रिंकलर सिंचाई की प्रणाली का समर्थन करते हैं। देश के कुछ भागों में तो यह प्रणाली प्रचलित भी हो चुकी है और अन्य जगहों पर भी उन्हें काफी संभावनायें दिखाई पड़ती हैं। छोटे कृषक इन प्रणालियों का प्रयोग सामूहिक उपक्रम द्वारा कर सकते हैं या ठेके पर काम दे कर भी ऐसा किया जा सकता है। इन पर धन और ऊर्जा की काफी ज़रूरत होगी, लेकिन इसके परिणामस्वरूप जो लाभ होगा, वह भी काफी अधिक हो सकता है।

यह सच है कि अभी तो ये तरीके बागवानी आदि के लिए अधिक अनुकूल हैं, जहां पानी का उपयोग ज़्यादा नहीं है। गेहूं और धान की फसलों में, जो काफी बड़े क्षेत्र में उगाई जाती हैं, यह शायद ज़्यादा अनुकूल सिद्ध न हों क्योंकि इन फसलों में बड़ी मात्रा में पानी की आवश्यकता होती है। डॉ. मोइली के अनुसार, गन्ने के फसल में भी ज़्यादा संभावनायें दिखती हैं। यदि इनका प्रयोग कई क्षेत्रों में एक साथ किया जाये, तो लागत भी कम होगी और पर्यावरणीय ज़रूरतों के अनुसार भी फसलों का यह तरीका ज़्यादा अनुकूल प्रतीत होगा। इसके साथ कम पानी लेने वाली फसलों को जोड़ दिया जाये, जो लवणीय भूमि में भी उग सकती हैं तो यह एक अच्छा विकल्प बन कर उभर सकता है। खेती के संशोधित विकल्प यथा चावल गहनता प्रणाली भी अच्छा प्रतिफल दे सकती है।

जल प्रबंधन के चार अन्य पहलू हैं और उम्मीद है कि डॉ. मोइली अपने अगले लेखन में इनको भी संबोधित करेंगे। इनमें पहला है जलवायु परिवर्तन और हमें इसके द्वारा बनाई गयी नयी जलीय स्थिति से अपना तालमेल बिठाने की ज़रूरत होगी। दूसरा है सिंधु, गंगा, ब्रह्मपुत्र/मेघना जैसी बड़ी–बड़ी अंतर्राष्ट्रीय नदियों के पानी को काम में लाने में क्षेत्रीय सहयोग। इनका सही उपयोग तभी संभव है जबकि तटवर्ती क्षेत्र के ऊपरी और निचले नदी तटों पर प्रभावों को अनदेखा न किया जाये क्योंकि उनके बेसिनवार उद्देश्य हैं। इसके अलावा, अंतर्राष्ट्रीय सहयोग से भी राष्ट्रीय समस्याओं का निदान किया जा सकता है। तीसरे पहलू का संबंध जल संबंधी और मानचित्रण संबंधी आंकड़ों के वर्गीकरण की भरमार से बचना है, जो हर स्तर पर उद्देश्यपूर्ण विचारों में बाधा बन कर उभरते हैं और सही योजना बनाने में अड़चन पैदा करते हैं। वैसे इस बारे में डॉ. मोइली ने अपनी ए. आर.सी. रिपोर्टों में लिखा है। अंततः यह भी स्पष्ट है कि नदियां हमारे प्राकृतिक संसाधनों के विभिन्न क्षेत्रों को प्रकट करती हैं, जिनकी हमारे संघीय ढांचे में प्रशासनिक एवं राजनैतिक सीमाओं के साथ एकात्मकता नहीं होती। डॉ. मोइली नदी बोर्डों एवं बेसिन प्राधिकरण के बारे में ज़िक्र करते हैं। परंतु, ये संवैधानिक प्रावधान राजनैतिक रूप से सदा अस्वीकार्य रहे हैं। अतः इस अंतर भेद को पाटने के लिए हमें जल–बाज़ारों, जल–संसदों तथा अन्य नई व्यवस्थाओं के बारे में सोचना पड़ेगा। अपने प्रशासनिक अनुभवों के साथ एवं विधि मंत्री के रूप में डॉ. मोइली काफी अच्छी स्थिति में हैं कि वह इन सुधारों की संभावनाओं को राष्ट्रीय कार्यसूची में डालें और एक राष्ट्रीय बहस करवायें जिससे इन महत्वपूर्ण मुद्दों को सही प्रकार से संबोधित किया जा सके।

यह सब 'आत्मनिर्भर भारत–जल : जीवन का अमृत' के विशाल कैनवास पर काफी अच्छी तरह समझा जा सकता है, जिसके द्वारा डॉ. मोइली भारत की संभावित जल की ज़रूरतों को पूरा करने पर विचार करते हैं।

बी.ज़ी. वर्गीज़
पूर्व संपादक, इंडियन एक्सप्रैस

प्रस्तावना

'हवा गुरु है, पानी पिता और पृथ्वी सबकी महान माता है।'

–गुरु ग्रन्थ साहिब

दक्षिणी अफ्रीका के जल पर श्वेत पत्र की भूमिका में कहा गया है : 'जल मानव का मूलभूत अधिकार एवं जीवनदाता है।' इसमें कवि माज़िसी क्यूनेन का उद्धरण देते हुए कहा गया है: 'पृथ्वी के सभी लोगों की उत्पत्ति जल से हुई है।' इसके अनुसार, एक राष्ट्र का जल संसाधन प्रत्येक व्यक्ति का निजी अधिकार है तथा राष्ट्रीय सरकार राष्ट्र के जल संसाधन की मात्र रक्षक है, जिसका प्रबंध वह लोगों के न्यासी की तरह करेगी।

अब भारत में भी समय आ गया है कि हमारी जल नीति पर फिर से दृष्टिपात करके उसकी संरचना ऐसे की जाये कि जल संसाधनों के संदर्भ में राष्ट्रहित भी सुरक्षित रहे और इन जलस्रोतों को एक सार्वजनिक न्यास की तरह भी देखा जाये।

वास्तव में मूल मुद्दे दो हैं: एक–भूमि के जल का ज़रूरत से ज़्यादा शोषण और दूसरा–सरकारी ख़र्च की प्राथमिकताओं का त्रुटिपूर्ण निर्धारण। 60% से ज़्यादा बजट संसाधन तो बड़े–बड़े बांधों और नहरों के लिए ही सुनिश्चित कर दिये जाते हैं, बिना यह देखे कि उनसे पूरा लाभ मिलेगा या नहीं। इस बीच में जो वर्तमान बुनियादी ढांचा है, उसमें गाद भरने के कारण पूरी क्षमता का इस्तेमाल नहीं होता तथा पानी के रिसाव के कारण जल की बर्बादी भी होने लगती है।

वस्तुतः, भूजल भारत की जीवन–रेखा है, जो अनुमानतः दो तिहाई सिंचाई योग्य भूमि खण्डों को उनकी खुराक देता है और अधिकांश ग्रामीण क्षेत्र तथा आधे शहरी क्षेत्र को भी पेयजल उपलब्ध कराता है तथा उद्योगों की जल मांग की पूर्ति करता है। परंतु,

इसका अत्यधिक शोषण होता है यानि जितना पानी निकाला जाता है, वर्षा से उसकी भरपाई उस अनुपात में नहीं हो पाती।

इस समस्या का एक व्यावहारिक हल हो सकता है स्थानीय समुदाय–स्तर पर इस भूजल संसाधन को प्रबंधन की जिम्मेदारी सौंपना। दुर्भाग्यवश, संविधान के 73वें संशोधन के अंतर्गत उपलब्ध पंचायतों को जल प्रबंधन सौंपने का प्रावधान कभी भी कार्यान्वित नहीं किया गया, उसका प्रभावी होना तो दूर की बात है। लेकिन, अब हम जल प्रबंधन के इस चुनौतीपूर्ण कार्य को टालने की स्थिति में नहीं हैं।

स्वतंत्रता के साठ वर्ष बाद भी, हमारी 60% खेती मानसून पर ही निर्भर है। पिछले दशक में सिंचाई योग्य इलाके में वृद्धि करने का हमारा प्रयास बुरी तरह असफल हो चुका है। सन् 1981 से 1991 के मध्य, सिंचाई के अंतर्गत आने वाले खेतों की वार्षिक वृद्धि 2.27% थी, लेकिन 1991 से 2004 के मध्य, यह गिरकर 1.15% ही रह गयी। अर्थात् वास्तव में सन् 1985 से 1995 के मध्य, 14 लाख हेक्टेयर भूमि सिंचाई में शामिल की गई लेकिन सन् 1995 से 2005 में यह आंकड़ा 6.85 लाख हेक्टेयर ही रह गया।

वस्तुतः, पिछले दशक में कृषि के बुनियादी ढांचे में निवेश में काफी कमी आई थी। सार्वजनिक कृषि निवेश, जो प्रथम योजना में 23% था, वह दसवीं पंचवर्षीय योजना में मात्र 5% ही रह गया। वास्तव में, योजना आयोग ने तो इस संख्या, 6.8 लाख हेक्टेयर पर भी एतराज़ किया था, जो पिछले दशक में सिंचाई भूमि के अंतर्गत लाई गई थी। उसका कहना था कि भूमि प्रयोग के जो आंकड़े बताये गये हैं, उसमें कृषि योग्य भूमि में कोई वृद्धि नहीं बताई गई है। परंतु, हैरानी है कि दसवीं योजना में कृषि योग्य भूमि को बढ़ाने के लिए लक्ष्य तो 90 हज़ार करोड़ ख़र्च करने का रखा था, परंतु संभावित क्षमता में बताई गई संख्या वृद्धि इसकी आधी ही थी अर्थात् 16 मिलियन हेक्टेयर। इस बीच 480 सिंचाई योजनायें पूरी होनी थीं व 240 नई योजनायें और प्रस्तावित थीं। उधर, कर्नाटक में भूजल स्तर 70 सेंटीमीटर प्रतिवर्ष की ख़तरनाक गति से नीचे जा रहा था। उत्तर–प्रदेश में तीन साल के सूखे ने कृषकों का हाल–बेहाल कर दिया था।

यदि देश भर में भौगोलिक क्षेत्र का विश्लेषण विश्व के कृषि योग्य भूमि और सिंचित भूमि के संदर्भ में किया जाये, तो ज्ञात

होता है कि समस्त महाद्वीपों में सबसे बड़ा भौगोलिक क्षेत्र अफ्रीका में है, जो समूचे विश्व के भौगोलिक क्षेत्र का 23% है। परंतु यदि एशिया (पूर्व के सोवियत संघ देशों को छोड़ कर) में देखा जाये, तो वह विश्व के भौगोलिक क्षेत्र का 21% है, जिसमें विश्व की 32% कृषि योग्य भूमि है। उसके बाद नम्बर है उत्तर दक्षिणी अमेरिका का, जहां विश्व की 20% कृषि योग्य भूमि है। अफ्रीका में तो विश्व भर की कृषि योग्य भूमि का केवल 12% भाग ही है। 1994 में यह देखा गया कि विश्व भर के सिंचित क्षेत्र में 18.5% ही कृषि योग्य भूमि आती है। सन् 1989 में विश्व की 63% सिंचित भूमि एशिया में थी, जबकि 1994 तक यह बढ़ कर 64% हो गयी थी। इसके अलावा, एशिया की 37% भूमि 1994 में सिंचित होने लगी थी। एशिया के देशों में भारत के पास सर्वाधिक कृषि योग्य भूमि है, यानि एशिया की कुल कृषि योग्य भूमि का 39%। केवल अमरीका के पास ही भारत से अधिक कृषि योग्य भूमि है।

उपरोक्त आंकड़े पूर्व केंद्रीय मंत्री, श्री वाई.के.अलग के एक लेख से लिए गये हैं।

दोनों पक्षों के संघर्ष के अर्थ को जानने के लिए किसी क्षेत्र के खास जल विवाद के इतिहास की पूरी समझ होना बहुत ज़रूरी है। इतिहास को मनचाहे रूप में नकार देना या विवाद में किसी पक्ष द्वारा लंबे समय तक महसूस किये गये अन्याय एवं प्रबंधन के दर्द की अनदेखी करने से कुछ हासिल नहीं होता। भारत में तो कोई भी विवाद बिना किसी पूर्वग्रह के शुरू नहीं होता। नर्मदा विवाद की शुरुआत लगभग 40 वर्ष पूर्व हुई थी और कावेरी जल विवाद तो 100 वर्ष से भी ज़्यादा पुराना है। विगत की सोच अधैर्य देती है, परंतु इसको भूल कर ज्यादा चीख पुकार करने से दोनों पक्षों के विचार अलग थलग हो जाते हैं तथा द्वेष भी ज़्यादा गहरा जाता है।

विवादों में उलझे प्रांतों की संख्या और भौगोलिक स्थिति उनकी आपसी अंतःक्रिया का इतिहास तथा सामाजिक, आर्थिक एवं पर्यावरणीय खतरों की सम्भावनायें एवं उनके विवादों के राजनीतिक पहलुओं के अपने अलग–अलग रूप होते हैं और विशेषतायें होती हैं। हर संघर्ष की आपसी गतिबोधता तथा उसकी राष्ट्रीय, प्रांतीय और स्थानीय अनुगूंजें हर मायने में बिल्कुल अलग होती हैं। भारत के लिए इसका नतीजा यह होता है कि उसकी जल राजनीति बेहद

विविध और निरंतर परिवर्तनशील रहती है। इन विवादों का सामना करने के लिए मजबूत संस्थाओं की आवश्यकता होती है। सहयोग की इच्छाशक्ति का दृढ़ होना तथा न्याय करने की सशक्त चाह भी आवश्यक होती है।

साझा संसाधनों की असमान पहुंच कोई ज़्यादा हैरानगी नहीं पैदा करती क्योंकि हमारे सार्वजनिक क्षेत्र में वर्गीकरण इस प्रकार काम करते हैं कि उच्च वर्ग का एक छोटा सा समूह ज़्यादा से ज़्यादा संसाधनों को हड़प जाता है। इस स्थिति के और ख़राब होने का एक प्रमुख कारण है एक ऐसे प्राकृतिक संसाधन केंद्रित उद्योग एवं आधुनिक़ जल केंद्रित कृषि का उभरना, जिसके हाशिये पर कुछ ऐसे सामाजिक समूह हैं, जिनकी बात इन क्षेत्रों में लगभग नहीं सुनी जाती।

राष्ट्रीय जल नीति, जो पेयजल आपूर्ति को सर्वोच्च प्राथमिकता देती है, को सिंचाई, जलविद्युत, नेवीगेशन एवं औद्योगिक तथा जल के अन्य प्रयोग को भी इसी क्रम में ध्यान में रखना चाहिए। परवर्ती पंचवर्षीय योजना एवं बीच में आई वार्षिक योजनाओं में पूरा प्रयास किया गया है कि जल आपूर्ति और साफ सफाई प्रणालियों को शीघ्रता से विकसित किया जाये। अंतर्राष्ट्रीय पेयजल आपूर्ति एवं साफ–सफाई दशक के संदर्भ में भारत सरकार ने दशकीय प्रोग्रामों की शुरुआत अप्रैल 1981 में की थी, जिस से समस्त 100% आबादी को पेयजल की सुविधा शहरी एवं ग्रामीण क्षेत्रों में प्राप्त हो सके तथा 80% साफ सफाई का काम शहरी और 20% सफाई का काम क्रमशः दशक के अंत तक पूरा हो सके यानि मार्च 1991 तक। परंतु वित्तीय एवं अन्य बंधनों के कारण, दशक के लिए निर्धारित मूल लक्ष्य शहरी क्षेत्र में पेयजल आपूर्ति के लिए 90%, ग्रामीण क्षेत्रों के लिए 85%, शहरी क्षेत्र में साफ सफाई के लिए 50% एवं ग्रामीण क्षेत्रों में साफ सफाई के लिए 5% घटा कर स्वीकार कर लिए गये। स्वीकृत नीति के अनुसार, हर जल संसाधन परियोजना में पेय जल के लिए प्रावधान करना ज़रूरी हो गया। भारत ने बड़े शहरों के लिए पेयजल की मांगों को पूरा करने के उद्देश्य से यह निश्चित किया कि सिंचाई आदि के लिए उपलब्ध जल भंडारों से भी पानी लिया जा सकता है और दूर से भी पानी लाया जा सकता है। इस के विशेष उदाहरण हैं दिल्ली के लिए पेयजल का टिहरी बांध से लाया जाना और चेन्नई के लिए कृष्णा जल तेलुगू गंगा

परियोजना के माध्यम से जल लाया जाना। परंतु अंतर–प्रांतीय नदियों में पेयजल की उपलब्धता के बारे में भी विवाद चल रहे हैं।

यह कहने से कि राजनीतिज्ञों को जल स्रोतों के विकास के लिए किये गये प्रमुख निर्णयों की जिम्मेदारी लेनी चाहिए, केंद्रीय सरकार और प्रांतीय सरकारें या संस्थान इस प्रक्रिया में अपनी भूमिका से पल्ला नहीं झाड़ सकते।

फिर भी, चाहे केंद्रीय/प्रांतीय सरकार जो भी भूमिका जल विवादों के निपटारे में निभाये या जल संसाधन विकास के संदर्भ में जो भी जिम्मेदारी राजनीतिज्ञों पर डाली जाये, विवाद तो जारी ही रहेंगे। दूसरा एक स्पष्ट कारण है कि देश के सीमित जल संसाधनों के प्रयोग के लिए रणनीतियां इतनी सक्षम नहीं हो पातीं कि सभी को जल मुहैया कराया जा सके। जल प्रयोग के लिए तय की गई रणनीतियों में बड़े बदलावों की तथा जल के त्वरित उपयोग को सुनिश्चित करने के लिए आज नये सुधारों की बहुत ज़रूरत है।

इसी रणनीति के अंतर्गत, देश में जल संसाधनों के सही एवं त्वरित उपयोगों तथा उसके समुचित इस्तेमाल के लिए यह पुस्तक लिखी गई है, जिससे इसमें लिप्त लोग अपनी संलिप्तता एवं जोखिमों को समझ कर गंभीरता से उन पर अमल कर सकें और दिये गये सुझावों को बड़े स्तर पर कार्यान्वित कर सकें, जिससे देश की जल समस्या का समाधान हो सके। रणनीति के बदलाव के तहत, स्प्रिंकलर या ड्रिप सिंचाई विधियों का समर्थन इसलिए किया गया है कि जिससे पानी के कम से कम प्रयोग से वांछित परिणाम मिल सकें और देश में फसलें भी पूरी तरह लहलहा सकें। भूजल के तथा भूमिगत जल के प्रयोग के तरीकों में बदलाव का सुझाव इस पुस्तक के एक पूरे अध्याय में विस्तार से दिया गया है। एक अनुमान के अनुसार, इन प्रयोगों से सिंचाई के क्षेत्र में 50% वृद्धि संभव है, अपेक्षाकृत वर्तमान पुराने तरीकों से सिंचाई के जल भरने के तरीकों से काम करने से। इस जल के सही बंटवारे के लिए ऊर्जा अन्य ग़ैर पारंपरिक स्रोतों से प्राप्त की जा सकती है। यह भी अनुमान लगाया गया है कि बायोगैस का उपयोग से इस प्रणाली से काम करने में हमारी उपलब्ध पशुशक्ति का 50% प्रतिशत ही काफी होगा। कहने की आवश्यकता नहीं कि ग़ैर पारंपरिक ऊर्जा स्रोत के कई अन्य प्रकार भी उपलब्ध हो सकते हैं, जिनका संदर्भ भी इस अध्ययन में दिया गया है।

आशा है कि जो उद्देश्य इस पुस्तक में स्पष्ट किये गये हैं, उनकी मदद से सन् 2020 तक देश की अधिकतम सिंचाई क्षमता 140 मिलियन हेक्टेयर का लक्ष्य ही पूरा नहीं होगा बल्कि इन बदले हुए तरीकों से काम करने के फलस्वरूप सिंचाई क्षमता भी 210 मिलियन तक बढ़ जायेगी (अर्थात् 50% वृद्धि होगी)। दूसरे शब्दों में, एक बार से अधिक बोये हुए क्षेत्र की मात्रा उल्लेखनीय रूप से बढ़ जायेगी।

जैसा कि हम इस पुस्तक से जानेंगे, सन 2020 तक ही सिंचाई की संभावित क्षमता बड़ी छलांग लगाकर लगभग 478 मिलियन टन हो जायेगी जबकि हमारी मांग उस वर्ष तक 376 मिलियन टन ही होगी अर्थात् हमारे पास 102 मिलियन टन अतिरिक्त खाद्यान्न बचा रहेगा। कहने की ज़रूरत नहीं कि अन्य कृषि उत्पादों में भी ऐसी ही विशाल वृद्धि हो सकती है, यहां तक कि कृषि क्षेत्र में तो एक क्रांतिकारी परिवर्तन भी आ सकता है। यह पुस्तक एक जल बजट भी पेश करती है, जो बताता है कि भविष्य में भारत कैसे हर क्षेत्र में अपनी सभी ज़रूरतें पूरी कर सकेगा।

पद्धतियों में यह बदलाव मध्यम एवं उच्च क्षेत्रों में भी एक क्रांति पैदा कर देगा, जो उद्योग स्प्रिंकलर/ड्रिप प्रणाली/पानी के लिए पाइप या बायोगैस संयंत्र तथा प्रसंस्कृत करने वाली इकाइयों को भी अपनी उत्पादन इकाइयां ग्रामीण या कस्बाई क्षेत्र में स्थापित करने के लिए बाध्य होना पड़ेगा। इनके साथ मरम्मत इत्यादि के लिए भी अर्ध–कुशल या पूर्ण–कुशल कारीगरों की भी ज़रूरत होगी और रोज़गार के नये आयाम खुलेंगे। थोड़ी बहुत प्रशिक्षण के बाद ग्रामीण युवा इस काम को बड़ी कुशलता से चला सकते हैं। उनकी आमदनी भी बढ़ेगी और उन्हें रोज़गार की सुरक्षा भी प्राप्त होगी। सत्य तो यह है कि इस पुस्तक में जो अनुशंसायें की गई हैं, यदि उन्हें कार्यान्वित किया गया, तो ग्रामीण क्षेत्र में एक अभूतपूर्व समृद्धि का संचार हो सकता है।

मैं 'आत्मनिर्भर भारत–जल : जीवन का अमृत' प्रस्तुत करते हुए अत्यंत प्रसन्न हूँ।

विषय प्रवेश

इक्कीसवीं सदी में राष्ट्रीय जल नीति में जल को एक राष्ट्रीय संसाधन के रूप में मान्यता देना आवश्यक है क्योंकि तभी राष्ट्रीय विकास के लक्ष्य एवं योजना फलीभूत हो सकते हैं। लेकिन जल प्रबंधन का काम एक विकेंदीकृत रूप से करना होगा जिसमें प्रान्तीय सरकारें और स्थानीय समुदायों में एक भागीदारी स्थापित की जा सके। इसके लिए विभिन्न रणीतियां बनानी पड़ेंगी, जो जल की खपत मितव्ययता के साथ सुनिश्चित कर सकें।

ग़रीबी हटाने और अपने आर्थिक और मानव विकास के लक्ष्यों को प्राप्त करने के लिए जल का अतिप्रयोग या दुरुपयोग जैसे नकारात्मक पहलुओं को कम से कम करना उचित रहेगा। इसलिए हमारी एक ऐसी जलनीति होनी ही चाहिए, जो हमारे सामने उपस्थित उन चुनौतियों की सही प्रकार से पहचान करके उनका सामना कर सके, जो हमें इक्कीसवीं शताब्दी में झेलनी पड़ेंगी।

इस ख़तरे के कुछ प्रकट रूप :

- अभी ऐसा कोई शहर नहीं है जहां 24 घण्टे निर्बाध पेयजल की आपूर्ति हो रही हो।
- कई ग्रामीण बस्तियों में, जो पेयजल कार्यक्रमों में शामिल हैं, जल आपूर्ति के कार्य में अपनी निर्धारित समय–सीमा से पिछड़ते जा रहे हैं क्योंकि उनकी पूर्ण होने की तिथि बार–बार आगे धकेल दी जाती है। ऐसे भी कुछ संभाग हैं, जहां जल में उपस्थित आर्सेनिक, नाइट्रेट एवं फ्लोराइड की मात्रा जन स्वास्थ्य के लिए एक बड़ा ख़तरा बन कर उभर रही है।
- कई इलाकों में भूजल का स्तर नीचे जा रहा है क्योंकि उसका अति शोषण हो रहा है, जिसके कारण कृषकों पर वित्तीय भार बढ़ता जा रहा है।

- इन कृषकों को अपने कुएं निरंतर गहरे करने पड़ते हैं और पम्प सैट बदलने पड़ते हैं क्योंकि प्रान्तीय सरकार छूट की सीमा लगातार कम कर रही है और उन पर बिजली आपूर्ति के भुगतान का भार बढ़ता ही जा रहा है।
- कई बड़ी और मध्यम श्रेणी की सिंचाई परियोजनायें पूरी नहीं हो पातीं क्योंकि योजनाओं में लगातार परिवर्तन से लागतें बढ़ जाती हैं और समय की बर्बादी होती रहती है।
- ठीक रखरखाव न होने के कारण पुराने तरीकों की क्षमता लगातार घट रही है।
- सिंचित क्षेत्र में आशा के अनुरूप बढ़ोत्तरी नहीं हो रही क्योंकि सिंचाई की लागत बढ़ती रहती है। कृषि क्षेत्र की संभावित और वास्तविक वृद्धि में अंतर बढ़ता ही जाता है। जब तक उस अंतर को दूर नहीं किया जायेगा, कृषि उत्पादन में कोई उल्लेखनीय वृद्धि भी नहीं हो पायेगी।
- देश के कई भागों में बाढ़ एक बार–बार पैदा होने वाली समस्या है। नदियों के जल संचयन क्षेत्रों में कमी और उनकी निकटवर्ती ज़मीन का शहरी विकास में एवं कृषि के लिए प्रयोग से बाढ़ की तीव्रता में वृद्धि हो रही है।
- हमारी नदियों एवं झीलों के पानी की गुणवत्ता बिल्कुल भी संतोषजनक नहीं है। नदियों के जल तो कई क्षेत्रों में नहाने योग्य भी नहीं रह गये हैं, पीना तो दूर की बात है। शहरों और कस्बों में गंदा पानी ऐसे ही नदियों में नावों के माध्यम से आता रहता है।
- उद्योगों के अशोधित तथा कम शोधित पदार्थ नदियों में डाल दिये जाते हैं, जो न केवल उनको बल्कि भूजलों को भी प्रदूषित कर देते हैं।
- इनके अलावा, जल विवाद भी लगातार बढ़ते जा रहे हैं। नदी के ऊपरी और निचले भागों में रहने वालों के उन के अपने अपने अधिकार को लेकर पारंपरिक झगड़ों के अलावा, वर्षा के पानी का किसी वाटरशेड पर बहते पानी के प्रयोग के संदर्भ में हिस्सा, उद्योगों द्वारा भूजल के उपयोग जल को प्रदूषित करना एवं पानी की सतह पर उनके दूषित प्रभाव इत्यादि कई मसले हैं, जो इन विवादों का कारण बनते हैं।

हमें यदि अपने लक्ष्य प्राप्त करने हैं तो जल, भूमि एवं अन्य प्राकृतिक संसाधनों का पूरा–पूरा और सही उपयोग करना ही पड़ेगा। इस लक्ष्य को प्राप्त करने के लिए वाटरशेड प्रबंधन एक बड़ी ज़रूरत है। दूसरा परिणाम बड़ी वानस्पतिक पट्टी, स्थानीय मिट्टी संरक्षण व नमी में स्पष्ट दिखाई पड़ता है। इससे पानी के साथ आई गाद भी हमारे जल भंडारों, तालाबों और नदियों में प्रवेश नहीं कर पाता। इसके द्वारा हमारी मिट्टी और जल–संसाधनों का संरक्षण वैज्ञानिक तरीके से होता है। वाटरशेड प्रबंधन की विशद विवेचना इस पुस्तक में की गई है।

शहरी और ग्रामीण ज़रूरतों का ध्यान रखने के अलावा, नदियों की प्रकृति प्रदत्त व्यवस्था को जीवंत रखना और अन्य जलीय व्यवस्थाओं को बनाये रखना हमारी परियोजनाओं का उद्देश्य होना चाहिए। जल नीति का एक महत्वपूर्ण तत्व जल की गुणवत्ता भी होना चाहिए। जल की गुणवत्ता को बनाये रखने का सर्वश्रेष्ठ तरीका है, जल स्रोतों को प्रदूषित होने से बचाना और और प्रदूषण करने वाले का अपनी ग़लती का भूगतान करना। इसके अलावा, चालू ऋण नीतियों में सुधार एवं नव प्रयोगों और नये तरीकों का वैज्ञानिक एवं प्रौद्योगिकी के आधार पर प्रयोग न केवल प्रदूषण को धरती से समाप्त कर सकता है, बल्कि भूजल संसाधन को भी बिगड़ने से बचा सकता है। जल की गुणवत्ता में सुधार और जल के पुनर्प्रयोग इस दिशा में काफी कारगर कदम सिद्ध हो सकते हैं।

कई नदियां और भूगर्भीय जल स्रोत विभिन्न प्रान्तों में फैले रहते हैं। जल तो एक ही संसाधन है और अविभाज्य है और जो वर्षा के जल, नदियों के पानी, सतही तालाबों, झीलों और भूजल स्रोतों से प्राप्त होता है। ये सब एक ही जलीय व्यवस्था के अंग होते हैं। वस्तुतः जल हमारी विशद पर्यावरणीय व्यवस्था का एक तत्व है। भूजल विकास में भारत की विशाल जलीय–भौगोलिक विविधता पर भी निगाह रखनी चाहिए। ख़ास तौर पर चट्टानी क्षेत्र में तो बहुत सावधानी बरतनी चाहिए क्योंकि यह भारत की भूमि क्षेत्र में प्रमुखता से पाया जाता है।

हर दस वर्ष में वैज्ञानिक आधार पर इनके जल के सब रूपों के संदर्भ में नियमित पुनर्मूल्यांकन होना चाहिए और अलग–अलग प्रयोगों के लिए जल की गुणवत्ता की निरंतर जांच होती रहनी चाहिए।

घरेलू क्षेत्र में

- घरेलू जल संरक्षण के तरीकों को लागू करना
- जल के उपभोक्ताओं के हर समूह के लिए मीटर लगवाना
- सुधारवादी जल शुल्क का ढांचा
- हर जल बंटवारे की व्यवस्था की नियमित समीक्षा व जांच होनी चाहिए
- नालियों या अन्य घरेलू जल के निकास के रास्ते अलग–अलग बनाये जाने चाहिए।

औद्योगिक क्षेत्र में

- प्रगतिशील रूप से जल आदि के बिल बनाना
- पानी के पुनः प्रयोग की सुविधायें
- शीतलन और अन्य कामों के लिए संशोधित शहरी सीवर–जल का प्रयोग।

कृषि क्षेत्र में

- जल उपभोक्ता संघों के लिए आयतन के हिसाब से जल की दरें इस प्रकार निर्धारित की जायें कि उनसे रखरखाव की कीमतें चुकाने के लिए पर्याप्त धन मिलता रहे
- अखाद्य पदार्थों की फसलों के लिए नाले के संशोधित जल का प्रयोग
- लवणीय जल को सहन करने वाली फसलों के लिए लवणीय जल का उपयोग
- सिंचाई के तरीकों को सुधार कर जल की हानि को न्यूनतम किया जाये।
- दाब सिंचाई पद्धतियों को आरम्भ किया जाये।

किसी भी परियोजना की शुरुआत में ही भूमिगत जल और भूजल के समन्वित विकास एवं उनके यथोचित प्रयोग के बारे में ध्यान दिया जाना चाहिए। भूजल की आवश्यकता से अधिक दोहन से हर संभव बचा जाये तथा सावधानी रखी जाये कि समुद्री जल कहीं मीठे पानी के स्रोतों में न मिल जाये।

जल संसाधनों के विभिन्न प्रयोगों का प्रबंधन भागीदारी वाले दृष्टिकोण को अपना कर किया जाना चाहिए जिससे न केवल विभिन्न सरकारी संस्थाओं बल्कि उपभोक्ताओं तथा अन्य हितधारकों का

प्रभावी एवं निर्णायक सहयोग योजना बनाते समय, संरचना एवं विकास करते समय बराबर रहना चाहिए जिससे जल संसाधनों के उचित उपयोग का सुचारू प्रबंधन हो सके।

प्रत्येक योजना को, जो पानी को इकट्ठा/संरक्षित इत्यादि कर विद्युत पैदा करती है, पर्यावरणीय प्रभाव के अनुमान, सामाजिक प्रभाव के अनुमान तथा सार्वजनिक जांच के लिए लागत–लाभ विश्लेषण के लिए सदा मुक्त रखा जाना चाहिए जिससे निर्णय लेने के पूर्व वैकल्पिक तरीकों पर विचार करने की संभावना बनी रहे और सर्वाधिक उचित तरीका ही प्रयोग में आये।

देश को विभिन्न जल क्षेत्रों में बांट देना चाहिए तथा प्रत्येक जल क्षेत्र की आर्थिक गतिविधियों का नियमन एवं निर्देशन उनके क्षेत्र के आधार पर ही हो। काम करने के तरीके की योजना बनाते समय जल आवंटन की प्राथमिकतायें मोटे तौर पर निम्नलिखित सुझावों के अनुसार निश्चित की जानी चाहिए लेकिन उनका नियमन स्थानीय स्थितियों व आवश्यकताओं के अनुरूप हो।

- पीने एवं घरेलू उपयोग के लिए
- रोज़ी रोटी का एक ज़रिया बनने के लिए
- पर्यावरण, नदी व्यवस्था एवं जलीय जीवन को अक्षुण्ण एवं जीवंत बनाने के लिए
- सिंचाई एवं जल विद्युत के लिए
- थर्मल पावर और उद्योगों के लिए
- मनोरंजन एवं धार्मिक प्रयोगों के लिए
- नेवीगेशन के लिए

प्रति व्यक्ति मानक जल की घरेलू खपत तीस से साठ लीटर प्रतिदिन है जो प्रतिदिन वर्षा की बहुलता जैसे आसाम में अधिक तथा राजस्थान में वर्षा की कमी के अनुसार हो सकता है, परंतु बाकी शहरों व ग्रामीण क्षेत्रों में यह एक सा रहना चाहिए। साफ सफाई की ज़रूरतें अलग से सुनिश्चित की जानी चाहिए।

नदियों में अच्छी गुणवत्ता वाला उतना पानी तो हर समय रहना चाहिए कि नदी भी जीवंत रहे और उस पर निर्भर रोज़गार वालों को भी परेशानी न हो। पर्यावरण की सुरक्षा, भूजल के लवणीय होने से बचाव और मीठे जल में समुद्री खारे जल के मिलने से रोकथाम करके जल का आवंटन विभिन्न उपयोग के लिए होना चाहिए जिससे नदी के जल में रहने वाले जीवों के

जीवन पर भी कोई दुष्प्रभाव न हो तथा नहान के उत्सव, धार्मिक कृत्य व जल मनोरंजन में भी कोई बाधा न आये। इन सभी कार्यों के लिए जल की मांग की वैज्ञानिक रूप से गणना करनी चाहिए। यदि कोई नया बांध या अन्य अवरोध बना है, तो इतना पानी तो बहने देना चाहिए जो जल की कमी वाले समय में उपलब्ध पानी का पचास प्रतिशत तो हो (साधारणतया औसतन एक दो माह यह छूट दी जाती है)। सभी योजनाओं के बनाने, क्रियान्वन एवं चालू रखने में सर्वाधिक ध्यान पर्यावरण की गुणवत्ता को अक्षुण्ण रखने पर दिया जाना चाहिए। हर औद्योगिक इकाई से आने वाले नाले की लाई गंदगी इत्यादि की सूचना शहरी लोगों को भी उपलब्ध होनी चाहिए। आवश्यक विधेयक इत्यादि लाकर यह सुनिश्चित करना चाहिए कि उपस्थित जल संकायों का संचयन क्षेत्र व व्यवस्था अक्षुण्ण रहे और पानी की गुणवत्ता न बिगड़ने पाये। नदी आदि के जल भरण क्षेत्र में जिन्होंने नियमों का उल्लंघन किया है, उनकी एक सूची बना कर प्रदूषण नियंत्रण बोर्ड को दी जानी चाहिए जिससे दोषियों पर सामाजिक व कानूनी दबाव बना कर उन्हें सचेत किया जा सके।

पारंपरिक और प्राकृतिक आर्द्र प्रदेशों एवं अन्य जल संकायों यथा तालाब, झीलें, गांवों के पोखर इत्यादि पिछले दशकों में काफी दुर्गति को प्राप्त होते रहे हैं क्योंकि उनकी ओर आवश्यक ध्यान नहीं दिया गया। इनका ढांचे इत्यादि को सुधार कर उनका सही उपयोग होना चाहिए और यह भी सुनिश्चित होना चाहिए कि उन क्षेत्रों में कोई अतिक्रमण न होने पाये।

सूखा बहुल, आदिवासी और पहाड़ी क्षेत्र में वाटरशेड प्रबंधन और लघु सिंचाई परियोजनायें काफी कारगर सिद्ध हो सकती हैं। स्थानीय समुदायों को प्रोत्साहन दिया जाना चाहिए कि वे इनका समुचित विकास सुनिश्चित करें तथा सरकारी और ग़ैर–सरकारी संगठन द्वारा उन्हें वांछित तकनीकी और वित्तीय सहायता उपलब्ध करानी चाहिए।

सिंचाई और जल विद्युत

किसी बेसिन या खास परियोजना में सिंचाई की योजना भूमि की सिंचाई क्षमता के आधार पर, सम्पूर्ण परिदृश्य को देखते हुए ही बनाई जानी चाहिए। सिंचाई करने की लागत पर भी दृष्टि रखी

जाये जिससे वह ज़्यादा न बढ़ती रहे और उपलब्ध स्रोतों (पारंपरिक भी) के विकल्प भी ढूंढे जाने चाहिए। सिंचाई परियोजना में सिंचाई की औसत क्षमता उपलब्ध औसत 35% से बढ़ा कर अधिकतम प्राप्य तक कर देनी चाहिए, जो लगभग 60% होती है। सिंचाई व्यवस्था में जल का आवंटन बराबरी और सामाजिक न्याय के अनुरूप किया जाना चाहिए। समृद्ध व पिछड़े खेतों में तथा बड़े व छोटे खेतों में पानी की उपलब्धता की असमानता को, माइक्रो–हाइडल उपकरणों की स्प्रिंकलर व ड्रिप प्रणाली के ज़रिये, जिसके सर्वव्यापक उपयोग की इस पुस्तक में सिफारिश की गई है, पानी के उपयोग की संशोधित कार्यप्रणाली को अपनाने से दूर किया जा सकता है। इसके अतिरिक्त, इसमें एक और सिफारिश को शामिल किया है, वह यह है कि जल वितरण की माइक्रो हाइडल प्रणाली शुरू करने से पूर्व, सभी क्षारीय या लवणीय भूमियों को पुनः उपयोग में लाने के योग्य बनाया जाना चाहिए। पानी के कम उपयोग के कारण, इस प्रणाली के आरम्भ होने के बाद, भूमि में मौजूद क्षारीयता और अम्लीयता समाप्त हो जायेगी या क्षारीयता और लवणीयता की मात्रा कम हो जायेगी, जिसका तुरंत उपाय किया जा सकता है।

इन परियोजनाओं को राज्यवार और जलसंभरवार प्राथमिकता दिये जाने की आवश्यकता है। पैसे की अत्यधिक कमी के कारण, परियोजनाओं को इस प्रकार प्राथमिकता में रखना चाहिए कि जिन वर्तमान परियोजनाओं पर 20% से अधिक लागत का हिस्सा ख़र्च हो चुका है, उन्हें सबसे पहले पूरा किया जाना चाहिए।

अभी तक सिंचाई परियोजना की क्षमता का उपयोग, इसके प्रदर्शन के मुख्य मापदण्डों में से एक है। अक्सर, लाभ–लागत के अनुपात और निवेश पर लाभ प्राप्ति को बेहतर दिखाने के लिए क्षमता का अनुमान ज़्यादा लगाया जाता है।

बिजली उत्पादन, पेयजल व बाढ़ नियंत्रण जैसी कुछ परियोजनाओं में सिंचाई की अपेक्षा, एक प्रमुख घटक हो सकती है। इस प्रकार, सिंचित क्षेत्र अथवा बांध की ऊँचाई को आधार बनाने की अपेक्षा, भण्डारण क्षमता के आधार पर परियोजनाओं का श्रेणीकरण होना चाहिए। 100 मिलियन क्यूबिक मीटर वाली परियोजना को बड़ी, 10 से 100 मिलियन क्यूबिक मीटर वाली परियोजना को मध्यम व 10 मिलियन क्यूबिक मीटर से कम की परियोजना को छोटी परियोजना में श्रेणीबद्ध किया जायेगा। 1 मिलियन क्यूबिक

मीटर से कम क्षमता वाली परियोजना को लघु परियोजना माना जायेगा। 'नदी का प्रवाह' (रन ऑफ द रीवर) योजना के लिए, नदियों के बहते हुए पानी की मात्रा को विद्युत ऊर्जा में परिवर्तन करने की क्षमता ही परियोजना की बड़ी, मध्यम, छोटी या लघु श्रेणी तय करेगी।

भूजल पर पहला अधिकार संबंधित समुदाय का होना चाहिए, किसी व्यक्ति या भूस्वामी का नहीं। पानी की कमी वाले क्षेत्रों में संबंधित समुदाय के संगठनों को निजी भूमि स्वामियों के माध्यम से भूजल का निरीक्षण करने और उसके उपयोग पर निगरानी रखने का अधिकार है कि कहीं स्वीकृत सीमा से अधिक भूजल तो नहीं निकाला जा रहा। आज इस बात की आवश्यकता है कि भूमि के जल के बहुत अधिक दोहन से होने वाले हानिकारक पर्यावरणीय परिणामों को कानून द्वारा तथा स्थानीय सरकारी निकायों द्वारा इस कानून को लागू करके, प्रभावी ढंग से रोका जाये। आवासीय कल्याण संघ तथा ग्राम सभायें इस दिशा में महत्त्वपूर्ण भूमिका निभा सकते हैं। उन्हें कार्रवाई करने के पर्याप्त अधिकार देने के लिए केंद्रीय तथा राज्य सरकारों को उपयुक्त कानून बनाने चाहिए और प्रत्येक क्षेत्र की विशेष समस्याओं की पहचान करने के बाद, पानी की स्वीकृत गहराई का स्तर अधिसूचित करना चाहिए, जो प्रत्येक क्षेत्र/ब्लॉक/ग्राम सभा/जल संभरणों को भूमि से स्वीकृत मात्रा में जल निकासी की अनुमति दे।

बाढ़ प्रबंधन और जल निकासी

बाढ़ और सूखे जैसी स्थितियों के विरुद्ध सुरक्षा सुनिश्चित करने के लिए स्थानीय निकायों द्वारा कार्रवाई करने के साथ–साथ राष्ट्रीय समन्वय की भी आवश्यकता है। इस तथ्य को समझना बहुत ज़रूरी है कि बाढ़ों तथा उनके नकारात्मक परिणामों के विरुद्ध हम केवल व्यवस्था कर सकते हैं उन्हें नियंत्रित नहीं कर सकते।

बाढ़ से निपटने के लिए सुव्यवस्थित रूप से तत्काल कई उपाय किये जाने चाहिए और ये उपाय इस प्रकार किये जाने चाहिए कि उनकी तीव्रता बहुत नियंत्रित हो तथा निचले वर्ग के लोगों पर उनके नकारात्मक प्रभाव को कम किया जाये। इन उपायों में उपयुक्त नीतियों को अपनाना, परिचालन एवं प्रबंधकीय उपाय, आपदाओं से निपटने की तैयारियां, बाढ़ की भविष्यवाणी, पर्यावरणीय उपाय

तथा नदी जल के बंटवारे संबंधी अंतर्राष्ट्रीय समझौते शामिल हैं। बाढ़–प्रबंधन की योजना समग्र रूप से बनाई जानी चाहिए ताकि बाढ़ रहित मौसम की आवश्यकताओं पर ठीक से ध्यान दिया जा सके।

प्रत्येक बाढ़ संभावित बेसिन के लिए, बाढ़ नियंत्रण व प्रबंधन के लिए एक मास्टर प्लान बनाया जाना चाहिए। साझा नदियों वाले राज्यों के लिए एक एकीकृत नदी तटीय जल योजना का निर्माण करना चाहिए।

जहाँ बाढ़ नियंत्रण बहुपयोगी बांधों के मुख्य उद्देश्यों में से एक है, वहाँ यह सुनिश्चित किया जाना चाहिए कि वहाँ बांध प्रभावित क्षेत्र में कम से कम जल ग्रहण/जल निकासी के 33% भाग को रोकने में सक्षम हों। जहाँ पर भी बांध और जलाशय मौजूद हैं, या जहाँ उनसे बहु–उद्देश्यीय लाभ प्राप्त करने पर विचार किया जा रहा है, वहाँ उनके उद्देश्यों में बाढ़ प्रबंधन को भी सम्मिलित किया जाना चाहिए। बाढ़ की अत्यधिक सम्भावना वाले क्षेत्रों में जलाशयों की नियमन नीति में बाढ़ प्रबंधन पर सबसे ज़्यादा ध्यान दिया जाना चाहिए, बेशक इसके लिए सिंचाई या बिजली के लाभों की बलि क्यों न चढ़ानी पड़े।

जहाँ कुछ क्षेत्रों में बाढ़ से बचाव के कार्य जैसे तटबंधों और बांधों के वास्तविक निर्माण कार्य आवश्यक हैं, वहीं ग़ैर–वास्तविक उपायों जैसे बाढ़ की भविष्यवाणी और चेतावनी, नदियों के तट पर बसे मैदानी इलाकों की पहचान करने और बाढ़ से प्रभावित होने वाली इमारतों और ढांचों को बचाने पर ज़्यादा ज़ोर देना चाहिए ताकि बाढ़ से होने वाली हानियों को कम किया जा सके और बाढ़ राहत पर होने वाले आवर्ती खर्चों में कमी लायी जा सके।

भूमि उपयोग के विनियमन में बाढ़ की सम्भावना वाले तटीय इलाकों में अनुपयुक्त भूमि उपयोग को रोकने के लिए और फलस्वरूप दीर्घ काल में अत्यधिक नुकसान और राहत पर होने वाले ख़र्च को कम करने के लिए बाढ़ के ख़तरों वाले क्षेत्रों की पहचान को भी सम्मिलित करना चाहिए। बाढ़ की सम्भावनाओं के स्तर के अनुसार बाढ़ प्रवण क्षेत्रों को निर्धारित करना चाहिए और बाढ़ प्रवण व ग़ैर बाढ़ प्रवण क्षेत्रों के लिए विकास के उचित उपायों तथा आर्थिक गतिविधियों पर विचार किया जाना चाहिए। बाढ़ के ख़तरों वाले

क्षेत्रों तथा नदी तलों के क्षेत्रों में अनाधिकृत व बेरोकटोक अतिक्रमण के साथ–साथ बाढ़ के समय नदी तलों में खेती/जल निकासी के कार्यों को रोका जाना चाहिए, मृदा संरक्षण के व्यापक उपायों, जैसे छोटे बांध व खाइयों के निर्माण से, वन संरक्षण व वन क्षेत्रों में वृद्धि के माध्यम से जल संभरण प्रबंधन को बढ़ावा देना चाहिए, ताकि बाढ़ की तीव्रता को कम किया जा सके। क्षेत्र की पारम्परिक बाढ़ प्रबंधन प्रणालियों का पुनरुद्धार व रखरखाव करना चाहिए और उचित तरीके से उनमें सुधार किया जाना चाहिए। उदाहरण के लिए, लकड़ी के खम्भों पर मकान निर्माण करने की पारम्परिक विधियों को पुनर्जीवित और प्रोत्साहित करना चाहिए। इस प्रकार, बाढ़ के साथ लोगों के जीने के संकल्प के आधार पर सरकारी नीतियों का निर्माण करना चाहिए और उनका लक्ष्य बाढ़ से निपटना होना चाहिए, जिससे कुछ विशेष लाभ प्राप्त करते समय हानियों और कठिनाइयों को कम किया जा सके। सावधानी से सभी विवरणों का अध्ययन करने और समग्र चीजों के एक हिस्से के रूप में जांच–पड़ताल करने के बाद ही तटबंधों के निर्माण पर विचार करना चाहिए।

जल निकासी

जल निकासी निम्न उद्देश्यों से आवश्यक हो जाती है:

- सीवर के गंदे पानी और उद्योगों में प्रयुक्त पानी से छुटकारा पाने के लिए। पानी को साफ करके और पुनः प्रयोग में लाकर इस समस्या से बचा जा सकता है।
- जलभराव और लवणता व क्षारीयता से प्रभावित भूमि की उर्वरता को पुनः प्राप्त करने के लिए, इस पुस्तक में वर्णित प्रस्तावित माइक्रो–हाइडल वितरण प्रणाली की शुरुआत करने से पूर्व भूमि को एक बार पुनः उपजाऊ बनाना आवश्यक है। इससे यह समस्या दूर हो जायेगी, यदि यह सूक्ष्म रूप से प्रकट होती है, तो इससे तुरंत निपटना चाहिए क्योंकि पौधों में पानी स्प्रिंकलर/ड्रिप विधि से पाइपों के ज़रिये आयेगा और उसकी निकासी जल निकासी के माध्यमों से होगी।
- प्राकृतिक तथा मानव निर्मित आर्द्रभूमि तथा अन्य जल निकायों को बिना जल भू–उपयोग के लिए बिना भूमि को पुनः

उपजाऊ बनाये, प्रयोग किया जाना चाहिए। इन्हें मछलीपालन, भूजल को फिर से उपयोग में लाने के लिए मैनग्रोव या वर्षा वनों के समान पर्यावरण को बनाये रखने के लिए उपयोग में लाया जा सकता है।

- मानसून के दौरान, अचानक हुई भारी वर्षा के कारण जमा हुए पानी की अधिकता से छुटकारा पाने के लिए। यदि प्राकृतिक दबाव, आर्द्र भूमियों और तालाबों का ठीक से रखरखाव किया जाता है और पानी को धरती में सोखने के लिए और अधिक जल निकासी उपायों में वृद्धि की जाती है तथा जल सहित भूमि व आर्द्र मौसम के दौरान उसे बनाये रखा जाता है, तो उन्हें विभिन्न आर्थिक उद्देश्यों से उपयोग में लाया जा सकता है। इस प्रकार, बाढ़ की प्रबलता को कम किया जा सकता है और बिना उपयोग में लाया गया पानी समुद्र में नहीं बह सकता।

जिन क्षेत्रों और राज्यों में पुनर्निवास के लिए भूमि उपलब्ध कराई गई है, या कराई जा सकती है, वहाँ किसानों के संबंध में भूमि के लिए भूमि वरीयता प्राप्त विकल्प होना चाहिए। कुछ मामलों में, जहाँ पूरे क्षेत्र में छोटे–छोटे खेतों के कारण भूमि के लिए भूमि का आवंटन करना संभव न हो, वहाँ निम्नलिखित वैकल्पिक उपाय किये जा सकते हैं:

- जहाँ वार्षिक वेतन की राशि तथा वर्षों की संख्या, जिसके लिए इसका भुगतान किया जाना है, कुछ विशेष वर्षों के लिए वार्षिक वेतन की गणना कौशल के स्तर व आजीविका की हानि जैसे कारकों के आधार पर की जा सकती है।
- विकास परियोजना में एक उपयुक्त नौकरी उपलब्ध कराना, जहाँ व्यक्ति का कौशल और उसका जॉब प्रोफाइल मेल नहीं खाता या जहाँ व्यक्ति के कौशल को उपयुक्त प्रशिक्षण देकर निखारा जा सकता है, और जहाँ नौकरी स्थाई होने की उम्मीद हो और वह महज पुनर्वास के उद्देश्य से न हो।

जल व विद्युत विकास की सभी परियोजनाओं को यह सुनिश्चित करना चाहिए कि सबसे पहले स्थानीय निवासी उन परियोजनाओं से लाभान्वित हो सकें। उदाहरण के लिए, जल आपूर्ति तथा बिजली के कनेक्शन प्राथमिकता के आधार पर उन सभी स्थानीय लोगों को प्रदान किये जाने चाहिए, जो प्रभावित हुए हैं।

इससे संबंधित सरकार को विकास परियोजना की पूरी अवधि के दौरान नियमित अंतराल पर शोध एवं विकास गतिविधियों पर निगरानी रखने के लिए परियोजना से बाहर की किसी स्वतंत्र संस्था की नियुक्ति करनी चाहिए।

भारत सरकार के विभिन्न मंत्रालयों द्वारा भूमि आधारित कई कार्यक्रमों में अपनी सेवायें दी जा रही हैं। महत्त्वपूर्ण भूमि आधारित कार्यक्रम हैं: सूखा प्रवण क्षेत्र कार्यक्रम, मरुभूमि विकास कार्यक्रम, वर्षा सिंचित क्षेत्रों हेतु राष्ट्रीय वाटरशेड विकास परियोजना, समेकित वाटरशेड प्रबंधन कार्यक्रम तथा नदी घाटी परियोजनाओं व बाढ़ प्रवण नदियों के जल ग्रहण क्षेत्रों में मृदा संरक्षण।

कानूनी बदलाव

1. जल संसाधनों के विकास के लिए एक एकीकृत तरीके से योजना का निर्माण करने के लिए, राज्यों में तथा अंतर्राज्यीय, दोनों में नदी बोर्डों की स्थापना करना। नदी बोर्डों के दो स्तरीय संविधान के लिए आवश्यक विधान प्रदान किये जाने चाहिए, जिनमें नदी तट तथा एक सहायक तकनीकी निकाय सम्मिलित होने चाहिए। सरकारी आदेशों द्वारा मौजूद कानूनों के तहत राज्यों के भीतर नदी तटीय संगठन स्थापित किये जा सकते हैं।
2. जल संसाधनों के प्रबंधन कार्यों में किसानों व ग्रामीण तथा शहरी क्षेत्रों के समुदायों की पूर्ण तथा प्रभावपूर्ण भागीदारी को समर्थ बनाना। वर्तमान वैधानिक ढांचे को, जो राज्यों को जल संसाधनों पर अत्यधिक नियंत्रण प्रदान करता है, स्थानीय समुदायों को जल के उपयोग का अधिकार प्रदान करने के लिए संशोधित किया जाना चाहिए और स्थानीय स्तर पर जल संसाधनों के प्रबंधन में एक निर्णायक भूमिका निभानी चाहिए।
3. भूजल का विनियमन किया गया है ताकि जल का अधिक उपयोग करने की प्रवृत्ति को रोका व बंद किया जा सके और कई क्षेत्रों में भूजल की कमी को दूर किया जा सके। वर्तमान कानून भूस्वामियों को भूजल का नियंत्रण करने और उसके स्वामित्व का अधिकार प्रदान करते हैं। इसे कम से कम भूजल के प्रबंधन को ग्राम सभा व आर.डब्ल्यू.ए.

को हस्तांतरित करके संशोधित किया जाना चाहिए। भूजल का अत्यधिक प्रयोग बंद करना चाहिए और इसका संबंधित ग्राम सभाओं व आर.डब्ल्यू.ए. द्वारा विनियमन किया जाना चाहिए, जिसमें सरकार द्वारा विनियमन के लिए नियम निर्धारित करके और स्थिति की निगरानी करके उच्च स्तरीय आवश्यक जानकारी उपलब्ध कराई जानी चाहिए।

4. सार्वजनिक अधिकार क्षेत्र में उपयोगकर्ताओं के अनुकूल, जल संसाधनों पर सटीक एवं नवीनतम जानकारी उपलब्ध कराने का प्रावधान। यह देश में जल संसाधनों की तर्कसंगत तथा एकीकृत योजना बनाने के लिए आवश्यक है, ताकि जल संसाधनों के प्रबंधन के कार्य में स्थानीय समुदायों को शामिल किया जा सके और विभिन्न पक्षों में पानी से संबंधित विवादों को सहजता से निपटाया जा सके। आधिकारिक गोपनीयता कानून में और इसकी व्याख्या में संबंधित दृष्टिकोण व व्यवहार में संशोधन किया जाना चाहिए ताकि देश में जल संसाधनों के संबंध में आसानी से जानकारी उपलब्ध हो सके।

परियोजना के प्रदर्शन पर निगरानी रखने के लिए तथा परियोजना के सामाजिक आर्थिक प्रभाव का आकलन करने के लिए एक व्यवस्था बनाई जानी चाहिए। ऐसी निगरानी प्रणाली में प्रत्येक चरण पर समुदाय को शामिल करके उसका विश्वास पाना बहुत आवश्यक है।

जल संसाधन क्षेत्र के प्रबंधन में आमूलचूल परिवर्तन लाने की तुरंत ज़रूरत है। विभिन्न उपयोगों के लिए वर्तमान में जल संसाधनों के बुनियादी ढांचे के निर्माण व उसके विस्तार पर जोर देने की अपेक्षा, अब जल संसाधनों की मौजूदा सुविधाओं के प्रदर्शन में सुधार पर अधिक से अधिक ज़ोर देने की आवश्यकता है। भंडारण बांधों तथा अन्य जल संबंधी संरचनाओं की सुरक्षा सुनिश्चित करने के लिए राष्ट्रीय स्तर पर तथा राज्यों के स्तर पर समुचित संगठनात्मक व्यवस्था होनी चाहिए, जिसमें जांच, डिज़ाइन, निर्माण व जल विज्ञान के विशेषज्ञों को शामिल करना चाहिए। मौजूदा बांधों के उचित निरीक्षण, रख रखाव तथा निगरानी सुनिश्चित करने के साथ–साथ नये बांधों के लिए उचित योजना, डिजाइन, निर्माण तथा सुरक्षा सुनिश्चित करने के लिए बांध सुरक्षा कानून को अधिनियमित किया

जाना चाहिए। इस विषय पर बनाये गये दिशा निर्देशों की निरंतर समीक्षा की जानी चाहिए और समय–समय पर उनका नवीनीकरण होना चाहिए और उन्हें पुनः सूत्रबद्ध किया जाना चाहिए। इस संबंध में सतत निगरानी रखने तथा विशेषज्ञों द्वारा नियमित रूप से दौरा करने की व्यवस्था होनी चाहिए।

पर्यावरण और पुनर्वास से संबंधित पहलू ठीक नहीं हैं, विशेष रूप से मौजूदा परियोजनाओं व निर्माणाधीन परियोजनाओं के क्रियान्वयन के संदर्भ में।

अगले पांच वर्षों में सभी को जल प्रदान करने का लक्ष्य तय किया जाना चाहिए, विशेष रूप से सभी ग्रामीण क्षेत्रों में और ख़ास तौर पर जहाँ पानी की गुणवत्ता ठीक नहीं है। हालांकि, इसके बाद, कुछ क्षेत्र ऐसे हैं, जहाँ गुणवत्ता में कमी आई है और इसलिए, वहाँ आपूर्ति के नये स्रोत प्रदान किये जाने हैं या जहाँ पानी की बेहतर व्यवस्था उपलब्ध कराई जानी है।

अगले दस वर्षों में उद्योगों से दूषित पानी तथा सीवेज की उचित व्यवस्था की जानी चाहिए।

चूंकि वर्तमान में बहुत सारी परियोजनायें निर्माणाधीन हैं, इसलिए जहाँ लागत का 20 प्रतिशत से अधिक व्यय हो चुका है या वास्तविक प्रगति इतनी हो चुकी है कि उसका कार्य पांच से दस वर्षों में पूरा होने की संभावना है और इन वर्षों के दौरान व्यावहारिक रूप से किसी नई परियोजना का कार्य हाथ में नहीं लिया गया है, उन परियोजनाओं को प्राथमिकता देकर धन प्रदान करना आवश्यक है। कुछ वर्तमान परियोजनाओं का आधुनिकीकरण किये जाने की आवश्यकता है, जो हमारी अगली प्राथमिकता होनी चाहिए और अगले दस वर्षों के दौरान वह कार्य पूरा हो जाना चाहिए। तीसरी प्राथमिकता वर्ष 2020 तक प्रत्येक बेसिन में सभी जल एवं सिंचाई परियोजनाओं को पूरा करने की होनी चाहिए।

पानी एक प्रमुख प्राकृतिक संसाधन, एक बुनियादी मानवीय आवश्यकता तथा एक मूल्यवान राष्ट्रीय सम्पत्ति है। जल संसाधनों की योजना, विकास व प्रबंधन को राष्ट्रीय परिप्रेक्ष्य से नियंत्रित किये जाने की आवश्यकता है।

बाढ़ें तथा सूखा राज्यों की सीमाओं के पार देश के एक विशाल क्षेत्र को प्रभावित करते हैं। देश का छठा हिस्सा सूखे की संभावना से ग्रस्त है। देश में 40 मिलियन हेक्टेयर के बाढ़–प्रवण क्षेत्र में से

औसतन, 7.5 मिलियन हेक्टेयर क्षेत्रों पर बाढ़ें प्रतिवर्ष अपना प्रभाव डालती हैं। सूखे और बाढ़ के प्रबंधन को राष्ट्रीय स्तर पर समन्वित व मार्गदर्शित किये जाने की ज़रूरत है।

विकास की प्रक्रिया और आर्थिक गतिविधियों में विस्तार के कारण आवश्यक रूप से विभिन्न उद्देश्यों के लिए पानी की मांग में बढ़ोत्तरी होती है; घरेलू स्तर पर यह मांग पशुधन, उद्योगों, कृषि, जल विद्युत, थर्मल पावर, नौ परिवहन, तथा मनोरंजन इत्यादि के कारण बढ़ जाती है।

जल आवंटन प्राथमिकतायें

विभिन्न प्रणालियों की योजना बनाने व उनके क्रियान्वन में जल आवंटन प्राथमिकतायें व्यापक रूप से निम्नलिखित होनी चाहिएं:

- पेय–जल
- सिंचाई
- पन–बिजली
- पर्यावरणीय
- कृषि उद्योग तथा ग़ैर–कृषि उद्योग
- नौ परिवहन तथा अन्य उपयोग

फिर भी, किसी क्षेत्र विशेष को ध्यान में रखते हुए यदि आवश्यकता होती है, तो इन प्राथमिकताओं में बदलाव किया जा सकता है या उनमें कुछ और प्राथमिकताओं को जोड़ा जा सकता है।

सिंचाई

सिंचाई योजना में, वह चाहे एक व्यक्तिगत परियोजना है अथवा समग्र रूप से एक बेसिन में, भूमि पर सिंचाई करने की योजना, पानी के समस्त उपलब्ध स्रोतों से लागत प्रभारी सिंचाई के विकल्पों और जल के अधिकतम उपयोग दक्षता के लिए सिंचाई की उपयुक्त तकनीकों को ध्यान में रखना चाहिए।

जल उपयोग व भूमि उपयोग की नीतियों में नज़दीकी तालमेल होना चाहिए। सिंचाई प्रणाली में जल का बंटवारा समानता या सामाजिक न्याय को ध्यान में रख कर किया जाना चाहिए। बड़े और छोटे खेतों के बीच जल की उपलब्धता में मौजूद असमानता को जल के वितरण की एक नई नीति को अपना कर माइक्रो–हाइडल उपकरणों के माध्यम से समाप्त किया जा सकता है।

इन संबंधित प्रयासों से यह सुनिश्चित होना चाहिए कि सिंचाई की क्षमता का पूर्ण उपयोग हो। इस उद्देश्य के लिए सभी सिंचाई परियोजनाओं में कमान क्षेत्र विकास दृष्टिकोण को अपनाया जाना चाहिए।

चूंकि सिंचाई में स्वच्छ पानी का सबसे अधिक उपयोग होता है, इसलिए पानी की प्रति इकाई उत्पादकता प्राप्त करने का लक्ष्य होना चाहिए। वैज्ञानिक जल प्रबंधन, कृषि कार्य और सिंचाई की स्प्रिंकलर व ड्रिप प्रणाली को इस पुस्तक में वर्णित कार्य प्रणाली का प्रयोग करके एक सार्वभौमिक रूप से अपनाना चाहिए।

जल संसाधनों की व्यवस्था में विविध उपयोगों के लिए एक भागीदारी का दृष्टिकोण शामिल होना चाहिए, जिसमें न केवल विभिन्न सरकारी संस्थायें शामिल हों, बल्कि जल संसाधन योजनाओं के डिज़ाइन, योजना, विकास तथा प्रबंधन के विभिन्न पहलुओं में कारगर व निर्णायक ढंग से, जल के उपयोगकर्ताओं व अन्य हितधारकों को भी सम्मिलित करना चाहिए। इस उद्देश्य के लिए महिलाओं की विधिवत् भूमिका को सुनिश्चित करके विभिन्न स्तरों पर आवश्यक कानूनी व संस्थागत बदलाव करने चाहिएं। जल उपभोक्ता संघ व स्थानीय निकायों, जैसे नगरपालिकाओं और ग्राम पंचायतों को जल के बुनियादी ढांचे, सुविधाओं के क्रियान्वन, रख–रखाव तथा प्रबंधन में उपयुक्त स्तर पर विशेष रूप से शामिल करना चाहिए ताकि इन सुविधाओं का प्रबंधन अंततः उपभोक्ताओं के समूहों/स्थानीय निकायों के हाथों में सौंपा जा सके।

विज्ञान व प्रौद्योगिकी

हमारे जल संसाधनों के प्रभावपूर्ण व किफायती प्रबंधन के लिए देश के वैज्ञानिकों को आगे लाकर, विभिन्न क्षेत्रों में शोध प्रयासों से निम्नलिखित सहित कई दिशाओं में लगाया जा सकता है:

- जलीय मौसम विज्ञान (हाइड्रोमीटरोलॉजी)
- बर्फ़ व झील जल विज्ञान
- भूमिगत एवं भूजल विज्ञान
- नदीय आकृति विज्ञान व जलगतिविज्ञान
- जल संसाधनों का मूल्यांकन
- जल संचयन और भूजल पुनर्भरण

- जल की गुणवत्ता
- जल संरक्षण
- पानी के वाष्पीकरण तथा रिसाव से होने वाली हानियां
- पुनर्चक्रण व पुनर्प्रयोग
- जल प्रबंधन की बेहतर कार्यप्रणाली तथा क्रियान्वन तकनीक में सुधार
- फसलें तथा फसलों के श्रेणीबद्ध करने की प्रणाली
- मृदा एवं सामग्री अनुसंधान
- नई निर्माण सामग्री एवं तकनीक (विशेष संदर्भः रोलर संबद्ध कंक्रीट, फाइबर समर्थित कंक्रीट, सुरंग बनाने की प्रौद्योगिकी के यंत्रीकरण की नई पद्धतियां, संरचनाओं व सामग्री के गुणों के उन्नत संख्यात्मक विश्लेषण)
- भूकम्प विज्ञान तथा इमारतों संरचनाओं के भूकम्पीय डिज़ाइन
- जल संबंधित संरचनाओं की सुरक्षा व जीवनकाल
- जल संसाधनों की परियोजनाओं के लिए किफायती डिज़ाइन
- जोखिम का विश्लेषण व आपदा प्रबंधन
- विकास व प्रबंधन में सुदूर संवेदन (रिमोट सेंसिंग) तकनीकों का प्रयोग
- संकट प्रबंधन उपायों के रूप में स्थिर भूजल संसाधनों का उपयोग
- जलाशयों में तलछट का जम जाना
- सामुद्रिक जल संसाधनों का उपयोग
- पानी में खारेपन के प्रवेश को रोकना
- पानी के इकट्ठा होने और मृदा के खारेपन को रोकना
- पानी के भराव वाली तथा लवणयुक्त भूमि को पुनःसुधारना
- पर्यावरणीय प्रभाव
- क्षेत्रीय समानता
- स्प्रिंकलर/ड्रिप सेवाओं के माइक्रो हाइडल उपकरणों के कम्प्यूट्रीकृत नियंत्रण को इस प्रकार अपनाना चाहिए कि पौधों को जल की आपूर्ति केवल आवश्यक होने पर ही हो और आवश्यक मात्रा में हो।

सामान्यतः यह देखा गया है कि अंतर्राज्यीय मामलों को निपटाने के लिए बनाये गये न्यायालयों को अपना निर्णय देने में बहुत अधिक समय लग जाता है। इस मुद्दे पर सरकारिया आयोग ने ध्यान दिया

था। सरकारिया आयोग ने अंतर्राज्यीय नदी जल विवादों पर अपनी रिपोर्ट के अध्याय–17 में सिफ़ारिश की है कि :

- एक बार जब राज्य की ओर से अंतर्राज्यीय नदी जल विवाद अधिनियम (33–1956) की धारा 3 के अंतर्गत प्रार्थना पत्र प्राप्त हो जाता है, तो केंद्रीय सरकार के लिए विवादी राज्य का प्रार्थना पत्र प्राप्ति के एक वर्ष के अंदर एक न्यायाधिकरण की स्थापना करना अनिवार्य हो जाता है। अंतर्राज्यीय नदी जल विवाद अधिनियम में इस उद्देश्य से उपयुक्त संशोधन किये जा सकते हैं।
- अंतर्राज्यीय नदी जल विवाद अधिनियम केंद्रीय सरकार को यह अधिकार प्रदान करता है कि यदि आवश्यक हो और केंद्रीय सरकार इस बात से संतुष्ट हो कि ऐसा कोई विवाद वास्तव में मौजूद है, तो वह स्व–प्रेरणा से एक न्यायाधिकरण की स्थापना कर सकती है।
- राष्ट्रीय स्तर पर एक डाटा बैंक और सूचना प्रणाली का होना आवश्यक है और इस उद्देश्य से शीघ्रातिशीघ्र पर्याप्त तंत्र की स्थापना की जानी चाहिए। अंतर्राज्यीय नदी जल विवाद अधिनियम में यह प्रावधान भी होना चाहिए कि सभी राज्यों पर आवश्यक आंकड़े उपलब्ध कराने की बाध्यता हो, इस प्रयोजन के लिए न्यायाधिकरण को एक न्यायालय की शक्तियां प्रदान की जा सकती हैं।
- अंतर्राज्यीय नदी जल विवाद अधिनियम में संशोधन से यह सुनिश्चित किया जाना चाहिए कि न्यायाधिकरण की स्थापना की तिथि से पांच वर्ष के भीतर न्यायाधिकरण का फैसला प्रभावी हो जाये। फिर भी, यदि किन्हीं कारणों से, न्यायाधिकरण यह महसूस करता है कि पांच वर्ष की इस अवधि को आगे बढ़ाये जाने की आवश्यकता है, तो केंद्रीय सरकार न्यायाधिकरण द्वारा दिये गये संदर्भ से उसके कार्यकाल को बढ़ा सकती है।
- अंतर्राज्यीय नदी जल विवाद अधिनियम, 1956 में संशोधन किया जाना चाहिए ताकि न्यायाधिकरण के फैसलों में सर्वोच्च न्यायालय के आदेशों व नियमों के समान ही बल और स्वीकृति हो जिससे न्यायाधिकरण के फैसलों को बाध्यकारी बनाया जा सके।

इस मद पर स्थायी समिति की अनुशंसायें निम्न प्रकार से हैं :

> न्यायाधिकरण को अपनी स्थापना के तीन वर्षों की अवधि में अपना निर्णय दे देना चाहिए। फिर भी, यदि किन्हीं कारणों से निर्णय तीन वर्षों के दौरान नहीं दिया जा सकता, तो केंद्रीय सरकार उपयुक्त ढंग से इस अवधि को बढ़ा सकती है, जो दो वर्ष से अधिक नहीं हो सकती। फैसले की अधिसूचना जारी होने की तिथि के दो वर्षों के अंदर फैसला लागू हो जाना चाहिए। यदि किन्हीं अपरिहार्य कारणों से फैसला दो वर्षों की अवधि में लागू नहीं किया जा सकता, तो केंद्रीय सरकार उपयुक्त ढंग से उस अवधि को विस्तार दे सकती है।

ऊपर वर्णित सिफ़ारिशों के लागू होने से देश के सामने आने वाली समस्याओं का समाधान नहीं होगा। आज के समय की आवश्यकता है व्यापक, सटीक, तेज और समावेशी दृष्टिकोण। विश्व महासागर पृथ्वी की सतह के तीन चौथाई हिस्से में फैले हुए हैं। संयुक्त राष्ट्र संघ के अनुमानों के अनुसार, पृथ्वी पर पानी की मात्रा लगभग 1,400 मिलियन क्यूबिक किलोमीटर है, जो 3,000 मीटर की गहराई वाली परतों के साथ पृथ्वी को ढकने के लिए पर्याप्त है। लेकिन इस विशाल मात्रा में स्वच्छ पानी का हिस्सा बहुत ही कम है। पृथ्वी पर उपलब्ध कुल जल का लगभग 2.7% ही स्वच्छ पानी है, जिसका लगभग 75.2% भाग ध्रुवीय क्षेत्र में जमा हुआ है और 22.6% भूजल के रूप में उपलब्ध है। शेष जल झीलों, नदियों, वातावरण, आर्द्रता, मृदा, और वनस्पतियों में विद्यमान है। उपभोग व अन्य उपयोगों के लिए वास्तव में उपलबध जल, नदियों झीलों व भूजल के रूप में है। जल संसाधनों के विकास और प्रबंधन के संकट का कारण यह है कि अधिकांश जल उपभोग में लाने के योग्य नहीं है। और दूसरे, इसकी यह विशेषता इसके बेहद असमान वितरण से प्रकट होती है। तदनुसार, जल के महत्त्व को पहचाना गया है और इसके किफ़ायती उपयोग व बेहतर प्रबंधन पर ज़्यादा ज़ोर दिया जा रहा है।

पृथ्वी पर जल की गति जलीय चक्र के माध्यम से बनती है। अधिकांश उपयोगकर्ताओं अर्थात् मानव, पशु, या पौधों के लिए पानी के उपयोग में पानी का बहाव शामिल होता है। जल संसाधनों की गतिशील और स्वाभाविक रूप से पुनः पैदा होने की प्रकृति

और बार–बार इसकी उपयोग करने की आवश्यकता में जरूरत होती है कि जल संसाधनों को उनके प्रवाह की दर के संदर्भ में मापा जाये। इस प्रकार, जल संसाधनों के दो पहलू होते हैं। गतिशील संसाधन, जिसे प्रवाह के रूप में मापा जाता है, अधिकांश विकासात्मक आवश्यकताओं के लिए अधिक प्रासंगिक है। पानी की मात्रा व जलीय निकायों के क्षेत्र की लम्बाई को शामिल करके, जलाशयों की स्थिर प्रकृति कुछ गतिविधियों जैसे मछली पालन व नौ परिवहन के लिए भी प्रासंगिक होती है।

निष्कर्ष

मनुष्य व पशुओं के जीवन के लिए जल के अत्यधिक महत्त्व को ध्यान में रखते हुए, पर्यावरणीय संतुलन को बनाये रखने के लिए तथा सभी प्रकार की आर्थिक व विकास की गतिविधियों के लिए और इसकी बढ़ती हुई कमी को विचार में रखते हुए, इस संसाधन की योजना व व्यवस्था और इसका उचित किफायती व न्यायोचित उपयोग अत्यंत महत्त्व की बात बन गया है। जल संसाधनों के विकास तथा उनकी व्यवस्था में समाज की आवश्यकताओं को भी ध्यान में रखना चाहिए। राष्ट्रीय जल नीति की सफलता पूर्णरूपेण एक राष्ट्रीय आम सहमति तथा इसके अंतर्निहित सिद्धान्तों व उद्देश्यों के लिए प्रतिबद्धता का निर्माण करने और उसे बनाये रखने पर निर्भर करेगी। इच्छित उद्देश्यों को पाने के लिए परिचालन संबंधी कार्यपद्धति समर्थित, राज्य जल नीति, एक समयबद्ध तरीके से, मान लें कि दो वर्ष के भीतर तैयार की जानी चाहिए। और जब व जैसे आवश्यकता पड़े, राष्ट्रीय जल नीति समय–समय पर संशोधित की जा सकती है।

अनुक्रम

आभार 9
भूमिका 11
प्रस्तावना 15
विषय प्रवेश 21

अध्याय–1
ऐतिहासिक पृष्ठभूमि 45
अध्याय–2
सिंचाई–1945 के बाद हुई प्रगति 55
अध्याय–3
सिंचाई क्षमता के निर्माण व उपयोग की लागत 65
अध्याय–4
अंतर–बेसिन नदियों को आपस में जोड़ने पर कार्यबल का प्रस्ताव 68
अध्याय–5
जल को किफायत से प्रयोग करने के अतिरिक्त सिंचाई क्षमता की वैकल्पिक संभावनायें 71
अध्याय–6
सिंचाई की परम्परागत विधि से ड्रिप व स्प्रिंकलर प्रणाली की ओर 86
अध्याय–7
खाद्यान्नों सहित खेती के लिए भूमि व जल के उपयोग की दिशा में नीतियाँ 95
अध्याय–8
माइक्रो हाइडल प्रणालियों के लिए बिजली का आवश्यकता (डी.एम.आई. / एस.एम.आई.) 102

अध्याय–9

जल बजट 110

अध्याय–10

पानी की आपूर्ति के पूरक स्रोत 118

अध्याय–11

स्प्रिंकलर / ड्रिप के साथ सिंचाई क्षमता का उपयोग करने की लागत का अनुमान 121

अध्याय–12

कार्यान्वयन 126

परिशिष्ट 1

भारत की सिंचाई चमत्कारों की एक झलक 138

परिशिष्ट 2

दसवीं पंचवर्षीय योजना का मध्यावधि मूल्यांकन–बड़ी व मध्यम सिंचाई का वास्तविक विवरण ('000 हेक्टेयर में) 153

परिशिष्ट 3

योजनाओं के माध्यम से लघु सिंचाई क्षमता का विकास 156

परिशिष्ट 4

भूमि उपयोग का वर्गीकरण तथा भारत में सिंचित क्षेत्र 1998–99 और 1999–2000 (अनंतिम) 157

परिशिष्ट 5

तमिलनाडु सामुदायिक ड्रिप सिंचाई योजना, ज़िला कामराजर 158

परिशिष्ट 6

गायें सदैव लाभकारी, मीथेन गैस, तेल के आयात को शानदार उत्तर 162

परिशिष्ट 7

सिंचाई क्षमता का निर्माण व उसके उपयोग की लागत 166

परिशिष्ट 8

दक्षिण अफ्रीकी जल नीति पर श्वेत पत्र–टिप्पणी सहित 178

संदर्भ सूची *191*

आत्मनिर्भर भारत

जल : जीवन का अमृत

अध्याय–1

ऐतिहासिक पृष्ठभूमि

विश्व इतिहास का अवलोकन सिंचाई और सभ्यताओं के मध्य घनिष्ठ संबंध को दर्शाता है। दुनिया भर की महान सभ्यतायें ईसा से हज़ारों वर्ष पूर्व नील नदी, सिंधु घाटी, फ़रात नदी (यूफ्रेटस) और दजला नदी (टाइग्रिस) की घाटियों में फली–फूलीं, क्योंकि पानी सिंचाई के लिए इस्तेमाल किया जाता था।

'राजा मिनस ने ईसा से 3,000 वर्ष पूर्व नील नदी पर बांध बनाकर उसके प्रवाह को मोड़ दिया था। सबसे दिलचस्प पुरावशेषों में, ईसा से 2,800 वर्ष पूर्व निर्मित सद एल काफरा (बुतपरस्तों का बाँध) है, जो काहिरा के एकदम दक्षिण में है। इसका निर्माण स्पष्ट रूप से पूरे विस्तार से और बिना किसी जलमार्ग के किया गया, जलग्रहण क्षेत्र के संबंध में यह इतना छोटा था कि यह अपने जीवन काल के प्रारंभ में ही विफल हो गया था।[1] मिस्रवासी बाढ़ के पानी को संग्रह करने की अपेक्षा उसका वितरण करने में अधिक सफल रहे थे। नील नदी के मैदानी इलाकों में जुलाई–सितम्बर के मानसूनी मौसम के दौरान हर वर्ष बाढ़ आ जाती थी, इस कारण मिस्रवासियों ने मैदानी इलाकों को छोटे–छोटे टुकड़ों में बांट कर उन पर बांध बना दिये थे ताकि बाढ़ के पानी को आने वाले समय में उपयोग के लिए संग्रहित किया जा सके। इसके अलावा, नील नदी को मोड़ कर उसे भारी बाढ़ भंडारण परियोजना (मोएरिस नहर) में परिवर्तित कर दिया था, जिसे ईसा पूर्व 19वीं शताब्दी[2] में यूनानी इतिहासकार, हिरोडोटस के अनुसार खोदा गया था, जो मिस्रवासियों के लिए पानी के संचय के लिए एक अन्य सुविधा थी।

1. मैल्कम, न्यूसन; लैण्ड, वाटर एंड डिवल्पमेंट: सस्टेनेबल मैनेजमेंट ऑफ रिवर बेसिन सिस्टम्स (दूसरा संस्करण), लंदन व न्यूयॉर्क: रूटलेज, पृष्ठ संख्या 3
2. संदर्भ वही, पृष्ठ संख्या–3

हालाँकि, दूसरों ने इसे खुदाई का कार्य न मान कर, एक प्राकृतिक रूप ही माना है।

'चीन में सम्राट यू ने भूमि उद्धार हेतु नदियों को नियंत्रित करना आरंभ कर दिया था। जैसा कि बिस्वास (1967, पृष्ठ संख्या 120) में दर्ज है 'उसने नदियों का अध्ययन किया...उसने पानी पर प्रभुत्व कायम किया;' चीनी साहित्य से यह स्पष्ट है कि नदियों के नेटवर्क की पहचान करने के फलस्वरूप, नदी की घाटी के कुछ अवधारणायें पैदा हो गई थीं।[1]

सुमेरिया और बेबीलोन के संदर्भ में, जहाँ फ़रात और दजला की सिंचाई प्रणाली ने सुचारु रूप से कार्य किया, वहीं यह सरकार का केंद्रीकृत नियंत्रण ही था, जिसके कारण यह संभव हो पाया था। वास्तव में, यह नियंत्रण भी राजा हाम्मुरबी द्वारा संहिताबद्ध किया गया था। 'हाम्मुरबी की संहिता (1750) सुमेरियन और बेबीलोनियन जल विधि का एक संहिताकरण है। लापरवाही के कारण बाढ़ से क्षति होने की विशेष रूप से आशंका थी।[2] इन कानूनों के तहत, ऐसा प्रतीत होता है कि बांध को अक्षुण्ण रखने की जिम्मेदारी किसानों की होती थी। यदि बांध में कोई दरार आ जाती या दूसरे किसानों के खेतों में पानी भर जाता था, तो गल्ले के नुकसान की भरपाई के लिए उन जिम्मेदार किसानों की ज़मीन को बेच दिया जाता था। वितरण प्रणाली में भी यही नियम लागू था; यदि कोई किसान अपने खेतों में पानी के प्रवेश या निकासी में कोई लापरवाही बरतता था और पानी का अतिप्रवाह पड़ोसी के खेत में चला जाता था और उसके खेत में बाढ़ सी आ जाती थी, तो उसे भी पड़ोसी किसान को निर्धारित जुर्माना अदा करना पड़ता था। इस प्रकार के सभी प्रतिबंध काफी लम्बे समय तक चले, क्योंकि यह क्षेत्र एक सुदृढ़ एकल केंद्रीय सरकार के अधीन था, लेकिन समय के साथ–साथ सुमेरियन समाज कई स्थानीय शहरी राज्यों में विभक्त हो गया था[3] जो इसे पतन की ओर ले गया।

'मध्य पूर्व में एक और प्रागैतिहासिक उपलब्धि थी भूमिगत नालों की व्यवस्था करना जिससे जल को, वाष्पीकरण से होने वाली क्षति या प्रदूषण से नुकसान के बिना स्रोत से उपभोक्ताओं तक पहुँचाया

1. संदर्भ वही, पृष्ठ संख्या–5
2. संदर्भ वही, पृष्ठ संख्या–5
3. संदर्भ वही, पृष्ठ संख्या–2–3

जाता था (कुछ मामलों में 30 किलोमीटर से भी अधिक की दूरी तय की जाती थी)।[1] मिस्र और मेसोपोटामिया, दोनों में भूमिगत जल का दोहन और पानी का भूमिगत भंडारण भी प्रसिद्ध है। इसलिए, स्पष्ट रूप से, शहरी केंद्रों को पेय जल की आपूर्ति भी जलीय सभ्यताओं की एक विशेषता थी।

ईसा से 2,750 वर्ष पूर्व, सिंधु घाटी में जल आपूर्ति और जल निकासी की व्यवस्था की शुरुआत हुई। सिंधु घाटी के पुरातत्व अभिलेखों में भी यह संकेत मिलता है कि 2,200 ईसा पूर्व के काल से जल निकासी प्रणाली पायी जाती है और घरों को पानी की आपूर्ति की जाती है। और, यह भी पता चलता है कि मोहन जोदड़ो और हड़प्पा संस्कृति में कृषि एक मुख्य व्यवसाय हुआ करता था जिसका प्रमाण चावल, गेहूँ, जौ, मटर, तिल इत्यादि जैसे खाद्य पदार्थों का होना है। इस तरह के खाद्य पदार्थों की खेती पानी की अच्छी आपूर्ति पर निर्भर करती है और इसलिए, वहाँ निश्चय ही जल आपूर्ति की अच्छी व्यवस्था रही होगी। रैकस सिंधु घाटी सभ्यता के संबंध में दावा करते हैं कि, 'यह शून्य वर्षा पर सिंचाई या उसके बिना जीवित रह सकती थी और समृद्ध हो सकती थी क्योंकि सिंधु घाटी की नदियों में सुनिश्चित रूप से मौसमी बाढ़ आती थी, जो बाढ़ के मैदानों का विशाल क्षेत्र जलप्लावित हो जाता था। (पृष्ठ संख्या 113)। वह यह भी दावा करते हैं कि आज के बांधों व तटबंधों के साथ भी अभी भी बाढ़ बेकाबू हो जाती है।[2] ब्रिटिश इतिहासकार, जोज़ेफ ट्वानबी सिंधु घाटी के दो प्रमुख शहरों के साथ इस की परिमाण और स्तर पर ज़ोर देते हैं और 400 मील की दूरी के अलावा, वह इस पैमाने पर प्रबंधन की समस्याएँ नहीं देखते : संभवतः प्रबंधन पर्यावरणीय परिवर्तन की एक समन्वित तरीके से प्रतिक्रिया देने में विफल रहा, भले ही इसका कारण कुछ भी रहा हो। हालाँकि विशिष्ट रूप से ऐसा लगता है कि सिंधु घाटी की सभ्यता जलवायु के गहरे पर्यावरणीय परिवर्तन के परिणामस्वरूप समाप्त हुई, जो विनाशकारी बाढ़ और लंबी अवधि तक सूखे का कारण बना जिसने उस समय मौजूद इंजीनियरिंग की जटिलता पर काबू पाया। सिंधु घाटी सभ्यता के विनाश का कारण जो भी रहा हो, लेकिन हमारी परम्परा का 5000 वर्ष पुराना ज्ञान भारत के विभिन्न भागों में मानव कल्याण हेतु पानी का दोहन करने के लिए जारी रहा।

2. संदर्भ वही, पृष्ठ संख्या–6

परिशिष्ट–1 में, ब्रिटिश राज (इसमें ब्रिटिश राज के योगदान का एक हिस्सा भी शामिल है) के अस्तित्व में आने से काफी पहले, सिंचाई के क्षेत्र में कतिपय ऐतिहासिक चमत्कारों को कौटिल्य के विचारों के साथ विस्तारपूर्वक समझाया गया है। भारत ने अपनी प्रणालियों का विकास कर लिया था, जो आदर्श रूप से इसकी योग्यता व पर्यावरण के अनुकूल था। एक कारक, जो आमतौर पर पूरे इतिहास में चलता है; चाहे उत्तर हो या दक्षिण, पूर्व हो या पश्चिम, वह यह है कि यद्यपि शासकों या जन हितैषी लोगों ने अथवा मंदिरों या लोगों ने खुद राज्य की मदद से या खुद अपने दम पर सिंचाई प्रणाली या निर्माण कार्य की रचना की, लेकिन उनके रखरखाव में हर जगह पर लोगों ने एक सक्रिय भूमिका निभाई। विजयनगर के राजाओं द्वारा सिंचाई की खुदीमरम्मत यानि स्वयं उद्धार करने की अवधारणा और जल निकासी कार्यों का विकास किया गया। खुदीमरम्मत, स्थानीय प्रथा के अनुसार, ग्रामीण समुदाय के श्रमिकों द्वारा संयुक्त रूप से की जाती थी। आमतौर पर, जिन किसानों की ज़मीन जल आपूर्ति के स्रोत के निकट होती थी, उन्होंने नदी के तले को गहरा करने व अन्य जल स्रोतों से गाद हटाने के काम के लिए एक निश्चित दर पर अपेक्षित श्रमिक उपलब्ध कराये, जिससे खुदीमरम्मत प्रणाली का उदय हुआ।

विजयनगर के राजाओं ने इस संबंध में अपना योगदान देना जारी रखा और खुदीमरम्मत की लागत को पूरा करने के लिए भूस्वामियों से एक समान आधार पर उपकर वसूल नहीं किया। विजयनगर के राजाओं की कृषि नीतियाँ मुख्यतया सिंचाई तंत्र के विस्तार और उसके उचित रखरखाव पर आधारित थीं; जिससे राज्य को बड़ी मात्रा में राजस्व की प्राप्ति हुई। इस के बावजूद, जहाँ लोग स्वयं खुदीमरम्मत के कार्यक्रम में शामिल थे, वहाँ राज्य उपकरों में रियायत दे रहा था, जिससे उन्हें यह महसूस हो कि उनसे महज कर ही नहीं वसूल रहा बल्कि राज्य उनके योगदान का भी सम्मान करता है और इसी से वे उपकर में रियायत पाने के हकदार हैं। यहाँ यह बात स्वीकार की जानी चाहिए कि यह किसी अर्थव्यवस्था के लिए एक बहुत ही विवेकपूर्ण नीतिगत मानदण्ड था, जो मुख्य रूप से कृषि प्रधान थी।

ब्रिटिश शासन

अंग्रेजों के आगमन के साथ ही राज्य की नीतियों के प्रचार के लिए पूर्वनिर्धारित कारक था– भूमि से राजस्व का संग्रह, भले ही वह भूमि

सिंचित हो या असिंचित। 'राज्य "सर्वव्यापी भूस्वामी" बन गया और इसका प्राथमिक ध्येय भू–राजस्व बन गया।'[1] और राज्य जल स्रोतों का भी स्वामी बन गया। मद्रास प्रान्त में अठारहवीं शताब्दी के अंतिम दशक में और उन्नीसवीं शताब्दी के आरम्भ में, प्रयत्न–त्रुटि परीक्षण विधि से भू–राजस्व के विभिन्न रूपों प्रयोग किये गये, जिसका परिणाम भूमि की उर्वरकता की अवधि और खेती की अस्थिरता तथा सिंचाई के कार्य की उपेक्षा के रूप में सामने आया क्योंकि इसमें लोगों की भागीदारी लगभग शून्य हो गई थी। आख़िरकार, रैयतवाड़ी व्यवस्था पेश की गई। '1855 में, रैयतवाड़ी सिद्धान्त पेश किये जाने के एक चौथाई शताब्दी के उपरान्त यह पाया गया कि मद्रास प्रान्त के 1/5 से भी कम भाग पर खेती की जाती थी, जबकि आधे से अधिक क्षेत्र, जो कृषियोग्य दर्ज किया गया था, बेकार पड़ा रहा।'[2] रैयतवाड़ी व्यवस्था के तहत, तालाबों जैसी साझा स्वामित्व वाली संपत्तियों की जिम्मेदारी सरकार पर थी और इसलिए, राजस्व अधिकारियों पर रखरखाव की जिम्मेदारियाँ हस्तांतरित हो गईं जो इस कार्य के लिए समर्थ नहीं थे। सिंचाई के कार्य की देखरेख का अधिकार सेना के सिविल इंजीनियरों को दिया गया। '1819 में तालाबों की मरम्मत के अधीक्षक का पद बनाया गया और उसके बाद, 1809 में तालाबों का एक अलग विभाग बनाया गया जो लोक निर्माण विभाग (पी.डब्ल्यू.डी.) की अग्रगामिता का संदेश था। पी.डब्ल्यू.डी. का गठन 1858 में तमिलनाडु (तत्कालीन मद्रास प्रान्त) में और 1855–56 में मैसूर में हुआ।[3] इस प्रकार, सिंचाई के इतिहास में पहली बार एक आधुनिक केंद्रीकृत प्रणाली आरम्भ की गई, जिसका प्रमुख ध्येय भू–राजस्व का संग्रह था और जो फलतः भूमि और पानी, दोनों को केंद्रीकृत प्रणाली के तहत ले आया।'[4] यह बम्बई प्रान्त में उनके प्रशासन में भी परिलक्षित होता है। राष्ट्रवादी आर्थिक इतिहासकार रोमेश चन्द्र दत्त कहते हैं '1817 में ब्रिटिश शासन के अधीन अंतिम मराठा पेशवा का राज्य समाप्त हो गया और उस वर्ष से भू–राजस्व

---

1. स्टेट ऑफ इंडियाज़ एन्वायरन्मेंट 4–ए सिटिज़न रिपोर्ट, डाइंग विस्डम–राईस, फाल एंड पोटेन्शियल ऑफ इंडियाज़ ट्रेडिशनल वाटर हार्वेस्टिंग सिस्टम्स, सेंटर फॉर साइंस एंड एन्वाइरन्मेंट, पृष्ठ संख्या 300।
2. संदर्भ वही, पृष्ठ संख्या 300
3. संदर्भ वही, पृष्ठ संख्या 301
4. संदर्भ वही, पृष्ठ संख्या 301

में लगातार वृद्धि होती चली गई। 1817 से नये अधिग्रहीत क्षेत्र से प्राप्त राजस्व की राशि अस्सी लाख रुपये थी, 1818 में यह राशि बढ़ कर 115 लाख रुपये हो गई और कुछ वर्ष बाद ही यह 150 लाख रुपये प्रतिवर्ष हो गई थी।'[1] ग्राम समुदाय प्रणाली दबाव के कारण टूट गई और रैयतवाड़ी प्रणाली की शुरुआत सर थॉमस मुनरो द्वारा मद्रास में की गई और इसी प्रकार की रैयतवाड़ी प्रणाली बम्बई में अपनाई गई यानि व्यक्तिगत किसानों से अलग भुगतान की एक प्रणाली। इस व्यवस्था के साथ भी, जो सिंचित व ग़ैर–सिंचित भूमि, दोनों पर राजस्व और राजस्व वृद्धि पर आधारित थी, ब्रिटिश सरकार ने सुधार या सिंचाई के कार्य के लिए अनिवार्य प्रणाली लागू करने की कोशिश की। विजयनगर के राजा खेतिहरों पर उचित ध्यान देते थे, जिन्होंने इस प्रणाली के लिए उपकर का संग्रह करते समय श्रम का योगदान दिया था। दूसरे शब्दों में, श्रम शुल्क विजयनगर के राजाओं की सरकार द्वारा कर के रूप में माफ़ किया जाता था। दूसरी ओर, जब भी बाढ़ के कारण दरारें पैदा हुईं, ब्रिटिश सरकार अनिवार्य श्रम के लागू होने को वैध बनाने के लिए मद्रास अनिवार्य श्रम अधिनियम 1858 पर निर्भर थी। लेकिन ज़ाहिर है कि सरकार जनता का सहयोग पाने में नाकामयाब रही। ब्रिटिश सरकार ने जो कुछ भी किया, वह सब भूमि व पानी के सरकारी स्वामित्व की घोषणा करने के लिए कानूनी अधिकार प्रदान करने और कर का अधिकार ग्रहण करने के लिए था। अपनी शासन व शोषण करने की इच्छा में उन्होंने सदियों से भारतीय ग्रामीण समुदायों द्वारा निर्मित व व्यवस्थित जल प्रबंधन प्रणालियों को नष्ट कर डाला।

इसी प्रकार, बंगाल में गंगा और दामोदर के डेल्टा में कई नदियों से जुड़ी समानांतर नहरों द्वारा चलाई जा रही जीवंत बाढ़ सिंचाई प्रणाली को समाप्त कर दिया गया और उन्हें निष्क्रिय घोषित कर दिया गया था। इसका कारण विशुद्ध रूप से प्रशासन की इस तथ्य को समझ पाने की नाकामी थी कि सभी छोटी और बड़ी नदियों के समानांतर स्थित नहरों द्वारा उपजाऊ गाद और मछली के साथ–साथ पानी की आपूर्ति भी की जाती थी और कार्प मछली हर जगह बहुतायत में उपलब्ध थी। इसके परिणामस्वरूप मिट्टी की बेहतर उर्वरता के कारण उत्पादन भी बढ़ा था। मिट्टी की यह बेहतर उर्वरता ताज़ा गाद के हासिल हो जाने का नतीजा थी। इसके साथ–साथ, प्रचुर मात्रा में पानी भी उपलब्ध होता था और कार्प मछली या मछली भी जो

मलेरिया के लार्वा खाती थी। अंग्रेजों ने व्यापारियों व नाविकों के रूप में प्रमुख नदियों का तटबंधन आरंभ कर दिया था और इसके परिणामस्वरूप उन्होंने नहरों को अवरुद्ध कर दिया था, जिसके परिणामस्वरूप, एक निरोग आबादी वाला समृद्ध और सम्पन्न प्रान्त सूखे की चपेट में आ गया था और बीमारी के ख़तरे वाली ज़मीन में वृद्धि होने से कृषि उत्पादन बड़ी तेजी से घटने लगा था (जानकारी के लिए परिशिष्ट–1 देखें)।

बिहार में उत्पादन किराया प्रणाली को नकद किराया प्रणाली में परिवर्तित कर देने की ग़लत राजस्व नीतियों से भूस्वामियों ने दक्षिणी बिहार में पारम्परिक जल संचयन प्रणाली, आहाढ़ पाइने को बरकरार रखने की अपनी जिम्मेदारियों को त्याग दिया था। (विवरण के लिए परिशिष्ट–1 देखें)

भारत के अन्य भागों में भी सरकार के अधिग्रहण का सिंचाई की स्वदेशी प्रणाली पर प्रभाव पड़ा है। कम से कम एक बात तो निर्विवाद रूप से कही जा सकती है कि भूमि और जल पर ब्रिटिश शासकों का पूर्ण अधिकार का होने से, ऐसा प्रतीत होता है कि हमने अपने सिंचाई के कार्यों के लिए पूरी पावर ऑफ अटार्नी ब्रिटिश पी.डब्ल्यू.डी. को दे दी थी ताकि हम आराम से बैठ कर पानी के लिए तरसते रहें। हम अभी भी उस पीड़ा से उभरे नहीं हैं क्योंकि हमें अपनी सिंचाई के छोटे–छोटे कार्य को बरकरार रखने के लिए भी राज्य पर निर्भर रहना पड़ता है। इतने ज़्यादा निर्भर कि जिसकी वजह से सहायक नदियां गाद से भर गई हैं, तालाबों में पानी संग्रह करने की क्षमता कम हो गई है, मेढ़ों और बांधों का कमज़ोर होना जारी है। ब्रिटिश शासकों से पूर्व की विजयनगर साम्राज्य की खुदीमरम्मत की भावना सिंचाई के कार्य के निष्पादन व रखरखाव, दोनों में तथा पानी के शुल्क को इकट्ठा करने में उपयुक्त नीतिगत परिवर्तन लाकर वापस लायी जानी चाहिए थी, जिसका अंश डब्ल्यू.यू.ए. द्वारा रखरखाव के लिए प्रभावी तरीके से इस्तेमाल किया जा सकता है। उसके बाद अंग्रेजों ने नदियों पर सिंचाई के प्रमुख कार्य में रुचि ली, क्योंकि इस कार्य में केंद्र नियंत्रित प्रबंधन की काफी गुंजाइश थी। उनकी उपलब्धियों को नीचे दिये गये विवरण के अनुसार दर्ज़ किया जा सकता है।

मुगलों द्वारा चौदहवीं सदी में बनाई गई पश्चिमी यमुना नहर का उन्नीसवीं सदी में जीर्णोद्धार किया गया। ब्रिटिश काल में सिंचाई

के विकास के लिए वित्त का प्रबंध राजस्व जुटा कर किया गया था और निजी कम्पनियों के माध्यम से निवेश की गई पूंजी पर सरकार की ओर से 5% की गारन्टी देकर सिंचाई को बढ़ावा देने के प्रयास असफल सिद्ध हुए थे। 1866 में, सिंचाई परियोजनाओं के निष्पादन व वित्तपोषण को संचालित करने की नीतियों व सिद्धान्तों में महत्त्वपूर्ण परिवर्तन किये गये थे। सिंचाई का विस्तार करने के लिए एक बड़े निवेश की आवश्यकता और निजीकरण के प्रति ख़राब प्रतिक्रिया को ध्यान में रखते हुए यह निर्णय लिया गया कि सिंचाई परियोजनायें केवल राज्य द्वारा क्रियान्वित की जायेंगी और इनका वित्त–पोषण सार्वजनिक ऋणों के माध्यम से किया जायेगा। सरहिंद नहर (पंजाब), लोअर गंगा नहर, आगरा नहर, बेतवा नहर (उ.प्र.), पेरियार प्रणाली (तमिलनाडु), मुठा नहरें (महाराष्ट्र) सदृश कई परियोजनायें पूरी की गईं।

1901 में, भारत सरकार ने भारत में अकाल के ख़िलाफ एक सुरक्षा के रूप में सिंचाई पर एक रिपोर्ट प्रस्तुत करने के लिए 'भारतीय सिंचाई आयोग' को नियुक्त किया गया। आयोग की सिफारिशों पर आधारित तिहरी नहर परियोजना (अब पाकिस्तान में), त्रिवेणी नहर (बिहार), गोदावरी नहर, प्रवर नहर और नीर दक्षिण तट नहर (महाराष्ट्र), शारदा नहर (उ.प्र.) और महानदी नहर (मध्यप्रदेश) पूरी की गईं।

सिंचाई परियोजनाओं के प्रशासन व वित्तपोषण का संचालन करने के लिए नीतियों में एक महत्त्वपूर्ण परिवर्तन लाया गया और 1921 में मोन्टेग्यू–चेम्सफोर्ड सुधारों की शुरुआत की गई। सिंचाई के वित्तपोषण के लिए प्रान्तीय सरकारों को खुद ऋण जुटाने के लिए अधिकृत किया गया। इस अधिकार के बाद प्रान्तों ने कृष्णराज सागर (कर्नाटक), निज़ाम सागर (आन्ध्र प्रदेश), मेट्टूर बांध (तमिलनाडु), बीकानेर नहर (राजस्थान), सतलुज घाटी नहरें और सुक्कुर बैराज (अब पाकिस्तान में) को अपने संरक्षण में ले लिया।

1935 में, ब्रिटिश संसद ने भारत सरकार अधिनियम, 1935 पारित किया, जिसके अनुसार सिंचाई संबंधी विषय केंद्र के नियंत्रण से हटा कर प्रान्तीय या राज्य सरकारों को हस्तांतरित कर दिया गया। अब साझे बेसिन वाले राज्यों को छोड़ कर, जहाँ विवाद उठ खड़े हुए थे, केंद्र का सिंचाई के विकास से कोई संबंध नहीं रह गया था। संविधान निर्माताओं ने स्वतंत्रता के पश्चात् इस व्यवस्था को जारी

रखना बुद्धिमत्ता समझी, जिसके परिणामस्वरूप केंद्र सरकार का सिंचाई पर पूरी तरह से नियंत्रण हट गया था। आज जिस बीमारी का सामना सिंचाई को करना पड़ रहा है, उसके कीटाणु 1935 के इस निर्णय में देखे जा सकते हैं।

तालिका-1 : आजादी के पहले से लेकर उपलब्ध आंकड़ों के समय तक सिंचाई के विकास को दर्शाती है।

तलिका–1
(मिलियन हेक्टेयर में)

वर्ष	कृषि क्षेत्र	कुल सिंचित क्षेत्र	कृषि क्षेत्र व सिंचित क्षेत्र का %
1896–1900	अनुपलब्ध	11.98	–
1901–1905	72.71	13.15	18
1906–1910	78.09	15.95	20
1911–1915	82.79	18.01	22
1916–1920	84.08	18.42	22
1921–1925	82.55	18.62	23
1926–1930	84.77	18.94	22
1931–1935	85.02	18.94	22
1936–1940	85.82	22.06	26
1941–1945	87.24	22.60	26

(स्रोतः योजना आयोग, भारत सरकार)

टिप्पणियाँ

कृषि क्षेत्र

1905 के अंत से, कृषि क्षेत्र 72.71 मिलियन हेक्टेयर से बढ़ कर 1945 में 87.24 मिलियन हेक्टेयर हो गया; अथवा, कृषि क्षेत्र 1905 से 1945 तक 14.53 मिलियन हेक्टेयर बढ़ गया अर्थात् चालीस वर्षों के दौरान 20% की वृद्धि अर्थात् 0.5% प्रतिवर्ष की वृद्धि हुई।

सिंचित क्षेत्र

1905 से 1945 के चालीस वर्षों में, सिंचित क्षेत्र 13.15 मिलियन हेक्टेयर से बढ़ कर 22.60 मिलियन हेक्टेयर हो गया या उसमें 9.45 मिलियन हेक्टेयर की वृद्धि हुई अथवा 1905 से 1945 के बीच के चालीस वर्षों

की अवधि में क्षेत्र का 72%। औसत वृद्धि प्रतिवर्ष 1.8% थी। लेकिन यदि 1900 के 11.98 मिलियन हेक्टेयर के आंकड़ों पर विचार करें, तो ब्रिटिश शासन की पूरी अवधि (1900 से 1945) के दौरान 1900 में 11.98 मिलियन हेक्टेयर का क्षेत्र 1945 में 22.06 मिलियन हेक्टेयर तक बढ़ गया अथवा चालीस वर्षों में बढ़ोत्तरी 22.60−11.98 = 10.62 मिलियन हेक्टेयर या प्रतिशत के रूप में, यह वृद्धि 89% अथवा 1.9 या 2% प्रतिवर्ष की दर से रही। कहते हैं कि 1896 से पूर्व, उन्नीसवीं शताब्दी में, देश में सिंचाई के तहत मौजूद क्षेत्र हमें उपलब्ध ही नहीं था। संभव है, यह इसके बराबर या इससे अधिक रहा हो, क्योंकि हमने देखा है कि शासकों की नीतियों से कई स्वदेशी प्रणालियों को धोखे से नष्ट कर दिया गया था।

अध्याय–2

सिंचाई–1945 के बाद हुई प्रगति

1945 तक आते–आते, भारतीय स्वतंत्रता संग्राम के चलते ब्रिटिश शासकों का दबदबा कमज़ोर पड़ने लगा था। अब वे प्रान्तीय सरकारों व ज़िला बोर्डों में भारतीयों को शामिल कर रहे थे। 1946 तक, केंद्र सरकार भी अंतरिम सरकार के नियंत्रण में आ चुकी थी, जिसका नेतृत्व भारतीय मंत्रियों के पास था, हालाँकि, वायसराय और गवर्नर ब्रिटिश ही थे। यह कहने की आवश्यकता नहीं है कि 15 अगस्त, 1947 से पूरी सत्ता भारतीयों के हाथ आ चुकी थी। इसलिए, यदि हम यह मानते हैं कि 1945 से आज तक सिंचाई के क्षेत्र में जो कुछ भी हुआ, वह सब हमारे द्वारा ही किया गया, तो हम ग़लत नहीं हैं। और, मार्च 2002 तक हमारे द्वारा जो कुछ भी किया गया, वह तालिका–2 में दिया गया है।

तालिका 2 : अधिकतम सिंचाई क्षमता, निर्मित क्षमतायें और उपयोग की गई क्षमतायें

शुरुआत से मार्च 2002 तक (मिलियन हेक्टेयर)

क्रम संख्या	श्रेणी	मार्च 2002 तक उत्पन्न क्षमता	मार्च 2002 तक उपयोग में लाई गई क्षमता	उत्पन्न क्षमता का उपयोग प्रतिशत के रूप में
1	प्रमुख/मध्यम	36.92	30.92	83
2	छोटा	56.90	49.05	86
3	कुल योग	93.82	79.97	85

(दसवीं पंचवर्षीय योजना–मध्यावधि मूल्यांकन, परिशिष्ट संख्या 2 देखें)

तालिका–2 से निम्नलिखित बातें उभर कर आती हैं:

1. तालिका–1 से हमें मालूम होता है कि 1945 में दर्ज किया गया सिंचित क्षेत्र 22.60 मिलियन हेक्टेयर था और 2002 तक हमने तालिका–2 में देखा कि उपयोग में लाई गई सिंचाई क्षमता के तहत क्षेत्र 79.97 मिलियन हेक्टेयर तक बढ़ गया अथवा सत्तावन वर्षों में 79.97–22.60 = 57.37 मिलियन हेक्टेयर की बढ़ोत्तरी हुई, अथवा 1945 से मार्च 2002 तक प्रतिवर्ष लगभग एक मिलियन हेक्टेयर की औसत उपलब्धि रही।
2. प्रतिशत के संदर्भ में 57.37 मिलियन हेक्टेयर की वृद्धि अथवा 1945 में 22.60 मिलियन हेक्टेयर से 254% की वृद्धि। यह सत्तावन वर्षों (1945 से 2002) में 4.5 प्रतिशत औसत सालाना वृद्धि को दर्शाती है। ब्रिटिश शासन के पूरे पचास वर्षों में, यह वृद्धि औसतन 2% प्रतिवर्ष थी और सत्तावन वर्ष से सत्ता हमारे हाथ में आने से यह वृद्धि 4.5% हुई थी।
3. तलिका–2 से एक बात और उभर कर आती है कि हमने 2002 तक हमने सिंचाई क्षमता की अपनी 139.90 या 140 मिलियन हेक्टेयर की अधिकतम सिंचाई क्षमता की तुलना में 79.97 या 80 मिलियन हेक्टेयर का उपयोग किया। हमारे पास एक 140–80 = 60 मिलियन हेक्टेयर का अंतराल मौजूद है। मार्च 2002 के अंत तक शेष क्षमता 60 मिलियन हेक्टेयर होगी जिसका अभी उपयोग किया जाना है। 1945 से 2002 तक देखी गई एक मिलियन हेक्टेयर प्रति वर्ष की दर से, मार्च 2002 से मार्च 2062 के अंत तक 140 मिलियन हेक्टेयर की अधिकतम सिंचाई क्षमता को उपयोग में लाने में हमें साठ वर्ष का समय और लगेगा। या इसे यूं भी कह सकते हैं कि जब तक हम इस प्रक्रिया की गति को बढ़ाने के लिए कदम नहीं उठाते, हम अपनी अधिकतम सिंचाई क्षमता, जो 140 मिलियन हेक्टेयर है, का उपयोग मार्च 2062 तक करेंगे।
4. तालिका–2 से एक और बिन्दु उभर कर आता है कि सिंचाई क्षमता के निर्माण और इसके उपयोग के मध्य,

93.82–79.97 = 13.85 मिलियन हेक्टेयर अथवा 14 मिलियन हेक्टेयर का अंतर था। यह एक विशाल अंतर है!

दसवीं पंचवर्षीय योजना की उपलब्धि

यदि हम दसवीं पंचवर्षीय योजना (अप्रैल 2002 से मार्च 2007) के लक्ष्यों व उपलब्धियों के संदर्भ में विचार करें, जो हमारे पास 2002–03 से 2004–05 के लिए सिंचाई की क्षमता के निर्माण व उपयोग, दोनों के लिए उपलब्ध हैं और जो दो तालिकाओं में दिये गये हैं, तो हम थोड़ा पहले ही सिंचाई की क्षमता का निर्माण करने व उसका उपयोग करने के योग्य हो सकते हैं। दसवीं पंचवर्षीय योजना के निर्माण व उपयोग के लक्ष्यों और उपलब्धियों को तालिका–3 में दिखाया गया है।

तालिका 3 : दसवीं पंचवर्षीय योचना सिंचाई की क्षमताओं के पैदा करने में प्रत्याशित उपलब्धियां और लक्ष्य

(अप्रैल 2002 से मार्च 2005 तक) (मिलियन हेक्टेयर)

			2002–03		2003–04			
क्रम संख्या	सिंचाई की श्रेणी	सिंचाई क्षमता के निर्माण के लिए दसवीं पंचवर्षीय योजना के लक्ष्य	लक्ष्य	प्रत्याशित उपलब्धि	लक्ष्य	प्रत्याशित उपलब्धि	लक्ष्य 2004–05	2002 से 2005** के तीन वर्षों की प्रत्याशित उपलब्धियों का योग (कॉलम 5+7+8)
1	2	3	4	5	6	7	8	9
1.	बड़ी–मध्यम	9.94	1.50	0.81*	1.34	1.00	1.55	3.36
2.	लघु सिंचाई	6.81	0.82	0.69	0.71	0.70	0.75	2.14
	कुल योग	16.75	2.32	1.50	2.05	1.70	2.30	5.50

(जानकारी के लिए परिशिष्ट 2 देखें)

* वास्तविक उपलब्धि

** इसमें 2004–05 के लक्ष्य शामिल हैं

तालिका-3 ए : दसवीं पंचवर्षीय योजना (अप्रैल 2002 से मार्च 2005) सिंचाई क्षमता के उपयोग का लक्ष्य

(मिलियन हेक्टेयर)

			2002–03		2003–04			
क्र. सं.	सिंचाई की श्रेणी	सिंचाई क्षमता के उपयोग के लिए दसवीं पंचवर्षीय योजना के लक्ष्य	लक्ष्य	प्रत्याशित उपलब्धि	लक्ष्य	प्रत्याशित उपलब्धि	लक्ष्य 2004–05	2002 से 2005** के तीन वर्षों की प्रत्याशित उपलब्धियों का योग (इनमें 2004–05 के लक्ष्य शामिल हैं) (कॉलम 5+7+8)
1	2	3	4	5	6	7	8	9
1.	बड़ी–मध्यम सिंचाई	6.19	0.98	0.53*	0.89	0.66	1.02	2.21
2.	लघु सिंचाई	5.44	0.66	0.55	0.57	0.56	0.06	1.71
	कुल योग	11.63	1.64	1.08	1.46	1.22	1.62	3.92

(विवरण के लिए परिशिष्ट–2 देखें)

* वास्तविक उपलब्धि

** इनमें 2004–05 के लक्ष्य शामिल हैं

तालिका-3 बी : शुरुआत से मार्च 2005 के अंत तक सिंचाई क्षमता का निर्माण व उसका उपयोग

(मिलियन हेक्टेयर)

		निर्मित क्षमता			क्षमता का उपयोग			
क्र. सं.	श्रेणी	शुरुआत से मार्च 2002 के अंत तक	अप्रैल 2002 से मार्च 2005 के दौरान	योग (कॉलम 3+5)	शुरुआत से मार्च 2002 के अंत तक	अप्रैल 2002 से मार्च 2005 के दौरान	योग (कॉलम 6+7)	मार्च 2005 के अंत तक क्षमता के निर्माण व उपयोग होना बाकी है का शेष
1	2	3	4	5	6	7	8	9
1.	बड़ी / मध्यम सिंचाई	36.92	3.36	40.28	30.92	2.21	33.13	7.15
2.	लघु सिंचाई	56.90	2.14	59.04	49.05	1.71	50.76	8.28
	कुल योग	93.82	5.50	99.32	79.97	3.92	83.89	15.43

(विवरण के लिए परिशिष्ट–2 देखें)

* वास्तविक उपलब्धि

** इनमें 2004–05 के लक्ष्य शामिल हैं

तालिका–3 में यह देखा गया है कि, मार्च 2005 के अंत तक सिंचाई क्षमता के निर्माण की प्रगति की प्रत्याशित उपलब्धि होगी; मार्च 2002 के अंत तक क्षमता का निर्माण अर्थात् शुरुआत से लेकर मार्च 2005 के अंत तक 93.82 मिलियन हेक्टेयर (देखें तालिका–2) + मार्च 2005 के अंत तक 5.50 मिलियन हेक्टेयर प्रत्याशित उपलब्धि = 99.32 मिलियन हेक्टेयर। तालिका–3 के कॉलम 9 से यह देखा जा सकता है कि दसवीं पंचवर्षीय योजना के पहले तीन वर्षों की सिंचाई क्षमता के निर्माण का प्रतिवर्ष औसत 5.50/3 = 1.80 मिलियन हेक्टेयर प्रतिवर्ष है। हम यह भी जानते हैं कि हमारी अधिकतम सिंचाई क्षमता 140 मिलियन हेक्टेयर है। इस प्रकार, शेष सिंचाई क्षमता जिसका निर्माण किया जाना है, वह है 140 मिलियन हेक्टेयर–मार्च 2005 के अंत तक 99.32 मिलियन हेक्टेयर की उपलब्धि = 40.68 मिलियन हेक्टेयर ।

तालिका–3 ए में देखा गया है कि मार्च 2005 के अंत तक निर्मित सिंचाई क्षमता के उपयोग की प्रत्याशित उपलब्धि 79.97 मिलियन हेक्टेयर (तालिका–2 के अनुसार मार्च 2002 के अंत तक की उपलब्धि) + 3.92 मिलियन हेक्टेयर (मार्च 2005 के अंत तक प्रत्याशित उपलब्धि) = 83.89 मिलियन हेक्टेयर की उपलब्धि होने का अनुमान है, जो शुरुआत से मार्च 2005 के अंत तक का अनुमान है। तालिका–3 ए के कॉलम 9 से यह देखा जा सकता है कि दसवीं पंचवर्षीय योजना के पहले तीन वर्षों की सिंचाई क्षमता का वार्षिक औसत उपयोग 3.92/3 = 1.31 मिलियन हेक्टेयर होगा, जो 1945 से 2002 की अवधि की वार्षिक औसत उपलब्धि में मामूली सी बढ़ोत्तरी है, जो हमने एक मिलियन हेक्टेयर प्रति हेक्टेयर देखी है। तालिका– 3 बी में शुरुआत से लेकर मार्च 2005 के अंत तक क्षमता का सृजन और क्षमता का उपयोग प्रस्तुत किया गया है।

नोट : तालिका–3 बी से निम्नलिखित निष्कर्ष निकाले जा सकते हैं :

1. चूँकि भूजल स्रोतों के अंतर्गत लघु सिंचाई क्षमता का 78 प्रतिशत ही उपयोग में लाया गया था (परिशिष्ट–3 देखें), इसलिए उपयोग में लाई गई भूजल क्षमता मार्च 2005 के अंत तक 50.76 मिलियन हेक्टेयर लघु सिंचाई क्षमता का 78% होगा (तालिका–3 बी के कॉलम 8 में मद संख्या 2 देखें) जो 39.59 मिलियन हेक्टेयर होता है। इसलिए, लघु सिंचाई के अंतर्गत उपयोग में लाई गई सतह जल क्षमता 50.76–39.59 = 11.17 मिलियन हेक्टेयर है।

2. जैसे ही एक कुंए की खुदाई होती है, किसान सिंचाई के पानी का उपयोग करने की सारी तैयारी कर लेते हैं, भूजल क्षेत्र के अंतर्गत सिंचाई क्षमता के सृजन और उसके उपयोग के बीच समय का बहुत ही कम अंतर है। इसलिए, लघु सिंचाई के तहत 39.59 मिलियन हेक्टेयर भी भूजल की क्षमता हो जाता है। तालिका–3 बी के कॉलम 5 की मद संख्या 2 से हमें पता चलता है कि लघु सिंचाई क्षमता का निर्माण 59.04 मिलियन हेक्टेयर है, जिसमें भूजल क्षमता शामिल है, जो हमने 39.59 मिलियन हेक्टेयर देखी है।
3. इसलिए, निर्मित सतह जल लघु सिंचाई क्षमता 59.04–39.59 = 19.45 मिलियन हेक्टेयर है, जिसके सामने उपर्युक्त टिप्पणी–1 के अनुसार, उपयोग 11.17 मिलियन हेक्टेयर है।

ऊपर वर्णित प्रगति के बावजूद हम सिंचाई की स्थिति के कुछ चिंताजनक पहलुओं को नज़रंदाज नहीं कर सकते। हम पानी की स्थिति के मामले में अत्यंत दबाव की ओर बढ़ रहे हैं, यदि नहीं, तो सिंचाई के मोर्चे पर संकट की ओर बढ़ रहे हैं। एक ओर पंजाब, हरियाणा, पश्चिमी उत्तर–प्रदेश, तमिलनाडु और कई अन्य राज्यों में भूजल के दोहन के परिणामस्वरूप भूजल की पट्टियां तीव्रता से घट रही हैं; वहीं दूसरी ओर कृषि उन्नत राज्यों में नहरों के पानी का अंधाधुंध ढंग से उपयोग होने से कृषि योग्य क्षेत्र काफी हद तक दलदल और खारेपन की समस्या से पीड़ित है। कृषि मंत्रालय के अनुमानों के अनुसार, देश का 8.5 मिलियन हेक्टेयर क्षेत्र अकेले दलदल से प्रभावित है। मंत्रालय का यह भी अनुमान है कि देश में सिंचित क्षेत्र का 36% अथवा 20 मिलियन हेक्टेयर खारेपन की समस्या से प्रभावित है (देखें ड्रिप सिंचाई प्रणाली {कृषि में प्लास्टिक के प्रयोग के लिए केंद्र द्वारा प्रायोजित योजना के अंतर्गत} जो कृषि एवं सहकारिता विभाग, भारत सरकार द्वारा तथा कृषि वित्त निगम, मुम्बई, उत्तरी प्रादेशिक कार्यालय, नई दिल्ली, अक्तूबर 1998–अध्याय 1 पृष्ठ संख्या 1 द्वारा कृषि में प्लास्टिक के प्रयोग पर गठित राष्ट्रीय समिति द्वारा प्रायोजित है। यानि, 28.5 मिलियन हेक्टेयर खारेपन और उससे जुड़ी समस्याओं से प्रभावित हैं, जिनमें खारेपन की समस्या भी शामिल है। इन समस्याओं को ध्यान में रखते हुए भारत सरकार ने सैलाब, लवणयुक्त व क्षारीय भूमि की बेहतरी के लिए कमान क्षेत्र विकास प्राधिकरण (Command Area Development Authority-CDCA) के अधीन

योजनायें प्रायोजित की हैं। हर वर्ष इन ज़मीनों को कृषि योग्य बनाया जा रहा है। यह 28.5 मिलियन हेक्टेयर का आंकड़ा वर्ष 1998 में किये गये एक अध्ययन में दर्ज़ किया गया था और इसलिए, ये 1990 के दशक के मध्य के आसपास के वर्षों से संबंधित हो सकते हैं। यदि यह विचार किया जाये कि 1990 के दशक के मध्य से 2005 तक हर वर्ष 5% क्षेत्र कृषि योग्य बनाया जाता है, तो इसमें दस साल लग जाते। इसलिए, कम से कम 50% क्षेत्र या 14.25 मिलियन हेक्टेयर के कृषि योग्य बनाये जाने का अनुमान है।

भूजल पट्‌टी को फिर से काम में लाने के उपाय जल प्रबंधन प्रौद्योगिकी के व्यापक क्षेत्र में निहित हैं, जिसका वर्णन इस रिपोर्ट में अन्यत्र किया गया है।

एक अन्य चेतावनी जो उभर कर आती है वह है भूमिगत जल (नदियों, नहरों, समुद्रों आदि का प्राकृतिक जल) के अंतर्गत निर्मित लघु सिंचाई क्षमता 19.45 मिलियन हेक्टेयर थी (उपरोक्त टिप्पणी संख्या 3 देखें); इसमें से क्षमता का केवल 11.17 मिलियन हेक्टेयर अथवा 57% हिस्सा ही उपयोग में लाया गया है! इसका कारण यह है कि लघु सिंचाई के कई निर्माण कार्यों की उचित मरम्मत नहीं हो रही है। रखरखाव के विषय पर विस्तृत विवरण आगे दिया गया है।

यहाँ यह उल्लेख करना आवश्यक है कि सिंचाई के निर्माण व उपयोग जैसी मूल्यवान संपत्ति को विवेकशून्य नीतियों द्वारा नष्ट नहीं होने देना चाहिए। हमें इन परिसम्पत्तियों की रक्षा पूरी तरह चौकस होकर करनी चाहिए और जो कुछ हम खो चुके हैं, उसे शीघ्र ही वापस पा लेना चाहिए।

तालिका–3 बी के निष्कर्ष के रूप में निम्न तालिकायें (3सी, 3डी, 3ई) उभर कर आती हैं।

तालिका 3 सी : मार्च 2005 के अंत तक भूमिगत जल स्रोतों से निर्मित व उपयोग में लाई गई सिंचाई क्षमता

(मिलियन हेक्टेयर)

क्र. सं.	मद	बड़ी / मध्यम	छोटी	योग
1	निर्मित क्षमता	40.28	19.45	59.73
2	उपयोग में लाई गई क्षमता	33.13	11.17	44.30
3	निर्मित क्षमता के उपयोग का प्रतिशत	82.00	57.00	74.00

सिंचाई के मोर्चे पर आने वाली चुनौतियाँ

तालिका 3 डी सिंचाई की बाढ़/जलप्रवाह की पारम्परिक विधि से भारत की अधिकतम सिंचाई क्षमता का निर्माण की तुलना में वर्ष 2005 तक के प्रदर्शन का सार प्रस्तुत करती है।

इस प्रकार, सूचित उपयोग 83.89/99.32 × 100 = 84% होगा; लेकिन यथार्थ में यह उपयोग 69.64/99.32 × 100 = 70% होगा।

इस प्रकार हमारे सम्मुख जो चुनौतियाँ हैं, वे इस प्रकार हैं:

1. पूर्वनिर्मित सिंचाई क्षमता का उपयोग करना
2. खारेपन और जलभराव की समस्या के कारण नष्ट हो चुकी सिंचाई क्षमता को पुनः प्राप्त करना
3. 140 मिलियन हेक्टेयर की अधिकतम क्षमता में से नये सिरे से सिंचाई क्षमता का निर्माण व उपयोग करना।

तालिका 3डी : मार्च 2005 के अंत तक सतह जल और भूजल के अनुसार अंतिम सिंचाई क्षमता बनाम निर्मित व उपभुक्त क्षमता का सिंचाई की प्रवाह विधि का इस्तेमाल करते हुए वर्गीकरण

(मिलियन हेक्टेयर)

क्र. सं.	मद	भूमिगत जल	भूजल	कुल क्षेत्र
1	अधिकतम सिंचाई क्षमता*	76.00	64.00	140.00
2	मार्च 2005 के अंत तक निर्मित क्षमता	59.73	39.59*	99.32
3	1. मार्च 2005 के अंत तक उपयोग में लाई गई सूचित क्षमता	44.30	39.59**	83.89
	2. मार्च 2005 के अंत तक सूचित क्षमता के उपयोग में लाये गये क्षेत्र में से खारेपन और जलभराव से प्रभावित क्षेत्र (नष्ट हुई क्षमता)	14.25	–	14.25
	3. मार्च 2005 के अंत तक वास्तविक उपयोग में लाई गई सिंचाई क्षमता (मद 1–2)	30.05	39.59	69.64
4	मार्च 2005 के अंत तक निर्मित क्षमता में से उपयोग में लाई जाने वाली सूचित क्षमता (मद 2–3 .प)	15.43	–	15.43
5	वास्तव में उपयोग मे लाई जाने वाली क्षमता अर्थात् सूचित क्षमता जो अभी उपयोग की जानी है + नष्ट हो चुकी क्षमता (मद 3,पप + मद 4)	29.68	–	29.68
6	मार्च 2005 के अंत में अधिकतम सिंचाई क्षमता का विचार करते हुए निर्मित की जाने वाली क्षमता	16.27	24.41	40.68

* श्री सुरेश पी. प्रभु की कार्यबल रिपोर्ट

** तालिका 3 बी के नोट 1 के अनुसार

तालिका 3 ई : आई पी सैट के सहित व उसके बिना, कुएं/बोरवैल वाले क्षेत्र के अनुसार वर्गीकृत भूजल से निर्मित और प्रयुक्त सिंचाई क्षमता

क्र. सं.	मद	क्षेत्र मिलियन हेक्टेयर	स्रोत
1	मार्च 2005 के अंत तक निर्मित व प्रयुक्त भूजल क्षमता	39.59	तालिका 3 डी
2	ऊपर वर्णित मद संख्या 1 में आई पी सैट सेवित क्षमता	12.69	नीचे वर्णित नोट
3	बिना आई पी सैट के निर्मित व प्रयुक्त भूजल क्षमता(1–2)	26.90	

नोट : योजना विभाग (पी.एफ.आर. प्रभाग), कर्नाटक सरकार, मई 2004, के सहयोग से अंतर्राज्यीय आर्थिक संकेतकों के अनुसार, 31 मार्च 2002 को 13.04 या 13 मिलियन आई.पी. सैट क्रियाशील थे। यह देखते हुए कि मार्च 2005 तक कुछ आई.पी. सैट पेय जल के लिए प्रयोग में लाये गए थे तो कुछ लिट सिंचाई (पम्पों व उपकरणों की सहायता से खींचे गये जल से की गई सिंचाई) के लिए और मार्च 2005 तक हुई वृद्धि को ध्यान में रखते हुए, सिंचाई के लिए 12.69 मिलियन आई.पी. सैटों की मामूली सी संख्या का ही प्रयोग किये जाने का अनुमान है। आई.पी. सैटों के साथ कुएं से परम्परागत ढंग से लगभग एक हेक्टेयर क्षेत्र में खेती होगी। इसीलिए, ऊपर 12.69 मिलियन हेक्टेयर का अनुमान लगाया गया है।

सिंचाई क्षमता का निर्माण व उपयोग

सिंचाई क्षमता और उसके उपयोग के बीच समय का एक लम्बा अंतराल है, जो एक चिंताजनक बात है। दसवीं पंचवर्षीय योजना का लक्ष्य ही यह संकेत देता है कि सिंचाई क्षमता के निर्माण का लक्ष्य 16.75 मिलियन हेक्टेयर था (तालिका 3 देखें); जबकि उपयोग का लक्ष्य 11.63 मिलियन हेक्टेयर था(तालिका 3 ए देखें)। इस बात का और भी आश्चर्य होता है कि 14 मिलियन हेक्टेयर क्षेत्र अप्रयुक्त ही छोड़ दिया गया था जिसके लिए नौवीं पंचवर्षीय योजना के अंत में (मार्च 2002 का अंत– तालिका 2 के अंतर्गत नोट 4 देखें) क्षमता का निर्माण किया गया था । लेकिन हमने दसवीं पंचवर्षीय योजना में 16.75 मिलियन हेक्टेयर सिंचाई क्षमता का सृजन करने का लक्ष्य रखा और दसवीं पंचवर्षीय योजना के लक्ष्य के अनुसार उपयोग 11.63 मिलियन हेक्टेयर का। यदि हम नौंवी पंचवर्षीय योजना के अंत में निर्मित 14 मिलियन हेक्टेयर की कम लेकिन अप्रयुक्त क्षमता पर विचार

करें, तो हम दसवीं पंचवर्षीय योजना के अंत या मार्च 2007 के अंत में 14 + 16.75—11.63 = 14 + 5.12 = 19.12 की निर्मित क्षमता को पायेंगे जिसे अप्रयुक्त छोड़ दिया गया है, भले ही दसवीं पंचवर्षीय योजना के लक्ष्य पूरी तरह पूरे हो गये हों! यह तो ऐसा ही हुआ मानो हम ग़ैर प्रयुक्त क्षमता के कम से कम होने की योजना बना रहे हों। इसलिए, लक्ष्य निर्धारण करते समय एक निर्धारित स्तर बनाना चाहिए जो दसवीं पंचवर्षीय योजना में उपयोग के लिए कम से कम 14 मिलियन हेक्टेयर से ऊपर हो, लेकिन ऐसा है नहीं। भविष्य की योजनाओं में उपयोग के लिए योजना बनाते समय हमें सुनिश्चित कर लेना चाहिए कि अप्रयुक्त निर्मित क्षमता का बकाया उसमें शामिल किया जाये और कवरेज का विस्तार भविष्य की योजनाओं के लक्ष्य तक होना चाहिए। वास्तव में, उपयोग में लाई गई लेकिन खारेपन से संबंधित समस्याओं व दलदल/जलभराव के कारण नष्ट हो चुकी क्षमता को कृषि योग्य बनाने के लिए भी एक लक्ष्य होना चाहिए; अन्यथा तालिका 3 डी में टिप्पणी में हमने जो देखा है, उसके अनुसार उपयोग के आंकड़े सिंचाई क्षमता के वास्तविक उपयोग को परिलक्षित नहीं करेंगे।

भूजल निर्माण/सिंचाई क्षमता का उपयोग

जहाँ तक भूजल का सम्बंध है, सिंचाई क्षमता के सृजन व उपयोग के मध्य समय का कोई अंतराल नहीं है। ऐसा महज इसलिए है क्योंकि सृजन व उपयोग, दोनों ही निजी किसानों के हाथों में हैं, जो एक कुएं का निर्माण करके पानी का उपयोग करने के लिए अनिश्चित काल तक इंतज़ार करने के लिए निवेश नहीं करेंगे। वास्तव में, कुओं के निर्माण के लिए अनुमानित लागत में भूमि को समतल करने, खेतों की सिंचाई के लिए, नहरों को तैयार करने, ज़रूरत से ज़्यादा पानी, यदि होता है तो, को बाहर निकालने के लिए रास्ता तैयार करने की लागत भी शामिल होगी। इसलिए, जो भी भूजल सिंचाई क्षमता के रूप में निर्मित किया गया है, वही सिंचाई क्षमता प्रयुक्त के रूप में लिया जाना चाहिए। तालिका 3 बी में नोट 1 और 2 में यह बिंदु बिल्कुल स्पष्ट है । मार्च, 2005 के अंत तक भूजल के अंतर्गत निर्मित की गई तथा उपयोग की गई क्षमता 39.59 मिलियन हेक्टेयर है।

अध्याय–3

सिंचाई क्षमता के निर्माण व उपयोग की लागत

एक पहलू और है, जिस पर सामान्यतया ध्यान नहीं दिया जाता और वह है भूमिगत जल सिंचाई क्षमता के निर्माण में सरकार द्वारा वहन की गई भारी लागत, जो इस्तेमाल किये जाने तक सुरक्षित रहती है और जिसके लिए, वित्तीय संस्थाओं व सहकारी क्षेत्र से ऋण प्रदान करने वाले छोटे स्रोत जुटाये जाते हैं। सिंचाई क्षमता के निर्माण व उसके उपयोग से संबंधित लागत नीचे दर्शायी गई है।

कर्नाटक राज्य में, 31 मार्च, 2001 तक वर्तमान में चल रही परियोजाओं व पूरी हो चुकी परियोजनाओं की लागत नीचे दी गई है।

तालिका-4 : मार्च 2001 के अंत तक सिंचाई क्षमता के निर्माण की लागत (सिंचाई की बड़ी/मध्यम परियोजनायें)

क्र. सं.	मद	लागत / अनुमानित लागत (लाख रुपये में)	निर्मित क्षमता (लाख हेक्टेयर)	प्रति हेक्टेयर लागत (रुपये)
1	31.03.2001 तक 8 बड़ी और 34 मध्यम परियोजनायें पूरी हुई	167	4.57	3,654
2	31.03.2001 के बाद चल रही 21 बड़ी और 19 मध्यम परियोजनायें	19,270	23.41	82,315
	कुल योग	19,437	27.98	69,468

(देखें सबसे पहले राजस्व सुधार आयोग, कर्नाटक सरकार की पहली रिपोर्ट, खण्ड 1, नवम्बर 2003, पृष्ठ संख्या 313)

प्रारंभ से लेकर मार्च 2001 तक सिंचाई क्षमता के निर्माण की प्रति हेक्टेयर लागत 69,468 रुपये प्रति हेक्टेयर थी। भूमिगत जल के तहत क्षमता का 1 हेक्टेयर बनाने के लिए, 2005 में लागत में वृद्धि को ध्यान में रखते हुए, लागत 1.25 लाख रुपये प्रति हेक्टेयर के

रूप में ली जाती है। लघु सिंचाई के लिए भी प्रति हेक्टेयर लागत को इसे समान रूप से लिया जा सकता है, क्योंकि 140 मिलियन हेक्टेयर की अधिकतम सिंचाई क्षमता में से, केवल 16.27 मिलियन हेक्टेयर की क्षमता भूमिगत जल से अभी तैयार की जानी है। इसलिए, लघु सिंचाई के अंतर्गत बहुत छोटा क्षेत्र बचेगा। अतः, ऊपर वर्णित प्रति हेक्टेयर लागत बड़ी/मध्यम और लघु सिंचाई को दर्शाती है।

सिंचाई क्षमता के उपयोग की लागत

यदि खेतों में सिंचाई करने वाले माध्यम (Field Irrigation Channels-FIC)/और खेतों में जल निकासी के माध्यम (Field Drainage Channels- FDC) निर्मित किये जाते हैं और खेतों के विकास (On Form Development - OFD) में ज़मीन को समतल करने के कार्य को भी शामिल किया जाता है, तो सिंचाई क्षमता का उपयोग खेतों में होता है। इन तीन घटकों के लिए क्षेत्रफल की दृष्टि से कुछ भिन्नता देखी गई है, जैसा कि कमान क्षेत्र विकास प्राधिकरण द्वारा तालिका–3 में दिखाया गया है। ऐसा इसलिए हुआ क्योंकि कुछ क्षेत्रों में एफ.आई.सी. या एफ.डी.सी. या ओ.एफ.डी. या इनमें से दो या तीन एक साथ विकसित हुए हो सकते हैं। किसी भी स्थिति में, जैसा कि मार्च 2003 तक कर्नाटक के सभी सी.ए.डी.ए. द्वारा मूल्यांकन किया गया है, तालिका 5 परिणाम पाने के लिए, उपयोग के लिए किये जाने वाले कार्यों के विभिन्न घटकों की लागत को दर्शाती है ।

तालिका 5 : सिंचाई क्षमता का उपयोग-घटकवार लागत

(मार्च 2003 तक कमान क्षेत्र विकास कार्य)

क्र. सं.	कार्य के घटक	शामिल किया गया क्षेत्र (लाख हेक्टेयर में)	लागत (करोड़ रुपये में)	प्रति हेक्टेयर लागत (रुपये में)	कुल लागत के प्रतिशत के रूप में प्रत्येक घटक की लागत
1	खेतों में सिंचाई के माध्यम	21.20	1,224.51	5,776	51
2	खेतों में जल की निकासी के माध्यम	12.73	96.30	757	7
3	खेतों पर विकास कार्य	20.30	926.19	4.740	42
	प्रति हेक्टेयर कुल लागत	–	–	11,273	100

(प्रथम राजस्व सुधार आयोग खण्ड 1, नवंबर 2003, पृष्ठ संख्या 390 की रिपोर्ट देखें)

यदि सिंचाई के पारंपरिक ढंग (अर्थात् एफ.एम.आई.) पर विचार किया जाये, तो उपर्युक्त लागत सिंचाई क्षमता के उपयोग से संबंधित है। परिशिष्ट 7 में सिंचाई क्षमता के उपयोग की विविध आवश्यकताओं के लिए वर्णित लागत की गणना की गई है और अनुमानित लागत दिखाई गई है।

योजना आयोग, भारत सरकार द्वारा परिकल्पित दसवीं पंचवर्षीय योजना के अंत तक–ग्यारहवीं पंचवर्षीय योजना 2007–2012 की अधिकतम सिंचाई लागत, निर्मित क्षमता, व प्रयुक्त क्षमता तालिका–6 में दी गई है।

तालिका-6 : अधिकतम सिंचाई क्षमता, क्षमता निर्मित व क्षमता प्रयुक्त

(मिलियन हेक्टेयर में)

क्षेत्र	अधिकतम सिंचाई क्षमता	निर्मित क्षमता नौवीं योजना के अंत तक	निर्मित क्षमता दसवीं योजना में अनुमानित	प्रयुक्त क्षमता नौवीं योजना के अंत तक	प्रयुक्त क्षमता दसवीं योजना में अनुमानित
एम.एम.आई एम.आई.	58.47	37.05	5.3	31.01	3.41
भूमिगत जल	17.38	13.6	0.71	11.44	0.56
भूजल	64.05	43.3	2.81	38.55	2.26
उप–योग	81.43	56.9	3.52	49.99	2.82
कुल योग	139.90	93.95	8.82	81.00	6.23

(स्रोत : योजना आयोग, भारत सरकार, ग्यारहवीं पंचवर्षीय योजना 2007–2012)

अध्याय–4

अंतर–बेसिन नदियों को आपस में जोड़ने पर कार्यबल का प्रस्ताव

नदियों को आपस में जोड़ने पर श्री सुरेश पी. प्रभु की अध्यक्षता में कार्यबल, जल संसाधन मंत्रालय, भारत सरकार, नई दिल्ली, 2003 ने नीचे उल्लिखित अंतर बेसिन जल अंतरण का प्रस्ताव दिया।

1. 2050 ईस्वी तक, जब देश की जनसंख्या 1640 मिलियन या 164 करोड़ पर स्थिर होगी, तो खाद्यान्नों की अनुमानित आवश्यकता 450 मिलियन टन होगी।
2. खाद्यान्न उत्पादन में निकट सुधार के साथ अनुमान है कि खाद्यान्न फसल की पैदावार में 2010 से 2050 तक नीचे दिये गए वर्णन के अनुसार सुधार होगाः

तलिका-7 : पैदावार-प्रति हेक्टेयर टन

वर्ष	वर्षा से सिंचित पैदावार	सिंचित पैदावार
2010	1.1	3.00
2050	1.5	4.00

3. खाद्यान्नों की 450 मिलियन टन की पैदावार को पूरा करने के लिए 143 मिलियन हेक्टेयर शुद्ध कृषि योग्य क्षेत्र की आवश्यकता होगी, यह क्षेत्र 145 मिलियन हेक्टेयर तक जा सकता है। कृषि के लिए भूमि की उपलब्धता की सीमा पहले ही पूरी हो चुकी है।
4. हमारी अधिकतम सिंचाई क्षमता 140 मिलियन हेक्टेयर है। अतः इससे खाद्यान्न उत्पादन में बहुत अधिक कमी हो सकती है। खाद्यान्नों का बड़े पैमाने पर आयात और कमी सामाजिक रूप से अस्वीकार्य नहीं होगी।

5. प्रमाणित तकनीक पर आधारित अंतर–बेसिन जल अंतरण की अतिरिक्त सिंचाई क्षमता 35 मिलियन हेक्टेयर की है, जिसमें 10 मिलियन हेक्टेयर भूजल क्षमता होगी, जो अंतर–बेसिन जल अंतरण के कारण होनेवाले अतिरिक्त स्राव की वजह से होगी, जिससे 175 मिलियन हेक्टेयर हमें अधिकतम सिंचाई क्षमता के रूप में प्राप्त होंगे।
6. खाद्यान्न का 450 मिलियन टन उत्पादन करने में सक्षम होने के लिए आवश्यक है कि ग़ैर–मानसून के मौसम में भूमि को खाद्य फसलों के अंतर्गत लाया जाये। ऐसा सिंचाई के माध्यम से किया जा सकता है।
7. सिंचाई के तहत 175 मिलियन हेक्टेयर के साथ, हमें न केवल खाने भर के लिए पर्याप्त उत्पादन करना ज़रूरी है, बल्कि एक प्रभावशाली स्थिति कायम करने के लिए, निर्यात के लिए भी अतिरिक्त उत्पादन करने की रणनीति बनाई जानी आवश्यक है। इसलिए, आंतरिक खपत और निर्यात, दोनों पर विचार करते हुए देश को 2050 ईस्वी तक 550 मिलियन टन खाद्यान्न उत्पादन की योजना तैयार करनी होगी।
8. लम्बी दूरी की अंतर–बेसिन हस्तांतरण एक नयी अवधारणा नहीं है और पाँच शताब्दियों से यह प्रचलन में रही है। दक्षिण भारत में पेरियार परियोजना, परम्बिकुलम अलियार परियोजना, कुरनूल–कुडप्पा नहर व तेलुगू गंगा परियोजना पानी की अंतर–बेसिन हस्तांतरण के अच्छे उदाहरण के रूप में उद्धृत किये गये हैं। इसी प्रकार, उन्नीसवीं और बीसवीं शताब्दी में, उत्तर भारत में सिंधु बेसिन और राजस्थान नहर परियोजना जैसी कुछ अंतर–उप बेसिन स्थानांतरण परियोजनायें भी कार्यान्वित हुई हैं। बेसिन में अंतर उप बेसिन स्थानांतरण में व्यास नदी पर पोग बांध की 140 कि.मी. की विपरीत धारा का पन्डोह बांध मौजूद है, जो सतलुज नदी पर बने भाखड़ा जलाशय को व्यास नदी के पानी से सक्षम बनाता है और 165 मेगावाट बिजली उत्पन्न करता है। व्यास–सतलुज सम्पर्क 37.25 कि.मी. लंबा है जिसमें दुरूह पहाड़ों के बीच बनी 25.45 कि.मी. लम्बी सुरंग है। राजस्थान नहर पानी को हिमालय क्षेत्र से राजस्थान के रेगिस्तानों की ओर मोड़ती है। इस परियोजना में, पोंग में व्यास नदी पर

निर्मित एक बड़ी बहु उद्देश्यीय परियोजना, हरिके झील पर बना एक बैराज व विशाल नहर व्यवस्था शामिल है। नदियों को आपस में जोड़ने वाली ये परियोजनायें दक्षिण व उत्तर भारत, दोनों में अत्यंत लाभप्रद रही हैं और इससे किसी भी प्रकार की पर्यावरण की क्षति भी दिखाई नहीं देती।

इन सबके अतिरिक्त, कार्यबल के उपरोक्त विचार व्यावहारिक हैं और इन्हें लागू किया जा सकता है; और इस प्रकार 34,000 मेगावाट पनबिजली से 35 मिलियन हेक्टेयर अतिरिक्त सिंचाई क्षमता का निर्माण किया जा सकता है।

लेकिन, कार्यबल यह स्वीकार करता है कि अंतर–बेसिन जल अंतरण के प्रस्ताव स्वभावतः जटिल हैं। यह स्थानांतरण, संचालन योजना की जलीय व इंजीनियरिंग जटिलताओं की उपज है और इसके आगे कानूनी, सामाजिक, राजनीतिक व आर्थिक मुद्दे भी शामिल हैं। बेशक, इस स्तर की योजना के क्रियान्वयन के लिए काफी समय की आवश्यकता होगी। लेकिन, अब काफी हद तक उपलब्ध आंतरिक–बेसिन जल के साथ, हमें पारंपरिक बाढ़/प्रवाह सिंचाई की मौजूदा प्रणाली के ज़रिये 140 मिलियन हेक्टेयर की अधिकतम सिंचाई क्षमता तक पहुँचने की उम्मीद है, जिसके अंतर्गत जलाशयों इत्यादि जैसे जल भंडारण के स्रोतों से खेतों को नहरों, वितरिकाओं, उप–वितरिकाओं और जलमार्गों इत्यादि के माध्यम से पानी की आपूर्ति की जाती है, जिसमें जल का रिसाव और वाष्पीकरण से पानी का अपव्यय भी शामिल है। यदि पानी की इसी मात्रा को पूरी किफायत के साथ प्रयोग में लाया जाये, तो इसे सिंचाई के अंतर्गत लाया जा सकता है। खेतों के लिए नहीं, बल्कि पौधों को किफायती ढंग से जल की आपूर्ति करने के वैकल्पिक तरीके उपलब्ध हैं और देश के हित के लिए इन तरीकों को प्रयोग करना ज़रूरी है। अगले अध्याय में इसी विषय पर चर्चा की गई है।

अध्याय–5

जल को किफायत से प्रयोग करने के अतिरिक्त सिंचाई क्षमता की वैकल्पिक संभावनायें

कार्यबल ने जिस विषय में बात की है, वह काफी हद तक अंतर–बेसिन अंतरण तकनीकी द्वारा जल की अधिकता वाले क्षेत्र से जल की कमी वाले क्षेत्रों की ओर पानी को ले जाने से संबंधित है; निश्चय ही हमें समय पर जिसका लाभ उठा लेना चाहिए। इसके साथ–साथ, हमें पानी की बचत करने वाले तरीकों को भी तलाशना चाहिए, जो हमें बेहतर परिणाम दे सकता है जिसे हम छिड़काव यंत्र व ड्रिप जैसे पानी की बचत करने वाले उपकरणों के उपयोग से प्राप्त कर सकते हैं, जिनमें महज पानी को बचाने की क्षमता ही नहीं है बल्कि जलप्रवाह या एफ.एम.आई की अपेक्षा पौधों को पानी देने से, पानी के प्रति इकाई उत्पादन को बढ़ाने के लिए पानी के उपयोग की सामर्थ्य को भी बढ़ाने की क्षमता भी है, जिसका अब तक भारत में पारंपरिक रूप से प्रयोग किये जाने का चलन है, जिसके अंतर्गत उस ज़मीन को पानी दिया जाता है जहाँ पौधे बड़े हो गये हैं। इनका इस्तेमाल केवल उन कुछेक निजी खेतों में ही किया जा रहा है, जहाँ लोग अनुदान लेकर बड़े पैमाने पर इन उपकरणों को लगाने के इच्छुक हैं। पारंपरिक एफ.एम.आई अथवा बाढ़ सिंचाई की तुलना में छिड़काव यंत्र या ड्रिप उपकरणों का उपयोग करने की प्रणाली का एक तुलनात्मक अध्ययन नीचे दिया गया है।

एफ.एम.आई बनाम एस.एम.आई व डी.एम.आई. का तुलनात्मक अध्ययन नीचे दिया गया है:

सिंचाई की बाढ़/प्रवाह विधि (एफ.एम.आई.)

सिंचाई की मौजूदा पारंपरिक प्रणाली, एफ.एम.आई. से जल के वितरण व वाष्पीकरण, दोनों में भारी नुकसान होना अपरिहार्य है। यह मैदानों

में पानी के उपयोग के लिए होता है, न कि फसल के लिए। पानी की आपूर्ति करते समय हर बार यह 8–10 से.मी. पानी छोड़ता है, भले ही फसल में इतने पानी की आवश्यकता हो या न हो। इस प्रकार रिसाव व वाष्पीकरण से पानी की बर्बादी होती है। इससे फसलों पर भी ज़ोर पड़ता है। इस प्रणाली के अंतर्गत पानी के उपयोग से धीरे–धीरे भूक्षरण, क्षारीयता और जलभराव की स्थिति पैदा हो जाती है। अतः, फसल की औसत उपज काफी हद तक कम हो जाती है। कृषि मंत्रालय, भारत सरकार के अनुमान के अनुसार 8.5 मिलियन हेक्टेयर क्षेत्र जल के जमाव या दलदल से प्रभावित है और ड्रिप सिंचाई प्रणाली का मूल्यांकन करें, तो 20 मिलियन हेक्टेयर क्षेत्र क्षारीयता से प्रभावित है। ड्रिप सिंचाई प्रणाली कृषि वित्त निगम लि., मुम्बई और इसके उत्तरी प्रादेशिक कार्यालय, नई दिल्ली, अक्तूबर 1998 द्वारा कृषि में प्लास्टिक के प्रयोग पर आयोजित कृषि और सहकारिता विभाग तथा राष्ट्रीय समिति द्वारा प्रायोजित है, आगे इस रिपोर्ट में जिसे अध्ययन नं. 1 कह कर पुकारा जायेगा। जलभराव/क्षारीयता से संबंधित समस्याओं से प्रभावित भूमि को पुनः कृषि योग्य बनाने के लिए सी.ए.डी.ए. द्वारा कार्यान्वित सरकारी योजनाओं के माध्यम से कैसे प्रयास किये जा रहे हैं, इस विषय पर हम पहले ही चर्चा कर चुके हैं। भूमि का इन समस्याओं से प्रभावित होने का डर तब तक बना रहता है, जब तक पूरी तरह से सिंचाई की नई प्रणालियाँ शुरू नहीं की जातीं, जिसके अंतर्गत इस तरह की समस्याओं की पुनरावृत्ति होने की संभावना नहीं रहती। नीचे वर्णित सूक्ष्म सिंचाई प्रणाली (माइक्रो इरीगेशन सिस्टम) ऐसी ही व्यवस्थाएं हैं।

सूक्ष्म सिंचाई प्रणाली

यह जल की आपूर्ति करने की पारंपरिक विधि, एफ.एम.आई. है, जिसमें नहरों, वितरिकाओं, उप–वितरिकाओं के माध्यम से पानी की आपूर्ति की जाती है और फिर फसलों के लिए नहीं बल्कि खेतों में पानी की आपूर्ति करने के लिए, खेतों की सिंचाई के माध्यमों को वितरित किया जाता है। सूक्ष्म सिंचाई प्रणाली में, छिड़काव व ड्रिप प्रणाली का प्रयोग करके, ज़रूरत पड़ने पर पौधों को सीधे ही एक नियंत्रित तरीके से पानी दिया जाता है। लिहाज़ा, आपूर्ति किये हुए जल की मात्रा फसल के विकास के विभिन्न चरणों के अनुरूप होती है। इन दोनों प्रणालियों का विवरण नीचे दिया गया है।

1. सिंचाई की छिड़काव विधि (Sprinkler Method of Irrigation-SMI)

भूमि से पानी निकालने के आधुनिक साधनों के आविष्कार और विकास ने तथा पाइपों के निर्माण के लिए हल्की, अक्षय धातु और प्लास्टिक के इस्तेमाल में वृद्धि ने भूमि से जल आपूर्ति करने की सिंचाई प्रणाली के विकास को बढ़ावा दिया है। इसकी अवधारणा, प्रयोग और दक्षता, पानी के उपयोग की दक्षता, अनुकूलनशीलता और फसल की पैदावार के संदर्भ में भूमिगत प्रवाह सिंचाई (अर्थात् एफ.एम.आई.) के पारंपरिक तरीके से काफी आगे है। फव्वारा या छिड़काव सिंचाई प्रणाली इस सिद्धान्त पर आधारित है कि इस प्रणाली में पानी एक नियमित अंतराल पर उठाने योग्य, हल्के वजन वाले, जल्दी जुड़ने वाली सिंचाई की लाइनों को स्प्रिंकलर के साथ लगा कर उच्च दबाव में पानी दिया जाता है। जल वितरण व प्रवाह की विभिन्न विशेषताओं के अंतर्गत प्रयोग के लिए तैयार फव्वारों के व्यापक विकल्प, बारिश जैसी सिंचाई की इस प्रणाली को कृषि की स्थिति व फसलों की एक व्यापक शृंखला के अनुकूल बनाते हैं।

चूंकि, एस.एम.आई. के अंतर्गत भूमि के ऊपर स्प्रिंकलर से फसल को सींचा जाता है और ये स्प्रिंकलर स्थिर भी हो सकते हैं और गतिशील भी, इसलिए इस प्रणाली में काफी लचीलापन है। इस प्रणाली की केवल एक ही सीमा है अर्थात् हवा की दिशा, जिसकी इसमें अहम् भूमिका होती है, जिससे हवा के विपरीत दिशा में चलने के मुकाबले हवा के अनुकूल दिशा में होने से अतिरिक्त सिंचाई होती है; अनाज, सोयाबीन और सब्जियों जैसी कम दूरी में उगाई जाने वाली फसलों में स्प्रिंकलर का प्रयोग बहुत लाभदायक होता है। इस प्रकार, ऐसी फसलों के लिए स्प्रिंकलर द्वारा छिड़काव अत्यंत उपयुक्त है।

पानी की बचत

भारत में अब फव्वारों का प्रयोग किया जा रहा है और सरकार द्वारा इन पर अनुदान भी दिया जाता है। फव्वारों में लगातार संशोधन किये जा रहे हैं और उनकी संरचना और जल संबंधी प्रदर्शन में बहुत सुधार हुआ है। शीघ्र जुड़ने वाली इकाइयों को अब ज़्यादा मजबूत और कम नाशक बना दिया गया है, युग्मकों को ज़्यादा दबाव के अनुकूल बनाया गया है और पंपों को इस प्रणाली की जलीय विशेषताओं के अनुरूप तैयार किया जा रहा है।

मैसर्स एग्रीकल्चरल फाइनेंस कन्सल्टेंट्स लिमिटेड, बम्बई, द्वारा जनवरी 1989 में आयोजित हरकन्हल मण्डल, बेल्लारी ज़िला, कर्नाटक राज्य के लिए 'व्यापक भूमि उपयोग प्रबंधन परियोजना' विषय पर एक व्यावहारिक रिपोर्ट में पानी की बचत के लिए निम्नलिखित अनुमान लगाये गये हैं।

लघु सिंचाई के सभी दस जलाशयों पर 325.44 हेक्टेयर में अचकत के साथ फव्वारों को लगाने का प्रस्ताव था। पानी को खुले माध्यमों/नहरों के बजाय ह्यूम पाइपों का इस्तेमाल करके (जलस्राव व वाष्पीकरण से होने वाली क्षति से बचने के लिए) जैक वैलों तक पहुंचाने का प्रस्ताव था। जैक वैल से उपयुक्त पाइप प्रणाली के ज़रिये पानी को निकाला जा सकता है ताकि फव्वारों के काम आ सके। अचकत के साथ स्प्रिंकलर का प्रयोग 700 हेक्टेयर के अनुमानित क्षेत्र को दर्शाता है यानि 215% की वृद्धि या अचकत में 115% की वृद्धि और फलस्वरूप बड़ी मात्रा में पानी की बचत।

एस.एम.आई के उपर्युक्त मामले में, हरकन्हल मण्डल पानी की बचत का व्यावहारिक अध्ययन पानी की बचत से प्रभावित है, जो तालाबों से ह्यूम पाइपों के ज़रिये जल को निकाल कर खेतों में जैक वैल को सीधे भेजने से नहरों आदि में डाल दिया जाता है, जहाँ से इसे पाइपों के ज़रिये निकाल कर स्प्रिंकलर के ज़रिये पौधों को दिया जाता है। इस प्रकार, 115% की बचत दर्शायी जाती है। अचकत में 115% की यह बचत जलाशय से खेतों पर पानी को ह्यूम पाइपों के ज़रिये ले जाने के कारण है। लेकिन सामान्यतया बड़े–मध्यम या लघु सिंचाई कार्यों में भी खेतों में पानी नहरों, वितरिकाओं और खेतों में स्थायी रूप से बने फील्ड चैनलों के माध्यम से प्रवाहित होता है और इस तरह से काफी पानी बर्बाद हो जाता है। कर्नाटक राज्य में हरंगी परियोजना के व्यावहारिक अध्ययन में नहरों इत्यादि के ज़रिये पानी की आपूर्ति से होने वाली बर्बादी को 45% माना गया है। दरअसल, नहरों, वितरिकाओं, उप–वितरिकाओं से आपूर्ति किया जाने वाला पानी यदि परंपरागत तरीके से कृषि सिंचाई के माध्यमों के स्थान पर पाइपों के ज़रिये जमीन पर या किसी ऊंचे स्थान पर बने भंडारण स्थान में संचित किया जाये और वहाँ से अगर स्प्रिंकलर को निकाल कर दिया जाये, तो कम से कम 115–45 = 70% ज़्यादा अचकत होंगे। हम स्प्रिंकलर के प्रयोग के कारण इस पानी की बचत और अचकत में वृद्धि को परंपरागत ढंग

से 50% मान लेते हैं। इस तरह पानी का अपव्यय बिल्कुल नहीं होगा और स्प्रिंकलर प्रणाली से कम से कम 50% पानी की बचत होगी और मिट्टी भी नहीं नष्ट होगी तथा पानी का भराव न होने से खारापन भी नहीं होगा।

2. ड्रिप पद्धति से सिंचाई (डी.एम.आई.)

ड्रिप सिंचाई की नवीनतम विधि है। इसे 'रिसाव सिंचाई' के नाम से भी जाना जाता है। यह मुख्य रूप से पानी की बचत करने की एक विधि है। ड्रिप प्रणाली के अंतर्गत स्राव व वाष्पीकरण से होने वाले पानी की कमी को रोकते हुए उसे पौधों की जड़ों में टपकाया जाता है।

1940 के प्रारम्भ में, सिम्खा ब्लास नामक एक इस्रायली इंजीनियर ने देखा कि एक टपकते हुए नल के पास लगे एक बड़े से पेड़ का विकास उस खेत में लगे अन्य वृक्षों के मुकाबले अधिक तेज गति से हो रहा था। यह उनमें सिंचाई की इस अवधारणा का कारण बना कि पूरी तरह से बूंद–बूंद करके पानी का थोड़ी मात्रा में प्रयोग किया जाये। तकनीक, जो विकसित की गई थी, उसमें बाद में ब्लास व अन्य उत्पादकों ने सुधार किया। ब्लास की अपनी बनाई प्रणालियों में किये गये सुधारों में एक था घुमावदार उत्सर्जक। यह एक कठोर आवरण में घुमावदार पाइप से बनता है। यह पाइप पानी के प्रवाह के मार्ग को मजबूत बनाते हुए प्रवाह के दबाव को कम करने में काम आता है, जिससे ड्रिप करते समय पानी के प्रवाह का कम दबाव संभव हो पाता है।

डी.एम.आई. में, पौधों की जडों में पानी की आपूर्ति की जाती है। यह मिट्टी को ख़राब होने या लवणता का विकास होने से बचाता है। उससे भू–क्षरण से भी बचाव हो जाता है क्योंकि मिट्टी की ऊपरी सतह और उसकी पोषकता बह नहीं पाती। केवल ड्रिप प्रणाली में ही सभी प्रकार की भूमि पर खेती की जा सकती है जैसे लहरदार पहाड़ी प्रदेश, ऊंची–नीची आकृति वाले स्थान, पहाड़ी क्षेत्र, कृषि योग्य उजाड़ भूमि और बंजर भूमि, पुरानी बंजर भूमि, उथली भूमि, तटीय व रेतीली भूमि। डी.एम.आई. का क्षारीय और संसाधित सीवर के जल में भी प्रयोग किया जा सकता है।

इसके लाभों को देखते हुए ड्रिप प्रणाली का विश्व भर के 35 देशों में बड़े पैमाने पर प्रयोग किया जा रहा है, विशेष रूप से अमरीका,

स्पेन, आस्ट्रेलिया, दक्षिणी अफ्रीका, इस्राइल आदि देशों में। उदाहरण के लिए, इस्राइल ने पिछले पच्चीस वर्षों में पानी की प्रति यूनिट उत्पादकता में 350–400% की वृद्धि हासिल की है।

विविध अध्ययनों से यह प्रमाणित हुआ है कि ड्रिप सिंचाई के इस्तेमाल से 50–70% पानी की बचत की जा सकती है। रेतीली मिट्टी और कम वर्षा वाले भूभागों में एफ.एम.आई के अंतर्गत भारी सिंचाई की आवश्यता रहेगी और हो सकता है कि इस प्रणाली के अंतर्गत पानी पूरी क्षेत्र तक नहीं पहुँच सके लेकिन डी.एम.आई का पूरे क्षेत्रों में सफलतापूर्वक इस्तेमाल किया जा सकता है (कृषि वित्तीय सलाहकार, बम्बई–अगस्त1989 द्वारा तमिलनाडु सरकार, मद्रास के लिए तैयार की गई एक व्यावहारिक रिपोर्ट–'तमिलनाडु में सामुदायिक कुओं के लिए ड्रिप सिंचाई योजना' देखें)

1. भारत में ड्रिप की अवधारणा की शुरुआत 1960 के दशक में हुई लेकिन इसका प्रयोग अनुसंधान फार्मों, विश्वविद्यालयों व संस्थानों में शोध तक ही सीमित था। व्यापारिक तौर पर 1980 के दशक में इसे महाराष्ट्र में राज्य सरकारों के अनुदान से अपनाया गया, उस समय अंगूर और अन्य बागानों को पानी की भारी कमी का सामना करना पड़ा था। बाद में आठवीं पंचवर्षीय योजना में भारत सरकार द्वारा केंद्र द्वारा अनुदान प्राप्त योजना का विचार किया गया जिसमें उच्च अनुदान का प्रस्ताव था और इसे सामान्य श्रेणी के लिए 70% और अनुसूचित जाति/जनजाति के लिए 90% के उच्च स्तर तक पहुंचाया गया, हालाँकि इसकी शुरुआत कम अनुदान से हुई थी।
2. 1 अप्रैल, 1986 को डी.एम.आई के अंतर्गत कुल क्षेत्र 3 लाख हेक्टेयर था, जिसमें केंद्र द्वारा प्रायोजित योजना में 1.86 लाख हेक्टेयर या 62% क्षेत्र ही समेटा गया था और बाकी 19% योगदान महाराष्ट्र सरकार की योजना द्वारा दिया गया। कुल क्षेत्र का केवल पांचवा हिस्सा (मोटे तौर पर 19%) ही सब्सिडी के बिना था। महाराष्ट्र, आन्ध्र–प्रदेश, कर्नाटक, गुजरात, तमिलनाडु और केरल इस उपलब्धि का 91% हिस्सा साझा किया था। इन राज्यों में भी 20 से कम ज़िलों में इसे अपनाया गया था। इसका मुख्य कारण है इसके लगाने के बुनियादी ढांचे और इसके रखरखाव की व्यवस्था का होना,

विशेषतया महाराष्ट्र में, जहाँ उद्योग का ध्यान इस तकनीक के प्रसार का कारण व परिणाम बना था।

3. **अनुदान**

जहाँ तक अनुदान का प्रश्न है, तो यह देखा गया है कि संबंधित विभागों द्वारा इसे काफी देर से जारी किया गया था और इसलिए बैंकों द्वारा भी काफी देर से पैसा खातों में जमा किया गया। जहाँ भी आपूर्तिकर्ता उद्योग कुशल थे, किसानों को अनुदान और ऋण की राशि हासिल करने में किसी भी बड़ी दिक्कत का सामना नहीं करना पड़ा। ज़ाहिर है कि उद्योग ने अपने उत्पादों को बेचने के क्रम में इस वित्तीय सहायता को सुरक्षित करने की जिम्मेदारी अपने पर ले ली थी। उदाहरण के लिए, महाराष्ट्र में इस वित्तीय सहायता को प्राप्त करने के लिए अनुमोदन लेने के लिए कागज़ी कार्रवाही 26 चरणों से होकर गुज़रती है और इस प्रक्रिया में आठ से पंद्रह माह का समय लग जाता है। इस हालत को देख कर, भारतीय रिज़र्व बैंक ने बैंकों को लंबित अनुदान की राशि जारी करने के निर्देश दिये जिससे किसानों को उसका वास्तविक लाभ मिल सके। एक तरह से, उच्च अनुदान की आर्थिक मदद उन 76% किसानों को हतोत्साहित करती है, जिन्होंने बिना अनुदान के ड्रिप लगवाये और 24% उन किसानों को जिन्होंने अनुदान सहित ड्रिप लगवाया और उन्होने 1:1.25 के अनुपात में लागत–लाभ प्राप्त किया, क्योंकि जिन्होंने 70% (सामान्य) या 90% (अनुसूचित जाति/जनजाति) का उच्च अनुदान लिया, उनकी व्यक्तिगत हिस्सेदारी उन लोगों से अपेक्षाकृत कम थी, जिन्हें अनुदान प्राप्त नहीं हुआ था अपितु उन्होंने उसमें अपना धन निवेश किया था या उन्होंने अनुदान प्रणाली से बाहर के स्रोतों से धन जुटाया था।

4. **प्रौद्योगिकी के प्रति जागरुकता**

बागवानी विभाग की विस्तार सेवाओं और भारत सरकार के प्लास्टिक विकास केंद्रों की मदद का फायदा केवल 20% किसानों को मिला। जहाँ भी निर्माण इकाइयाँ अच्छी थीं या जहाँ किसान ड्रिप प्रणाली का उपयोग कर रहे थे, वहाँ जागरुकता प्रदान करने का मुख्य स्रोत थे उद्योग।

5. **उद्योग**

वास्तव में, उद्योग के साथ यह कमी रही है कि 74 इकाइयों के सर्वेक्षण में केवल 42 इकाइयाँ, निर्माण इकाइयाँ न होकर ट्रेडिंग इकाइयाँ थीं। ज़ाहिर है कि उनके पास किसानों के प्रशिक्षण या बिक्री के बाद सेवाओं का कोई मूलभूत ढाँचा उपलब्ध न था। इसलिए, कई मामलों में इस प्रणाली को लगाने के छः महीने या एक साल व्यतीत होने के बाद औद्योगिक आपूर्तिकर्ता भी रखरखाव की पर्याप्त सेवायें प्रदान करने में विफल रहे। इसका परिणाम इस योजना के तहत एक बड़ी तादाद में स्थापित ड्रिप प्रणाली का असंतोषजनक प्रदर्शन रहा, विशेषतः उन इलाकों में जहाँ उनके संचालन व रखरखाव के विशेषज्ञ स्थानीय रूप से उपलब्ध नहीं थे। इससे निस्संदेह किसानों को अनुचित रूप से कठिनाइयों का सामना करना पड़ा और संभवतः ऊपर वर्णित राज्यों के 20 ज़िलों में ही इसका आधिक्य पाया जा रहा है क्योंकि एक स्थान में ज़्यादा ड्रिप प्रणालियाँ अधिक मरम्मतकर्ताओं व अन्य विशेषज्ञों को आकर्षित करेंगी।

6. **ड्रिप का प्रयोग करने से उपज में वृद्धि**

   1. यदि हम केले व नींबू–संतरा आदि, जिनकी उपज में 41% की वृद्धि दर्ज़ की गई, को छोड़ दें, तो अन्य फसलों में अंगूर की 81%, नारियल में 116% और आम में 76% की बढ़ोत्तरी रही।
   2. निवेश की अत्यधिक लाभप्रद प्रकृति के कारण, भुगतान में कोई चूक न होने से धन की वापस वसूली के लिए वातावरण बहुत अच्छा था।
   3. उत्पादन की गुणवत्ता भी बेहतर हो जाती है, क्योंकि पौधों को पानी ज़रूरत के समय ही दिया जाता है और ज़्यादा पानी के उपलब्ध होने से आपूर्ति से होने वाला अनावश्यक दबाव भी पौधों पर नहीं पड़ेगा; इससे उत्पादन भी उच्च श्रेणी का होगा और इसलिए प्रति इकाई उत्पादन का मूल्य भी ऊँचा प्राप्त होगा।

7. **लागत लाभ**

जल संसाधन मंत्रालय, भारत सरकार द्वारा गठित भारतीय राष्ट्रीय सिंचाई और जल निकासी समिति (The National

Indian Committee on Irrigation and Drainage+) ने जुलाई 1994 में भारत में ड्रिप सिंचाई पर एक विस्तृत लेख प्रकाशित किया। इसका प्रमुख निष्कर्ष यह था कि उस प्रणाली पर सम्पूर्ण स्थिर लागत अनार के मामले में 18,000 रुपये प्रतिहेक्टेयर से लेकर मिर्च, ककड़ी और अंगूर के मामले में 32,500 रुपये प्रति हेक्टेयर तक है। यह लागत, जिसमें ड्रिप और उससे जुड़ा सामान + मोटर और उससे जुड़ा सामान की लागत शामिल थी, उस शुद्ध वृद्धिशील आय से कहीं कम थी, जो इस प्रणाली के उपयोग से उपरोक्त में किसी एक फसल से एक सीज़न के दौरान प्राप्त हुई थी। नीचे दी गई तालिका 8 में सिंचाई के पारंपरिक ढंग की अपेक्षा ड्रिप प्रणाली के प्रयोग से हुई अतिरिक्त आय को दर्शाया गया है:

तालिका 8 : ड्रिप सिंचाई प्रणाली से होने वाली शुद्ध अतिरिक्त आय

(रुपये प्रति हेक्टेयर)

फसल	वृद्धिशील आय
केला	2,62,600.00
मिर्च	73,220.00
ककड़ी	33,335.00
अंगूर	4,95,435.00
मौसम्बी	2,11,400.00
अनार	1,40,628.00
टमाटर	62,660.00
तरबूज	1,22,670.00

8. एक अन्य अध्ययन

गन्ने के लिए लघु सिंचाई: वसन्त दादा शुगर इंस्टिट्यूट, मंजरी (महाराष्ट्र)– वासी में किये गये शोध प्रयोगों और महाराष्ट्र राज्य में चीनी के विभिन्न सहकारी कारखानों में परिचालन संबंधी शोध से यह संकेत मिलता है कि ड्रिप सिंचाई में सिंचाई का पानी बचाने और गन्ने की उपज को बढ़ाने और उसके कारण होने वाली पानी के उपयोग की दक्षता को बढ़ाने की क्षमता है। 'गन्ने में ड्रिप सिंचाई–देखभाल व रखरखाव' शीर्षक से एक समाचार

पत्र में इस शोध के मुख्य आकर्षण का प्रस्तुत किया गया सार, भारत सरकार द्वारा प्रायोजित गन्ना आधारित फसल प्रणाली के सतत विकास पर फरवरी 1997 में संस्थान में आयोजित राष्ट्रीय स्तर के प्रशिक्षण कार्यक्रम में वितरित किया गया। नीचे संदर्भ के लिए तैयार प्रतिलिपी प्रस्तुत है:

तालिका 9 : गन्ने की खेती में ड्रिप सिंचाई के लाभ

क्रम संख्या	मद	टिप्पणी
1	पानी की बचत	50–55%
2	पैदावार में वृद्धि	25–30%
3	पारंपरिक सिंचाई के मुकाबले पानी के प्रयोग में कमी	2–2.5 गुणा ज़्यादा
4	सर्वोत्तम अनुकूल आरोपण प्रणाली	जोड़ा पंक्ति प्रणाली (0.75 सेंटीमीटर × 1.35 सेंटीमीटर)
5	उर्वरक की बचत	25–30%
6	कृषि की लागत में बचत	लगभग 20%
7	गन्ने में सबसे अनुकूल ड्रिप प्रणाली	दबाव क्षतिपूरक ड्रिपर के साथ भूमिगत ड्रिप प्रणाली

इस प्रकार, ड्रिप में पानी की बचत को 50% के तौर पर बेखटका लिया जा सकता है, हालाँकि पानी के उपयोग की बचत इसे अधिक कर देगी (उपरोक्त सभी 1–8 टिप्पणियां अध्ययन–1 से ली गई हैं)। तालिका 9 की मद संख्या 5 में वर्णित उर्वरक की बचत यहाँ अवश्य होगी, क्योंकि उर्वरक को पानी के साथ मिला कर, ड्रिप सिंचाई में पाइपों के ज़रिये जड़ों में दिया जाता है।

यद्यपि एक को छोड़ कर स्प्रिंकलर के अध्ययन का मूल्यांकन नहीं किया जा सका लेकिन समस्याओं का सामना करना पड़ा और पानी और लागत को बचाने और लाभ को बढ़ाने में कमोबेश प्रदर्शन स्प्रिंकलर प्रणाली व ड्रिप प्रणाली का एक जैसा ही है।

पानी की बचत

ऊपर चर्चा का अवलोकन करने से हम यह निष्कर्ष निकाल सकते हैं कि पारंपरिक एफ.एम.आई के मुकाबले ड्रिप या स्प्रिंकलर प्रणाली

से कम से कम 50% पानी की बचत होगी। यदि खेतों तक पानी नहरों व वितरिकाओं इत्यादि के ज़रिये खेतों तक लाया जाता है और खेतों में स्थायी चैनल पाइपों से सिंचाई की अपेक्षा खेतों के स्तर से पानी को क्षेत्र में भंडारण स्थान तक लाया जाता है और उसके बाद पौधों को पानी देने के लिए पाइप ही पानी को ड्रिप और स्प्रिंकलर प्रणाली तक ले जाते हैं लेकिन भूमिगत जल के मामले में अतिरिक्त लागत केवल ऊर्जा की लागत ही होगी, जिस के विषय में इस रिपोर्ट में आगे चर्चा की गई है।

उत्पादन में वृद्धि

उपरोक्त चर्चा में हमने देखा कि यदि पानी की बचत के इन उपकरणों का प्रयोग किया जाये, तो प्रति हेक्टेयर उपज में कम से कम 30% की बढ़ोत्तरी होगी, हालाँकि हमने देखा कि कई मामलों में यह बहुत अधिक भी हो सकती है।

खेती की लागत में बचत

खेती की लागत कम हो जायेगी क्योंकि उर्वरक व कीटनाशक पानी के ज़रिये पहुंचेगे, जो पाइपों के ज़रिये पौधों तक पहुंचने के लिए स्प्रिंकलर और ड्रिप प्रणाली तक जाता है। इससे उर्वरक व कीटनाशक के प्रयोग पर मजदूरी की बचत भी होगी। और इसके अलावा, निराई की लागत भी न्यूनतम होगी क्योंकि पाइपों के ज़रिये पानी का प्रवाह होने से खर पतवारों को पनपने का अवसर नहीं मिलता। और यदि बारिश वग़ैरह के कारण कुछ घास–फूस बढ़ भी जाते हैं, तो भी वह लागत बहुत कम ही होगी।

उत्पादों की गुणवत्ता में सुधार

यह देखा गया है कि स्प्रिंकलर व ड्रिप प्रणाली के अंतर्गत पौधों को (खेतों को नहीं) पानी की नियमित आपूर्ति के कारण उत्पादन की गुणवत्ता में सुधार हुआ है, जबकि जलप्रवाह/बाढ़ सिंचाई से पौधों पर पानी का दबाव पड़ने से उत्पादों की गुणवत्ता में कमी आती है। यदि उत्पादन की गुणवत्ता बेहतर होती है, तो बाज़ार के कायदे से इसका वर्गीकरण बेहतर होता है और उत्पादन के प्रति इकाई दाम ऊँची दर से प्राप्त होते हैं।

बड़े पैमाने पर उत्पादन और लागत में कमी

हम भारत में जो तमाम स्प्रिंकलर या ड्रिप प्रणाली का उपयोग देख रहे हैं, वह सब सरकारी सब्सिडी के कारण है और इसी कारण से इसकी सीमायें भी हैं। जहाँ तक ड्रिप के लिए भारत सरकार द्वारा सब्सिडी देने का सवाल है, तो यह ड्रिप के लिए सामान्य श्रेणी के किसानों के लिए 70% तक और अनुसूचित जाति/जनजाति के किसानों के लिए 90% तक दी जाती है। हमने देखा है कि 1 अप्रैल 1998 की स्थिति के अनुसार सभी सब्सिडी प्रोत्साहन के साथ केवल 3 लाख हेक्टेयर क्षेत्र ही ड्रिप प्रणाली के अंतर्गत लाया जा सका जिसमें से 62% क्षेत्र में केंद्रीय सब्सिडी की सुविधा प्रदान की गई थी, 19% सब्सिडी महाराष्ट्र सरकार द्वारा दी गई थी और 19% किसानों का अपना निवेश था। इसके अलावा, यदि स्प्रिंकलर व ड्रिप का उपयोग भारी पैमाने पर किया जाता है, तो उत्पादन भी बड़े पैमाने पर होगा और ड्रिप व स्प्रिंकलर को लगाने के लिए निवेश लागत काफी कम हो जायेगी। हम पहले भी यह देख चुके हैं, अध्ययन 1 के अनुसार यह पहले ही एक विश्वसनीय प्रस्ताव है। इस कार्यक्रम के समर्थन में वित्तीय संस्थायें निस्संदेह आगे कदम बढ़ायेंगी।

ड्रिप व स्प्रिंकलर प्रणाली के व्यापक उपयोग के लिए सुदृढ़ अवस्था

हमने देखा है कि ड्रिप या स्प्रिंकलर के प्रयोग के बिना एफ.एम.आई. में दलदल और खारेपन के कारण, हमारे द्वारा निर्मित सिंचाई की सुविधा भी ख़त्म होती जा रही है। हमारे द्वारा 1998–99 तक निर्मित सिंचाई क्षमता में से लगभग 57 लाख हेक्टेयर शुद्ध सिंचाई क्षमता का उपयोग किया गया था (आगे तालिका 11 देखिये)। खारेपन से 20 मिलियन हेक्टेयर और दलदल/जलभराव से 8.5 मिलियन हेक्टेयर को कुल मिला कर 28.5 मिलियन हेक्टेयर का नुकसान हुआ था, जिसका कृषि मंत्रालय, भारत सरकार द्वारा मूल्यांकन किया गया और जिसका हमने ऊपर कहीं और ज़िक्र किया है। यह एक बड़ा नुकसान है (यह वर्ष 1998–99 तक 57 मिलियन हेक्टेयर की शुद्ध सिंचाई क्षमता का लगभग 50% नुकसान होने की सूचना है)। इसलिए पहले, क्षारयुक्त व दलदल वाली ज़मीन को कृषि योग्य बनाये जाने और हमारी सिंचित अचकत को ड्रिप एवं स्प्रिंकलर प्रणाली के व्यापक प्रयोग से क्षाररोधक और सैलाबरोधक बनाये जाने की आवश्यकता है।

खारेपन व दलदल के विरुद्ध इस तरह की सुरक्षा केवल सिंचाई की एस.एम.आई. तथा डी.एम.आई. प्रणालियों को व्यापक रूप से अपनाने से ही संभव है। इसके अतिरिक्त, हमने देखा है कि यदि इन उपकरणों का इस्तेमाल किया जाये, तो सिंचाई के पानी की न्यूनतम बचत 50% जितनी हो जायेगी। इसलिए, हमारी अधिकतम सिंचाई क्षमता 140 मिलियन हेक्टेयर से भी अधिक हो सकती है यानि कम से कम 50% से अधिक। इस प्रकार, 140 + 70 = 210 मिलियन हेक्टेयर हमारी अधिकतम सिंचाई क्षमता होगी (जिसमें एक बार से अधिक बुवाई क्षेत्र भी शामिल है) और यह पानी की वर्तमान उपलब्धता के साथ भी होगी। उत्पादन की मात्रा में बेहतर गुणवत्ता सहित औसतन 30% की वृद्धि होगी और उसके प्रति इकाई दाम भी बेहतर प्राप्त होंगे। यह सब पानी की अंतर–बेसिन अंतरण को किये बिना भी किया जा सकता है, जो भारत सरकार कार्यबल द्वारा नदियों को आपस में जोड़ने को लेकर प्रस्तावित है। दरअसल, जैसे ही कार्यबल के ये प्रस्ताव अमल में लाये जाते हैं और अतिरिक्त पानी उपलब्ध हो जाता है, तो यह हमारी पानी की आवश्यक आपूर्ति में एक इज़ाफा होगी।

1 अप्रैल, 1998 की स्थिति के अनुसार, जब 1980 के दशक की शुरुआत से कार्य शुरू हो गया था, ड्रिप के तहत केवल 3 लाख हेक्टेयर क्षेत्र पर सब्सिडी की इतनी उपलब्धता के साथ यह शोचनीय प्रदर्शन एक चेतावनी का संकेत था। वास्तव में, हम जब इस तथ्य पर विचार करते हैं कि जब हम 1960 में इस तकनीक से अवगत हो गये थे और फिर, 1980 तक इसे अनुसंधान संस्थानों तक सीमित रखा गया, तो यह कृषि क्षेत्र में नवीन प्रौद्योगिकी के प्रति हमारी ख़राब प्रतिक्रिया को दर्शाता है। इन प्रणालियों (एस.एम.आई. व डी.एम.आई.) को अपनाने की रणनीति को सब्सिडी–आधारित से बदल कर उद्योग–आधारित कर देना चाहिए, क्योंकि 1998–99 में सिंचित भूमि के 57 मिलियन हेक्टेयर क्षेत्र में से केवल 3 लाख हेक्टेयर क्षेत्र तक ही सब्सिडी की सुविधा उपलब्ध हो सकी थी! इसलिए, इस तकनीक का असर लगभग नगण्य है। दूसरे शब्दों में, सब्सिडी को समाप्त कर दिया जाना चाहिए तथा पानी की बचत के इन उपकरणों का व्यापक रूप से प्रयोग होना चाहिए, तब इस उद्योग को अपनी उत्पादन क्षमता का उचित रूप से विस्तार करने का अवसर मिलेगा और इसके परिणामस्वरूप, इन उपकरणों की अपेक्षित भारी मांग से वे कम दाम पर उपलब्ध हो सकेंगे। इस प्रकार, हमारे पानी के उपयोग के लिए

ड्रिप तथा स्प्रिंकलर का उद्योगोन्मुखी विस्तार हो पायेगा। और हमने देखा है कि अध्ययन 1 के अनुसार, सरकारी विभागों की तुलना में उद्योगों से इस ड्रिप को प्रयोग करने का ज्ञान ज़्यादा मिलता है। हालाँकि इस क्षेत्र में विख्यात उद्योग हैं जैसे जैन इरिगेशन सिस्टम लि. जिसे ए.एफ.सी. के मूल्यांकन अध्ययन 1 में सर्वोत्कृष्ट कम्पनी कहा गया है। इस कम्पनी की स्थापना 1987 में हुई और महाराष्ट्र में इस कम्पनी ने ड्रिप प्रणाली को बढ़ावा देने में अग्रणी भूमिका निभाई है। लेकिन अब कई व्यापारी इस प्रतिस्पर्धा में आ गये हैं, महज इसलिए कि सरकार से सब्सिडी उपलब्ध हो जाती है और वे दूसरों के द्वारा निर्मित प्रणालियों के विक्रय के लिए प्रयास कर सकते हैं। ये व्यापारी, जो कि उत्पादक नहीं हैं, वे इनके रखरखाव व मरम्मत की सेवाओं की पूर्ति ज़्यादा समय तक नहीं दे सकेंगे।

अब रिलायंस जैसे बड़े व्यापारिक समूह भी स्प्रिंकलर में रुचि लेने लगे हैं। स्प्रिंकलर सिंचाई के लिए रिलायंस इंडस्ट्रीज़ लि. ने भीतर से चिकनी परत से लेपित (Relpipe XFLOTM) पॉलिएथीलीन पाइप तैयार किये हैं जिससे ऊर्जा की खपत कम होती है। कम्पनी के एक प्रवक्ता के अनुसार, 'यह आश्वासन देता है कि सिंचाई के लिए पानी की उसी मात्रा की आपूर्ति के लिए किसान कम हार्सपॉवर के पंपसैट का इस्तेमाल कर सकते हैं। स्प्रिंकलर पाइप पहले से ही विदर्भ (महाराष्ट्र), आंध्र–प्रदेश और मध्य–प्रदेश में प्रचलन में हैं। इसके अलावा, फिटिंग सिस्टम इतने उन्नत किस्म के हैं कि पानी के रिसाव की संभावना बिल्कुल समाप्त हो जाती है, इससे पैसे की पूरी कीमत वसूल होती है।

उन्होंने आगे यह भी कहा, 'यही नहीं, खेतों में प्रयुक्त किये जाने वाले पी.वी.सी जैसे सख़्त पाइपों के विपरीत रैलपाइपों (Relpipes) को ज़मीन के नीचे दबाना ज़रूरी नहीं होता क्योंकि वे सूर्य और अन्य प्राकृतिक तत्वों से प्रभावित नहीं होते। इन पाइपों के हल्के होने से किसान एक क्षेत्र में सिंचाई करके इन पाइपों को दूसरे क्षेत्र तक आसानी से ले जा सकते हैं। चूँकि इन पाइपों को ज़मीन के नीचे दबाने की कोई आवश्यकता नहीं है, इसलिए किसान को इस्तेमाल के लिए कम पाइपों की आवश्यकता रहती है। इसके अलावा, इन पाइपों को किसान अपने साथी किसानों को इस्तेमाल करने के लिए भी दे सकता है। भारत में इस प्रकार की सिंचाई लोकप्रिय नहीं है, लेकिन रिलायंस में कम पूंजी व्यय सुनिश्चित करने के लिए हम

इसे बढ़ावा दे रहे हैं, जो कि छोटे और मामूली किसानों के लिए एक वरदान है।'

हमने यह भी देखा है कि दूरदराज के क्षेत्रों में स्प्रिंकलर/ड्रिप का उपयोग करने के लिए किये गये प्रयासों पर मरम्मत व सेवा सुविधाओं व टूटे-फूटे भागों को बदलने को लेकर बुरा प्रभाव पड़ता है, क्योंकि इनसे जुड़ी ज़रूरतों को पूरा करने के लिए किसानों को बहुत दूर जाना पड़ सकता है। हमने देखा है कि स्प्रिंकलर/ड्रिप के उपयोग से न केवल पानी की बचत होती है, अपितु पौधों को (पारंपरिक प्रणाली के मामले में खेतों को नहीं) पौधों के विकास के प्रत्येक चरण में सही समय पर नियंत्रित व नियमित आपूर्ति से हम पानी की आपूर्ति भी किफायती ढंग से कर सकते हैं, जिसके परिणामस्वरूप उत्पादन की मात्रा व गुणवत्ता में पर्याप्त वृद्धि होती है, फलतः किसानों को बेहतर मुनाफ़ा मिलता है।

(कृषि व उद्योग सर्वेक्षण, खण्ड 14, अंक 8, 2004 में उनके संवाददाता द्वारा प्रकाशित 'सिंचाई उपकरण' देखें)

भारत में सिंचाई की परम्परागत विधि यानि एफ.एम.आई. को पूरी तरह से व्यापक परिवर्तन से गुज़रना पड़ेगा। विविध प्रकार की सिंचाई के तहत इन प्रणालियों को स्थापित करने के लिए कार्यप्रणाली अध्याय 6 में दी गई है।

अध्याय–6

सिंचाई की परम्परागत विधि से ड्रिप व स्प्रिंकलर प्रणाली की ओर

बड़ी/मध्यम सिंचाई के लिए भूमिगत जल

बड़े व मध्यम कार्यों में पानी नहरों, उप–नहरों, वितरिकाओं, व उप–वितरिकाओं के माध्यम से प्रवाहित होता है। पानी के 1 क्यूसेक प्रवाह वाले, खेतों के एक ओर बने पोखरों से, यह किसानों द्वारा तैयार किये गये सिंचाई के स्थायी चैनलों द्वारा ले जाकर समुचित प्रकार से समतल किये गये खेतों में पौधों को दिया जाता है और अतिरिक्त पानी को एफ.डी. सी. के ज़रिये निकाल दिया जाता है, जो गांव या गांवों के लिए बनाये गये नालों में चला जाता है। अगर कहीं जल निकासी व्यवस्था का निर्माण या रखरखाव अच्छी तरह से नहीं हुआ, तो फिर लवणता, क्षारीयता और जलभराव या दलदल पैदा हो जाती है क्योंकि किसान पानी का इस्तेमाल करने में ज़्यादा रुचि रखते हैं, बजाय उसकी निकासी के। हमने देखा है कि प्रमुख/मध्यम सिंचाई परियोजनाओं वाले कमान क्षेत्रों में एक बड़ी मात्रा में भूमि के टुकड़े इन विकृतियों से प्रभावित हैं। ऐसे में यदि हम ड्रिप/स्प्रिंकलर प्रणालियों की शुरुआत करते हैं, तो एफ.आई. सी. द्वारा पोखरों से 1 क्यूसेक स्तर पर छोड़े गये पानी को लेने की बजाय इसे ज़मीन पर बने एक भंडारण स्थल में या किसी ऊँचे स्थान पर उचित नाप के पाइपों के द्वारा ले जाया जाता है, जहाँ से चार या पांच क्षेत्रों को (यदि खेतों का आकार छोटा है) या एक खेत को (यदि खेत का आकार बड़ा है) पाइपों के ज़रिये पानी की आपूर्ति की जायेगी। उसके बाद, भंडारण स्थल से पाइपों के ज़रिये प्रत्येक छोटे या एक बड़े खेत को पानी की आपूर्ति होगी। भण्डारण का यह स्थल ज़मीन पर बनी कोई पानी की टंकी है या किसी एक ऊँचे स्थान

पर बनी पानी की टंकी भी हो सकती है, जहाँ से इकट्ठा किये गये जल को ड्रिप/स्प्रिंकलर व्यवस्था से खेतों में लगे पाइपों से पौधों को पानी की आपूर्ति की जाती है। इन सभी स्थानों पर कम हॉर्स पॉवर की मोटरें प्रयोग में लाई जाती हैं। ड्रिप के मामले में, वर्षा के पानी के अलावा खेतों मे पानी की एक बूंद भी नहीं गिर सकती और स्प्रिंकलर के मामले में कुछ पानी गिर सकता है और इसके अतिरिक्त खेतों में बरसात का पानी भी होता है, जो जल निकासी के माध्यमों से खेतों से बाहर निकल जाता है, जिन्हें खेतों में बरकरार रखा जाना चाहिए। जिन भूमियों में अब पानी का उपयोग हो रहा है, ओ.एफ.डी. जैसी गतिविधियों को बरकरार रखा जा सकता है, फ़र्क केवल इतना है कि खेत के प्रवेश स्थान पर पानी को एफ.आई.सी. के बजाय पाइपों के ज़रिये ले जाकर भंडारण स्थल तक पहुंचाया जाता है और यहाँ से पौधों को पानी देने के लिए पाइपों के ज़रिये ड्रिप/स्प्रिंकलर प्रणाली तक ले जाया जाता है, जिससे पौधों में पानी दिया जा सके। इसमें केवल जल निकासी के चैनलों का ही ध्यान रखना होता है। ज़रूरत पड़ने पर इन चैनलों की मरम्मत व नवीनीकरण होना चाहिए। अगर वे चैनल मौजूद नहीं हैं, तो उन्हें वहाँ उपलब्ध कराया जाना चाहिए व उन्हें मुख्य नाले से जोड़ा जाना चाहिए। खेत की सभी नालियों को मुख्य नालियों से जोड़ना बहुत आवश्यक है। इस पर भी ग़ौर किया जाना चाहिए कि यदि मुख्य नालियों में किसी प्रकार की मरम्मत की आवश्यकता हो, तो वह भी करवा देनी चाहिए। अन्यथा, हमारी बनाई सिंचाई व्यवस्था को बहुत नुकसान पहुंचेगा और लवणता या क्षारीयता या दलदल पैदा हो जायेगी। जिन खेतों में पाइपों द्वारा पानी प्राप्त होता है, वहाँ पर मीटर और दबाव प्रमापक लगवाना भी बहुत ज़रूरी है ताकि खेतों में दिये जाने वाले पानी की मात्रा को मापा जा सके।

उस भूमि पर, जहाँ क्षमता तो बना दी गई है लेकिन अभी उसका उपयोग नहीं किया गया, वहाँ एफ.आई.सी. ज़रूरी नहीं होगा क्योंकि पाइपों के ज़रिये पानी भंडारण स्थलों तक जायेगा और फिर पानी पाइपों से स्प्रिंकलर और ड्रिप सेट तक पहुंचेगा जो पौधों को पानी की आपूर्ति करेंगे, लेकिन ओ.एफ.डी. व एफ.डी.सी. के तहत ज़मीन को समतल करना ज़रूरी है और एफ.डी.सी. को क्षेत्र के मुख्य नाले से जुड़ा होना चाहिए। वास्तव में, जब भी बारिश होती है, तो बारिश का पानी बहुत जल्द ही नालों में गिरना चाहिए और इसके लिए भी

एफ.डी.सी. का होना आवश्यक है। डी.एम.आई. के मामले में लहरदार पहाड़ी प्रदेशों में भी फसलें उगाई जा सकती हैं, लेकिन फिर भी कुछ हद तक ज़मीन को समतल किये जाने की ज़रूरत पड़ सकती है ताकि जल निकासी के चैनलों के माध्यम से बारिश का पानी खेतों से बाहर निकाला जा सके। इस प्रकार, जहाँ भी एस.एम.आई. व डी. एम.आई. प्रणालियों को अपनाया जा रहा है, ओ.एफ.डी. को भी समुचित रूप से संशोधित करना होगा और इसमें परंपरागत व्यवस्था से कहीं कम लागत बैठेगी। हर खेत में प्रवेश बिंदु पर, जहाँ पानी मिलता है, एक मीटर लगवाया जा सकता है जिससे हर सीज़न के दौरान समय–समय पर प्रयुक्त पानी की मात्रा की रीडिंग हमें मिल सकेगी ताकि पानी की दर का आकलन किया जा सके। एक और पहलू है, जो पहले ही समझाया जा चुका है, वह यह कि 4 से 5 किसानों के लिए एक ऊँचा भण्डारण टैंक भी तैयार किया जा सकता है और वहाँ से विभिन्न खेतों में पौधों को ड्रिप व स्प्रिंकलर के साथ लगे पाइपों के ज़रिये पानी दिया जा सकता है। लेकिन इसका रखरखाव संयुक्त रूप से किया जाना है। और, हर किसान के खेत में जल आपूर्ति के बिंदु पर एक मीटर लगवाया जा सकता है ताकि उसे प्राप्त पानी की मात्रा को मापा जा सके। चूंकि, छोटे व मामूली श्रेणी के किसान काफी ज़्यादा संख्या में हैं, तो यह तरीका उपयुक्त लगता है। लेकिन फिर भी, जहाँ मध्यम व बड़े दर्जे के क्षेत्र हैं, वहाँ प्रत्येक किसान के लिए एकल ऊँचे टैंक के निर्माण पर विचार किया जा सकता है, जैसे कि पहले चर्चा की जा चुकी है।

रखरखाव

बड़ी सिंचाई परियोजनाओं में रखरखाव का अर्थ जलसंग्रहण क्षेत्रों, जलाशयों और बांधों, वितरण प्रणाली और कमान क्षेत्र के रखरखाव से है।

जलग्रहण क्षेत्र

जहाँ तक जलाशयों के जलग्रहण क्षेत्रों का संबंध है, वे सभी वृहत् जलसंभरण क्षेत्र हैं। जलसंभरण तकनीक में छोटी पहाड़ियों से और मैदानी इलाकों में आने वाली पहाड़ी ढलानों पर वनस्पतिक विकास को बचाये रखना शामिल होता है। कृषियोग्य भूमि में, उसकी मेड़बंधी कर दी जाती है ताकि पानी के प्रवाह के साथ बह कर आने वाले कीचड़

व मिट्टी आदि को रोका जा सके। जलाशयों के फीडर चैनल के रूप में काम करने वाली नदियां व नाले भी गाद से भर जाते हैं और अनके आसपास वनस्पतियां उग आती हैं। इन नदियों से कीचड़–मिट्टी व वनस्पतियों और खरपतवार को साफ करना बहुत ज़रूरी है। इसके अतिरिक्त, गाद–कीचड़ के प्रवाह को रोकने के लिए इन फीडर चैनलों पर रोधक बांध बनाये जाने चाहिए ताकि बारिश के मौसम में रोधक बांधों पर पानी के अतिप्रवाह पर नियंत्रण रखा जा सके जिससे जलाशयों तक गाद न पहुँचे, केवल पानी पहुँचे। इस विषय में जल प्रबंधन के लिए लिखित एक विशिष्ट खण्ड के अंतर्गत कहीं और विस्तार से वर्णन किया गया है। इस के लिए वित्त का प्रबंध नदी घाटी योजनाओं के साथ–साथ राष्ट्रीय ग्रामीण रोज़गार गारण्टी अधिनियम (एन.आर.ई.जी.एस.) व अन्य ग्रामीण रोज़गार योजनाओं, विशेष रूप से जलग्रहण योजनाएं जिन्हें विशेष रूप से जल प्रबंधन का सतर्कता से कार्यान्वित किया जाता है, से किया जाता है। जैसा कि कहा जा चुका है कि इस विषय पर विस्तार से अन्यत्र वर्णन किया गया है। यह उपाय जलाशयों में गाद के प्रवाह को लगभग धीमा कर देगा क्योंकि इसका बहाव बहुत ही धीमा हो जाता है। वास्तव में, जब कर्नाटक सरकार के राजस्व सुधार आयोग ने तुंगभद्रा परियोजना का दौरा किया, तो तुंगभद्रा बोर्ड के सचिव ने आयोग के सम्मुख कुछ आंकड़े प्रस्तुत किये, जिनमें यह इंगित किया गया था कि हाल के कुछ वर्षों में गाद का प्रवाह कम हुआ है। यह कृषियोग्य भूमि में मेड़बंधी और ऊँचे भूप्रदेश में वनीकरण को कार्यान्वित करने की तुंगभद्रा नदी घाटी योजना का परिणाम था। इस प्रकार, यह कार्य जलाशयों में गाद की रोकथाम के लिए बहुत लाभकारी है। इस प्रकार का जल प्रबंधन भी फीडर चैनलों के ज़रिये जलाशयों में गाद के प्रवाह को कम करेगा।

बाँध

बाँधों का रखरखाव सबसे अधिक महत्त्वपूर्ण है। केंद्रीय जल आयोग और राज्य सरकारों की बाँधों के निरीक्षण की अपनी कार्यविधि है और उसीके अनुरूप सतर्कतापूर्वक पालन करना चाहिए। दुर्भाग्यवश, हाल ही में कर्नाटक में, भारी वर्षा के मौसम में अपर कृष्णा परियोजना में अलमत्ती बाँध में बाँध के द्वारों में कुछ संकट उत्पन्न हो गया था। ऐसा रखरखाव की व्यवस्था की विफलता के कारण हुआ लगता है। इस बात का पूरा ध्यान रखा जाना चाहिए कि एक भी कार्यविधि को नज़रंदाज

नहीं किया जाये, हालांकि, भारत में, अभी तक कोई बड़ी विपदा नहीं आई है। सरकार आवश्यकतानुसार अनुदान भी जारी कर सकती है।

नहरें

कई बार कई बड़ी/मध्यम सिंचाई परियाजनाओं में नहरों की दरारें सतह पर आ जाती हैं। सिंचाई विभागों द्वारा इस पर ध्यान दिया जाना चाहिए व उचित रखरखाव किया जाना चाहिए।

वितरिकायें/उप-वितरिकायें

कर्नाटक सरकार के राजस्व सुधार आयोग ने अपनी प्रथम रिपोर्ट (नवम्बर 2003) में यह सिफारिश की थी कि लगभग 1000 से 1500 एकड़, या 400 से 600 हेक्टेयर क्षेत्र को कवर करने वाले प्रत्येक लेटरल के लिए एक डब्ल्यू.यू.एस. होना चाहिए। लेटरल के रखरखाव का ध्यान रखने का दायित्व डब्ल्यू.यू.एस. को सौंपा जाना चाहिए जो अपने सदस्यों को जल आपूर्ति करता है। इस दिशा में, आयोग ने सिफारिश की है कि डब्ल्यू.यू.एस. जल कर की वसूली कर सकता है और इसे सिंचाई विभाग में जमा करवा सकता है। यह आवश्यक है कि जल कर का कम से कम 10% भाग डब्ल्यू.यू.एस. के पास रहे ताकि वह लेटरल के रखरखाव का अपना दायित्व ठीक से निभा सके। डब्ल्यू.यू.एस. को मत्स्य पालन, नहरों और वितरिकाओं के आसपास नारियल के वृक्ष उगाने जैसी गतिविधियों से अपने संसाधन जुटाने की अनुमति दी जानी चाहिए। इससे डब्ल्यू.यू.एस. के संसाधनों में वृद्धि होगी। इसके बाद 10% जल कर का अंश अपने पास रखकर 90% संबंधित परियोजना के सिंचाई विभाग में जमा करा दिया जाना चाहिए जो बदले में इसका 50% अंश सरकार को दे कर बाकी 40% अपने स्तर पर नहरों व वितरिकाओं की मरम्मत पर ख़र्च करने के लिए अपने पास रख सकता है। इसके अतिरिक्त, प्रत्येक वितरक के लिए एक वितरक स्तरीय समिति (डिस्ट्रीब्यूट्री लेवल कमेटी–डी.एल.सी.) होनी चाहिए, जिसका अध्यक्ष सभी डब्ल्यू.यू.एस. के अध्यक्षों द्वारा मनोनीत होना चाहिए और सभी डब्ल्यू.यू.एस. के अध्यक्ष भी डी.एल.सी. के सदस्य होने चाहिए। और सहायक कार्यकारी इंजीनियर, कृषि/बागवानी अधिकारी और बैंकर इसके आधिकारिक सदस्य होने चाहिए। इस तरह के प्रतिनिधि निकाय को वितरिकाओं के रखरखाव का दायित्व दिया जाना चाहिए। संग्रहित जल कर का 40% अंश, जो परियोजना प्राधिकरण के पास रखा है,

उसका 20% हिस्सा वितरिकाओं के रखरखाव हेतु डी.एल.सी. को दिया जाना चाहिए। परियोजना में बाकी का 20% नहरों के रखरखाव में इस्तेमाल किया जा सकता है। सरकारी अनुदान भी वितरिकाओं के रखरखाव के लिए अपेक्षित धनराशि को यथा आवश्यकता की पूर्ति कर सकता है। वितरिकाओं/लेटरल को क्रमशः डी.एल.सी/डब्ल्यू. यू.एस. को सौंपने से पूर्व सरकार को चाहिए कि वह एक बार उनका मरम्मत वग़ैरह का कार्य पूरा करवा दे।

परियोजना स्तरीय समन्वय समिति

संबद्ध मुख्य अभियंता की अध्यक्षता में परियोजना स्तर पर भी एक परियोजना स्तरीय समन्वयन समिति होनी चाहिए जिसमें विविध डी. एल.सी. (Distributory Level Committee) के अध्यक्ष और कृषि व बागवानी विभागों व बैंकों इत्यादि से संबद्ध अधिकारीगणों से निर्वाचित सदस्य होने चाहिए। इस तरह निर्वाचित प्रतिनिधियों व जिम्मेदार अधिकारियों का एक निकाय बांध, नहरों व वितरिकाओं के रखरखाव का समग्र प्रभारी होना चाहिए। इस समिति को फसल पद्धति की ज़रूरतों तथा अन्य बुनियादी सुविधाओं की ज़रूरतों का ध्यान रखना चाहिए। सी.ए.डी.ए. द्वारा दिये गये सभी कार्यों का निष्पादन इस समिति को सौंपा जा सकता है। सरकार सी.ए.डी.ए. को समाप्त करने पर विचार कर सकती है, क्योंकि पिछले कुछ वर्षों से काम का दोहराव इतना हो गया है कि सिंचाई की निर्मित क्षमता भी पूरी तरह से प्रयोग में नहीं लाई गई है। वितरण की नई व्यवस्था में जब कृषकों व बैंकों को सिंचाई की एफ.एम.आई पद्धति से एस.एम.आई तथा डी.एम.आई. में परिवर्तित करने के लिए एक भारी रकम का निवेश करना होगा, तो सी.ए.डी.ए. जैसे पुराने संस्थानों को समाप्त करना होगा। इस समन्वय समिति को सभी जानकारियां समय पर देने सहित पानी के अधिकतम उपयोग व फसल की उचित पद्धति को अपनाने का निर्णय भी लेना चाहिए।

लघु सिंचाई (एम.आई.) के लिए भूमिगत जल

(i) जलाशय, सिंचाई के लिए बने बांध आदि।

जलाशय, सिंचाई के लिए बने बांध, पिकप, बैराज जैसे लघु सिंचाई भूमिगत जल कार्य छोटी नहरों या चैनलों के माध्यम से पानी की आपूर्ति करेंगे, जो हर खेत में चैनलों के ज़रिये प्रवेश–बिंदु तक पानी

उठायेंगे। चैनलों से खेत के प्रवेश बिंदु पर पानी पाइपों के ज़रिये मुनासिब भण्डारण स्थल तक ले जाया जा सकता है, अर्थात् कम हॉर्स पॉवर वाली मोटर का इस्तेमाल करते हुए किसी ऊँचे स्थान पर संग्रहण जलाशय। और ऊँचे स्थान पर संग्रहण जलाशयों से पानी को पाइपों, ड्रिप और स्प्रिंकलर प्रणाली के ज़रिये पौधों को देने के लिए प्रवाहित किया जायेगा। प्रत्येक व्यक्ति के खेत के प्रवेश बिंदु पर जल की मात्रा को दर्शाती मीटर रीडिंग होनी चाहिए और इससे भुगतान की जाने वाली पानी की दर आंकी जा सकती है। प्रमुख/मध्यम सिंचाई कार्य के तहत पानी के उपयोग के लिए दिये गये सुझाव भूमि विकास व जल निकासी लघु सिंचाई के लिए भी लागू होंगे। जहाँ, पहले से ही लघु सिंचाई के अंतर्गत पानी का इस्तेमाल हो रहा है, वहाँ जलनिकासी प्रणाली की मरम्मत व खेत के विकास पर ध्यान दिया जाना चाहिए। कहने की ज़रूरत नहीं कि 4 या 5 किसान एक साथ एक ऊँचा जलाशय बना सकते हैं या पूरे सिंचाई क्षेत्र में एक बड़े व ऊँचे जलाशय से काम लिया जा सकता है। स्प्रिंकलर/ड्रिप प्रणाली को लगाने व जलाशयों की उपभोक्ता संस्था को जलाशय सौंपने से पहले उनकी मरम्मत का काम एक बार अवश्य किया जाना चाहिए। तालिका 3 सी के तहत टिप्पणी में इस रिपोर्ट में एक चेतावनी के संकेत का हमने पहले ही उल्लेख किया है, जिसमें हमने बताया है कि निर्मित लघु सिंचाई क्षमता का 57% हिस्सा ही प्रयुक्त हो रहा है। कर्नाटक सरकार के राजस्व सुधार आयोग ने फरवरी 2004 में अपनी अंतिम रिपोर्ट में विभिन्न कमियों को रेखांकित किया है, जिनसे लघु सिंचाई के जलाशय ग्रस्त हैं। जलाशयों की मेड़ घट कर 1 मीटर चौड़ी रह गई हैं (जबकि यह कम से कम 2.5 मीटर चौड़ी होनी ज़रूरी हैं), पानी को नियंत्रित करने की कमी के साथ जलाशयों के मुंह बन्द हो रहे हैं, जिसके परिणाम पानी का रिसाव हो रहा है, नहरों से अतिरिक्त जल निकालने वाले माध्यम क्षतिग्रस्त हो रहे हैं, नहरों को फिर से खण्डों में विभाजित करना चाहिए, उन्हें फिर से बनाया जाना चाहिए और उन्हें पूरी तरह से भरा जाना चाहिए ताकि पानी के व्यर्थ बहाव से होने वाले नुकसानों से बचाव हो सके। जलाशयों के तल व फीडर चैनल गाद से भरे हैं। दोनों उपचारात्मक उपचार, गाद निकाल कर और समस्या निरोधी उपायों जैसे जल संभरण आदि से इनका उपचार करने की आवश्यकता है। जलाशय उपभोक्ताओं की एक समिति, जिसका अध्यक्ष टैंक

उपभोक्ताओं द्वारा निर्वाचित हो और सभी टैंक उपभोक्ता समिति के सदस्य हों और सहयोजित आधिकारिक सदस्य, सब मिल कर जलाशयों के रखरखाव का ध्यान रख सकते हैं, जैसा कि प्रमुख व मध्यम परियोजनाओं के मामले में किया जाता है। अन्य लघु सिंचाई के कार्य जैसे सिंचाई के लिए बने बांधों व पिकप वग़ैरह की भी जल उपभोक्ता संस्थायें होनी चाहिएं। बड़ी व प्रमुख सिंचाई परियोजनाओं के जल उपभोक्ता संस्थाओं (Water Users' Societies- WUS) को राशि देने का नियम इस प्रकार के सिंचाई के लिए भी यथोचित परिवर्तनों के साथ लागू होना चाहिए।

ग़ैर-प्राकृतिक साधनों से पानी खींच कर सिंचाई करना (लिफ्ट इरीगेशन)

इन योजनाओं में, फर्क मात्र इतना होता है कि नदियों आदि से पानी पाइपों से लाया जाता है और प्रत्येक खेत या खेतों के समूह में लगे हुए पाइप, मुख्य पाइपों से पानी लेकर पूर्वोक्त खेतों में उच्च स्थान पर भण्डारण स्थल तक ले जाते हैं, तत्पश्चात् स्प्रिंकलर/ड्रिप के ज़रिये पानी को पौधों तक वितरित किया जा सकता है। खेतों में पाइपों के प्रवेश बिंदु पर प्रयुक्त पानी की मात्रा का आकलन करने के लिए मीटर लगाया जा सकता है। प्रमुख/मध्यम सिंचाई के लिए सुझाये गये पानी के उपयोग के लिए जल निकासी की व्यवस्था और भूमि का विकास उपयोगी सिद्ध हो सकते हैं। केवल पुरानी योजना के मामले में यह सुनिश्चित किया जाना चाहिए कि ज़मीन को ठीक से समतल की गई हो और जल निकासी की व्यवस्थाओं की ठीक से मरम्मत की गई हो। कर्नाटक राज्य राजस्व सुधार आयोग की प्रथम रिपोर्ट (नवंबर 2003) द्वारा कई सरकारी लिफ्ट सिंचाई योजनाओं के बारे में जानकारी दी गई है, जिन पर काम नहीं हो रहा था और अगर हो भी रहा था, तो समुचित ढंग से नहीं हो रहा था। इनका एक बार सुधार किया जाना चाहिए और इन योजनाओं को तयशुदा डब्ल्यू.यू.एस. को हस्तांतरित कर दिया जाना चाहिए। रखरखाव की प्रक्रिया लघु सिंचाई की प्रक्रिया की तरह होनी चाहिए। धन की आपूर्ति यथोचित परिवर्तन के साथ होनी चाहिए।

एकमुश्त की गई मरम्मत

बड़ी/मध्यम सिंचाई परियोजनाओं के मामले में लेटरल व वितरिकाओं की एकमुश्त मरम्मत का काम किया जा सकता है और इन प्रणालियों

को बरकरार रखने का प्रभार डब्ल्यू.यू.एस. और डी.एल.सी. हस्तांतरित किया जा सकता है। इसी प्रकार, सभी लघु सिंचाई कार्यों के लिए उन्हें जलाशयों/डब्ल्यू.यू.एस. को हस्तांतरित किये जाने से पूर्व उनकी एकमुश्त मरम्मत की जा सकती है।

भूजल

जहाँ तक भूजल का प्रश्न है, हमने इस रिपोर्ट के क्रम में देखा है कि ड्रिप/स्प्रिंकलर के ज़रिये पौधों को पानी देने के लिए कुओं/बोरवैल से पानी निकालने के लिए मोटर के साथ ड्रिपसैट या स्प्रिंकलर लगाये जा सकते हैं। नये बोरवैल या खुदाई वाले कुओं के मामले में, जहाँ मोटरें मौजूद हैं, जलनिकासी के चैनलों की मरम्मत का ध्यान रखा जाना चाहिए और इन बात की जांच पर ध्यान दिया जाना चाहिए कि ज़मीन को समुचित रूप से समतल किया गया हो, अगर नहीं, तो इसे उचित प्रकार से समतल किया जाना चाहिए। नये बोरवैल या खुदाई वाले कुओं के मामले में, पानी प्राप्त करने के लिए ज़मीन को अनुकूल बनाया जाना चाहिए और जलनिकासी की व्यवस्थायें तैयार की जानी चाहिए। ड्रिप सिंचाई प्रणाली का एक अन्य लाभ यह है कि ज़मीन से खींचे गये पानी का उपयोग, भले ही वह खारा हो, फसलों को उगाने के लिए किया जा सकता है। ड्रिप प्रणाली के मामले में लहरदार खेतों और रेतीले मैदानों में भी उपयुक्त फसल उगाने के लिए पानी की आपूर्ति की जा सकती है। वास्तव में, काली कपास मिट्टी में, जो हमारे देश में बड़ी मात्रा में मौजूद है, भूजल खारा होता है और प्रयोग में नहीं लाया जा सकता। ड्रिप सिंचाई की लोकप्रियता से इस तरह का पानी भी फसलों के लिए प्रयोग में लाया जा सकता है। इसके लिए केवल भूमि को उपयुक्त रूप से समतल करने और जलनिकासी की उचित व्यवस्था करने की आवश्यकता होगी।

अध्याय–7

खाद्यान्नों सहित खेती के लिए भूमि व जल के उपयोग की दिशा में नीतियाँ

1. खेती के लिए भूमि की उपलब्धता

नीचे दी गई तालिका 10 में देखा जा सकता है कि 1998–99 और 1999–2000 के दो वर्षों के बीच शुद्ध बोया गया क्षेत्र 142.6 मिलियन हेक्टेयर से 141.2 मिलियन हेक्टेयर के बीच घटता–बढ़ता रहा है। लेकिन सुरेश पी. प्रभु कार्यबल ने कृषि योग्य भूमि को 143 मिलियन हेक्टेयर से 145 मिलियन हेक्टेयर के बीच घटता–बढ़ता हुआ माना है। कृषि योग्य अन्य क्षेत्र भी है जिसे खेती के तहत लाया जा सकता है, लेकिन विविध कारणों से उसे बंजर धरती के रूप में छोड़ा हुआ है। कम से कम, शुद्ध बुवाई क्षेत्र के साथ दो प्रकार की बंजर भूमि को (अर्थात् वर्तमान बंजर धरती जो कृषियोग्य है लेकिन जो चालू वर्ष के दौरान बंजर धरती के रूप में छोड़ दी गई है और दूसरी, जिस पर पांच वर्षों के दौरान खेती न करके, बंजर धरती के रूप में छोड़ दी गई है) आसानी से कृषि के अंतर्गत लाया जा सकता है, क्योंकि ऐसा करना ज़्यादा मुश्किल नहीं होगा। कुछ बंजर ज़मीन ऐसी भी है, जो पांच साल से भी ज़्यादा समय से बेकार मान कर छोड़ी हुई है जबकि वह कृषियोग्य भूमि है। ऐसी स्थिति में, कृषियोग्य भूमि वह होगी जिसे तालिका 10 में दिखाया गया है।

तालिका 10 : कृषि योग्य क्षेत्र (जुताई व कृषि योग्य बंजर भूमि सहित)

(मिलियन हेक्टेयर)

क्र. सं.	मद	1998–99	1999–2000
1	कुल बुवाई क्षेत्र	142.6	141.2
2	अजोत भूमि–ए. वर्तमान अजोत भूमि	13.6	14.8
	–बी. अन्य अजोत भूमि	9.9	10.1
	सी. कुल अजोत भूमि (2ए + 2बी)	23.5	24.9
3	कुल कृषि योग्य भूमि, अजोत भूमि सहित (1 + 2 सी सहित)	166.1	166.1
4	कृषि योग्य बंजर भूमि	13.9	13.8
5	कुल कृषि योग्य भूमि, अजोत भूमि व कृषि योग्य बंजर सहित (मद 1 + मद 2सी + मद 4)	180.0	179.9

परिशिष्ट–4 में देखें

तालिका 10 में यह तथ्य स्पष्ट रूप से उभर कर आता है कि बंजर भूमि सहित कृषियोग्य शुद्ध भूमि 166.1 मिलियन हेक्टेयर होगी। उन कारणों का निराकरण करके बंजर धरती को आसानी से कृषि के तहत लाया जा सकता है, जिनके चलते ऐसी ज़मीन की खेती नहीं की गई थी। यहाँ यह स्पष्ट करना ज़रूरी है कि ऐसी जमीनों पर खेती न होने का एक कारण है, भूमि सुधारों के बावजूद, बड़े किसानों द्वारा बेनामी ज़मीन पर कब्ज़ा करना, जिससे कुछ ज़मीनें उपेक्षित रह जाती हैं और जो परिवारों में साधारण झगड़ों, मुकदमेबाजी, निर्धनता व कर्ज की वजह बनता है। लिहाज़ा, इस भूमि का प्रयोग करने में कोई कठिनाई नहीं होनी चाहिए (वर्तमान व अन्य बंजर भूमि), जो 23.5 मिलियन हेक्टेयर है, क्योंकि पिछले पांच वर्षों में, इसमें से ज़्यादातर भूमि पर खेती हुई है। वन, चारागाह, ग़ैर कृषि उपयोग के अंतर्गत ज़मीन (आवास, उद्योग, शहरों के विकास इत्यादि) जैसे जमीन के अन्य उपयोग के दावों को ध्यान में रखते हुए, 166.1 मिलियन हेक्टेयर में से कम से कम 150 मिलियन हेक्टेयर भूमि को कृषि के अंतर्गत लाना कठिन नहीं होगा, यद्यपि अंतर–बेसिन की नदियों को परस्पर जोड़ने पर कार्यबल ने शुद्ध कृषियोग्य भूमि का आकलन 145 मिलियन हेक्टेयर किया है, क्योंकि डी.एम.आई / एस.एम.आई. की माइक्रो–हाइडल प्रणालियाँ देश में न्यूनतम शुद्ध क्षेत्र की सिंचाई करने में सक्षम हो जायेंगी।

लेकिन फिर भी, हम इस बात को नज़रंदाज नहीं कर सकते कि जो कृषियोग्य बंजर भूमि हमें उपलब्ध है और जो पांच वर्षों से बेकार मान कर छोड़ी हुई है, उसे अभी भी थोड़े से प्रयासों से खेती के काम

में लाया जा सकता है। यद्यपि, ऐसी भूमि का उपयोग शुरू करने के लिए इसे प्रथम वर्ष घास के लिए इस्तेमाल में लाया जा सकता है, क्योंकि पहले साल भू–क्षरण के कारण यह किसी भी प्रकार की खेती के लिए अयोग्य होगी है और शुरुआती अवस्थाओं में घास उगाने जैसे मिट्टी को बांधने वाले कुछ उपचार करने आवश्यक होंगे। अगले वर्ष में, झाड़ियाँ उग सकती हैं और बाद में वृक्षारोपण हो सकता है। हर हालत में, पर्यावरण को बेहतर बनाने व लकड़ी के वाष्पीकरण से ऊर्जा उत्पन्न करने के लिए हमें वृक्षों की आवश्यकता है। इसलिए, कृषियोग्य बंजर भूमि को वृक्षों के लिए बचा कर रखा जा सकता है।

2. एक बार से अधिक बुवाई वाला क्षेत्र

तालिका 11 में एक से अधिक बार बुवाई वाला, कुल बुवाई वाला क्षेत्र और शुद्ध बुवाई क्षेत्र को दिखाया गया है।

तालिका 11 : सकल सिंचित क्षेत्र, शुद्ध बुवाई क्षेत्र और एक बार से अधिक बोया गया क्षेत्र

(मिलियन हेक्टेयर में)

क्र. सं.	मद	1998–99	1999–2000
1	कुल क्षेत्र (सिंचित + असिंचित)		
	ए. सकल फसली क्षेत्र	193.0	189.7
	बी. शुद्ध बुवाई क्षेत्र	142.6	141.2
	सी. एक बार से अधिक बोया गया क्षेत्र	50.4	48.5
	डी. एक बार से अधिक बार बोया गया क्षेत्रः		
	1. शुद्ध बुवाई क्षेत्र का प्रतिशत	35.4%	34.3%
	2. सकल फसली क्षेत्र का प्रतिशत	26.1%	26.1%
2.	सिंचित क्षेत्र		
	ए. सकल सिंचित क्षेत्र	75.95	76.33
	बी. शुद्ध सिंचित क्षेत्र	57.07	57.24
	सी. सिंचित क्षेत्र एक बार से अधिक बुवाई किया गया	18.88	19.09
	डी. सिंचित क्षेत्र एक बार से अधिक बुवाई किया गयाः		
	1. शुद्ध सिंचित क्षेत्र का प्रतिशत	33%	25%
	2. सकल सिंचित क्षेत्र का प्रतिशत	33%	25%

(परिशिष्ट 4 देखें)

नोट : मद 1डी, 2सी और 2डी की गणना ऊपर वर्णित परिशिष्ट से लिए गये आंकड़ों से की गयी है। लेकिन यदि और अधिक जल उपलब्ध होता है, तो एक बार से अधिक बोये गये क्षेत्र में वृद्धि हो सकती है।

3. जैसा कि हमने ऊपर चर्चा की है, नीति यह रहेगी कि बंजर भूमि को खेती के योग्य बना कर उसका एक हिस्सा इस्तेमाल करते हुए कृषियोग्य भूमि (शुद्ध/निवल) को 150 मिलियन हेक्टेयर की हद तक सीमित रखा जाये।
4. 1996–97 के दौरान 123.6 मिलियन हेक्टेयर क्षेत्र खाद्यान्नों के तहत था और 1997–98 के दौरान 123.8 मिलियन हेक्टेयर (स्रोतः योजना, वित्त और संसाधन विभाग, कर्नाटक सरकार, मई 2004 द्वारा अंतर–राज्यीय आर्थिक संकेतकों द्वारा प्रस्तुत)। इस प्रकार, औसतन 123.7 मिलियन हेक्टेयर क्षेत्र खाद्यान्नों की फसलों के अंतर्गत था। तालिका 11 के अनुसार, इसकी तुलना में 1998–99 में सकल फसली क्षेत्र 193.1 मिलियन हेक्टेयर था, जबकि 1999–2000 में यह 189.7 मिलियन हेक्टेयर था। दो वर्षों का औसत सकल फसली क्षेत्र 191.35 मिलियन हेक्टेयर होता है। खाद्यान्न के अंतर्गत 123.7 मिलियन हेक्टेयर का क्षेत्र सकल फसली क्षेत्र का 65% होता है। इसलिए, सकल फसली क्षेत्र का 65% खाद्यान्न फसल के तहत रखना हमारी नीति होनी चाहिए।
5. जैसा कि हमने तालिका 2 में देखा है कि भारत की अधिकतम सिंचाई क्षमता 140 मिलियन हेक्टेयर है। मार्च 2005 के अंत तक हमने इस अधिकतम सिंचाई क्षमता में से 83.89 मिलियन हेक्टेयर उपयोग किया है (तालिका 3 बी देखें)। लेकिन यह सुनिश्चित किया जाना चाहिए कि हम 2020 तक सिंचाई क्षमता का 140 मिलियन हेक्टेयर उपयोग में लायेंगे। यदि हम व्यापक रूप से ड्रिप और स्प्रिंकलर सिंचाई उपकरणों को लगवाते हैं, तो पानी की कम से कम 50% बचत होती है, जिसका अर्थ यह हुआ कि अधिकतम सिंचाई क्षेत्र 140 + 50/100 × 140 = 140 + 70 = 210 मिलियन हेक्टेयर होगा। इस प्रकार, सिंचाई के अंतर्गत शुद्ध कृषि भूमि के 150 मिलियन हेक्टेयर की तुलना में 210 मिलियन हेक्टेयर सकल फसली क्षेत्र के तहत कुल फसल के रूप में रखने की नीति होनी चाहिए। इस प्रकार, एक बार से अधिक बुवाई वाला क्षेत्र सभी फसलों के लिए 60/150 × 100 = 40% होगा। आगे चलकर व्यापक रूप से ड्रिप और स्प्रिंकलर सिंचाई प्रणाली का इस्तेमाल करने से सुविधा रहेगी।

6. इसके अलावा, उन सभी सिंचित क्षेत्र को, जिनमें जलभराव व क्षारीयता हो गई है, उचित उपचारात्मक ढंग अपनाते हुए पुनः खेती योग्य बनाया जाना चाहिए। वास्तव में, हमने देखा है कि 20 मिलियन हेक्टेयर क्षेत्र क्षारयुक्त हो गया है और 8.5 मिलियन हेक्टेयर जलभराव से युक्त हो गया है। प्रथम जांच के अनुसार, इसे कृषि मंत्रालय द्वारा 1998 अक्तूबर में प्रकट किया गया था। इस प्रकार, सिंचित भूमि की यह बर्बादी काफी बड़ी मात्रा में है। यह 1998–99 में 57.07 मिलियन हेक्टेयर की निवल सिंचाई क्षमता की तुलना में 28.5 मिलियन हेक्टेयर अथवा 49.9% है (तालिका 11 के अनुसार) यानि निवल सिंचित क्षेत्र का 50%! हमें यह याद रखना चाहिए कि इस रिपोर्ट में पहले ही यह उल्लेख हो चुका है कि सी.ए.डी.ए. के सुधारों के प्रयासों के मद्देनज़र, 2005 में लवणता, क्षारीयता व जलभराव से 14.25 मिलियन हेक्टेयर भूमि के प्रभावित होने का अनुमान है। भूमि को कृषि योग्य बनाना और डी.एम.आई और एस.एम.आई. प्रणालियों के तहत कृषि योग्य बनाई गई भूमि को इसके अंतर्गत लाने से पहले तो यह सुनिश्चित होगा कि कोई भी क्षेत्र क्षारीयता व जलभराव से ग्रस्त नहीं होगा और सिंचाई के अंतर्गत अतिरिक्त जमीन को लाने के लिए अतिरिक्त पानी पर्याप्त मात्रा में उपलब्ध होगा। कहने की आवश्यकता नहीं कि इसके अलावा, पानी की बचत करने वाले इन उपकरणों के ज़रिये सर्वव्यापी खेती करने की हमारी नीति से कोई भी भूमि लवणता या क्षारीयता युक्त नहीं होगी।

7. इस प्रकार, 2020 तक 210 मिलियन हेक्टेयर का पूरा अनुमानित सिंचित क्षेत्र सिंचाई के अंतर्गत आ जायेगा। यदि सकल क्षेत्र 210 मिलियन हेक्टेयर मानें, तो खाद्यान्न के अंतर्गत क्षेत्र 210 का 65% यानि 136.5 मिलियन हेक्टेयर होगा जो खाद्यान्न फसलों के लिए आरक्षित होगा।

8. हमने देखा है कि नदियों को आपस में जोड़ने से संबंधित कार्यबल ने खाद्यान्नों के अंतर्गत प्रति हेक्टेयर उत्पादन का निम्न प्रकार से अनुमान लगाया है।

कार्यबल ने यह उल्लेख किया है कि वर्षा आधारित स्थिति के तहत खाद्यान्न उत्पादन 2010 में 1.1 टन प्रति हेक्टेयर से बढ़ कर 2020 में 1.5 टन हो जायेगा और इसी तरह, खाद्य उत्पादन में सभी निकट सुधार करने के बाद, सिंचाई अवस्था के तहत खाद्यान्न उत्पादन 2010 में 3 टन से 2050 में 4 टन प्रति हेक्टेयर होने का अनुमान है। यदि हम सभी तकनीकी सुधार, जिनमें से एक है ड्रिप और स्प्रिंकलर प्रणाली का इस्तेमाल, जिससे 30% तक उत्पादन बढ़ता है, लागू करने की व्यवस्था कर सकें तो यह अनुमान लगाना कठिन नहीं होगा कि 2020 तक सिंचित क्षेत्र में प्रति हेक्टेयर उत्पादन 3.5 टन होगा। उस अवस्था में, 2020 तक खाद्यान्न उत्पादन 136.5 मिलियन हेक्टेयर × 3.5 टन = 478 मिलियन टन होगा। यह उल्लेख किया जा सकता है कि कार्यबल ने कहा है कि 2050 तक भारत की 1640 मिलियन लोगों की आबादी की घरेलू ज़रूरत को पूरा करने के लिए 450 मिलियन टन खाद्यान्न की आवश्यकता होगी। हम जानते हैं कि 1991–2001 के बीच, देश की जनसंख्या 846.3 मिलियन से बढ़कर 1,025.2 मिलियन हो गई अर्थात् इस दशक में 21% की वृद्धि हुई। यदि हम अगले दो दशकों में जनसंख्या में 18% की दशकीय वृद्धि का अनुमान लगायें, तो 2021 तक जनसंख्या 36% बढ़ जायेगी और वास्तविक वृद्धि का आंकड़ा 1,394 मिलियन होगा। यदि हम 2021 की 1,394 मिलियन की आबादी को 1.8% कम करते हैं, जो कि अनुमानित वार्षिक वृद्धि है, तो 2020 में 1,369 मिलियन लोग होंगे। 1,369 मिलियन की जनसंख्या के लिए 376 मिलियन टन खाद्यान्न की आवश्यकता रहेगी (कार्यबल द्वारा दिये गये 1,640 मिलियन लोगों के लिए 450 मिलियन टन की आवश्यकता के आधार पर)। हमने देखा है कि हम 478 मिलियन टन का उत्पादन करेंगे। इस प्रकार, 2020 में हमारे पास 478–376 = 102 मिलियन टन अधिशेष (सरप्लस) खाद्यान्न होगा। दरअसल, कार्यबल ने यह देखा कि 2050 तक हम 550 मिलियन टन उत्पादन करेंगे, जबकि हमारी ज़रूरत तो 450 मिलियन टन की है अर्थात् 100 मिलियन टन का अधिशेष। इस प्रकार, 2020 में ही हम अधिशेष के उस स्तर तक पहुंचते हैं, जो 2050 में अपेक्षित से अधिक है। इसलिए बहुत सारा अधिशेष निर्यात के लिए उपलब्ध रहेगा। इसके अतिरिक्त, कार्यबल के अनुमान के अनुसार, यदि हम 2050 तक 4 टन प्रति हेक्टेयर तक पहुंचते हैं, तो हमारे पास खाद्यान्न का उत्पादन 136.5 × 4 = 546 मिलियन टन होगा,

जो 1,640 मिलियन लोगों की ज़रूरतों को पूरा करने के लिए पर्याप्त से भी कहीं ज़्यादा होगा, जो कि हमें ज्ञात है कि केवल 450 मिलियन टन मात्र है। इस प्रकार, हम अधिक खाद्यान्न को निर्यात करने की प्रभावशाली स्थिति में होंगे। वास्तव में, ड्रिप/स्प्रिंकलर प्रणालियों के व्यापक इस्तेमाल से उत्पादन में 30% की बढ़ोत्तरी के कारण, उत्पादन 710 मिलियन टन होगा, जो कार्यबल द्वारा सिंचाई के परंपरागत तरीके द्वारा प्रत्याशित तक पहुंचने के लिए लगाये गये अनुमान से बहुत दूर है, वह भी, नदियों के पानी की अंतर–बेसिन अंतरण को किये बिना। पानी के अंतर–बेसिन अंतरण के बाद जो अतिरिक्त जल उपलब्ध होगा, उसे हमारे द्वारा पीने के लिए या उद्योगों में इस्तेमाल में लाया जा सकता है। इस प्रकार, भारत पानी और भोजन के मामले में सुदृढ़ हो जायेगा।

अध्याय–8

माइक्रो हाइडल प्रणालियों के लिए बिजली का आवश्यकता (डी.एम.आई./एस.एम.आई.)

अगला प्रमुख मुद्दा बिजली की उपलब्धता का है। भारत में पहले से ही बिजली की आपूर्ति की कमी है। निकट भविष्य में भारी विकास के, जिसे सरकार को मध्यम उच्च क्षेत्र में हासिल करने की उम्मीद है, 10% प्रतिवर्ष की वृद्धि तक पहुंचने के लिए बिजली की मांग बढ़ेगी। तो फिर, हम प्राथमिक क्षेत्र में बड़े पैमाने पर प्रस्तावित वृद्धि के लिए बिजली कैसे प्राप्त कर सकते हैं, व्यापक रूप से ड्रिप/स्प्रिंगलर प्रणालियों का प्रयोग करके, जो बिजली के बिना कार्य नहीं कर सकतीं? इसका उत्तर बिजली के लिए ग़ैर पारंपरिक ऊर्जा के सर्वव्यापक उपयोग में निहित है। क्या यह उपलब्ध है? आइये, इस सवाल की जांच करते हैं।

ग़ैर-पारंपरिक ऊर्जा की उपलब्धता की व्यवहार्यता

सिंचाई के लिए ड्रिप/स्प्रिंकलर के सर्वव्यापक प्रयोग के लिए जो एक प्रमुख प्रश्न उठता है, जिसका उल्लेख पहले किया जा चुका है, वह है बिजली की अनुपलब्धता। भारत में ड्रिप/स्प्रिंकलर प्रणालियों की व्यापक रूप से स्थापना का के लिए जितनी बिजली की आवश्यकता है, वह परंपरागत बिजली परंपरागत स्रोतों से प्राप्त होने की सम्भावना नहीं है। हालांकि, कृषि वित्त सलाहकारों द्वारा किये गये अध्ययन (नीचे दिये गये अनुच्छेद के अनुसार) हमें ड्रिप व स्प्रिंकलर प्रणाली को चलाने के लिए आवश्यक बिजली की आशा बंधाते हैं।

नीचे तालिका में तमिलनाडु में पानी निकालने के लिए सामुदायिक सिंचाई कुंओं के लिए ड्रिप सिंचाई योजनाओं के लिए आवश्यक बिजली के बारे में बताया गया है।

तालिका 12 : कामाराजर ज़िला, तमिलनाडु में विविध फसलों के अंतर्गत ड्रिप प्रणाली के प्रयोग के लिए बिजली की आवश्यकता

मॉडल न.	प्रतिदिन क्षेत्र/फसल/बिजली की इकाइयों का विवरण और दिनों की संख्या	प्रयुक्त वार्षिक यूनिट
मॉडल 1	300 दिनों के लिए 2.4 हेक्टेयर नारियल को 6.3 यूनिट बिजली की ज़रूरत होती है	1,860
मॉडल 2	300 दिनों के लिए 1.8 हेक्टेयर अमरूद को 5 यूनिट बिजली की ज़रूरत होती है	1,500
मॉडल 3	300 दिनों के लिए 2.2 हेक्टेयर सब्जियों को 6.2 यूनिट बिजली की ज़रूरत होती है	1,860
मॉडल 4	250 दिनों के लिए 4.0 हेक्टेयर आम को 2.0 यूनिट बिजली की ज़रूरत होती है	5,000
मॉडल 4 ए	250 दिनों के लिए नारियल सहित 4.0 हेक्टेयर तीक्ष्ण नींबू को 20 यूनिट बिजली की ज़रूरत होती है	5,000
कुल योग	14.4 हेक्टेयर विविध फसलों के लिए ज़रूरत होती है	15,220

साधारणतया 20 मीटर गहरे कुएं के लिए प्रति हेक्टेयर = 15,220/14.4 = 1,056.96 अथवा 1,057 यूनिट प्रतिवर्ष प्रति हेक्टेयर की आवश्यकता होती है।
(देखें परिशिष्ट 5, कृषि वित्त सलाहकार लि., बम्बई द्वारा अगस्त 1989 में तमिलनाडु सरकार के लिए तैयार की गई तमिलनाडु में सामुदायिक कुओं के लिए ड्रिप सिंचाई योजनाओं पर एक व्यवहार्यता रिपोर्ट)

इस प्रकार, अलग–अलग फसलों की अधिकता वाली विभिन्न फसलों के लिए बिजली की ज़रूरत को, उदाहरण के तौर पर तमिलनाडु के लिए, जो डेक्कन प्रायद्वीप के केंद्र में स्थित है, जहाँ उच्च तापमान व प्रदेश की जलवायु के कारणवश सिंचाई के लिए ज़्यादा पानी की आवश्यकता रहती है, ऊपर प्रस्तुत किया गया है। कुओं से पानी निकालने और ड्रिप के ज़रिये पौधों को पानी देने के लिए आवश्यक औसत बिजली प्रति हेक्टेयर प्रतिवर्ष 1,057 यूनिट दी गई है। जबकि, सिन्धु–गंगा के मैदानी इलाकों में, ऊँचे स्तर पर पानी मिल जाता है। इसके अलावा, मुख्य मध्यम या लघु सिंचाई के स्रोतों से भूमिगत जल वितरण के मामले में गुरुत्वाकर्षण के सहारे पानी उठाने का कोई सवाल ही नहीं है। ऐसे मामलों में पानी भण्डारण

स्थल तक पम्पों से खींचा जाता है, जहाँ से इसे पाइप के साथ लगे स्प्रिंकलर/ड्रिप के ज़रिये पौधों को दिया जाता है और यहाँ कुछ बिजली की ज़रूरत पड़ती है। वास्तव में, जैसा कि हमने पहले ही चर्चा की है, प्रमुख–मध्यम परियोजनाओं के मामले में पानी लेटरल तक पहुंचता है, जहाँ से एक क्यूसेक प्रवाह के स्तर पर पाइपों के ज़रिये पानी को पंपों के द्वारा भण्डारण टैंकों या उच्च स्थान पर बने टैंकों तक ले जाया जाता है, जहाँ से पाइपों के माध्यम से पानी को पाइपों पर लगे स्प्रिंकलर और ड्रिप को पौधों को वितरण करने हेतु आपूर्ति की जाती है। और इसके अतिरिक्त, 140 मिलियन हेक्टेयर की अधिकतम सिंचाई क्षमता 76 मिलियन हेक्टेयर भूमिगत जल से और 64 मिलियन हेक्टेयर भूजल से निर्मित है (अंतर बेसिन अंतरण प्रस्ताव, नदियों को आपस में जोड़ने पर कार्यबल, एम.ओ.डब्ल्यू.आर. भारत सरकार–2003)। इसलिए, हम ग़लत नहीं होंगे अगर हम यह मानते हैं कि भूजल के लिए औसतन हम भारत में एक अखिल भारतीय औसत इकाई 1,000 इकाइयां प्रति हेक्टेयर के रूप में लेते हैं और भूमिगत जल के लिए 500 इकाइयां प्रति हेक्टेयर लेते हैं क्योंकि हम इसे चलाने के लिए गुरुत्व बल के लिए ज़्यादा गुंजाइश दिये बिना, बस सामान्य तौर पर ही पानी को निकाल रहे होंगे। इसे हम पूरे भारत के लिए अपना एक मानक मान लेते हैं क्योंकि हमने देखा है कि तमिलनाडु जैसे दुसाध्य राज्य में फलों व सब्जियों के लिए, जिनमें ज़्यादा पानी की खपत होती है, कुओं से पानी निकालने में 1,057 यूनिट प्रति हेक्टेयर वार्षिक ख़र्च होती है। हक़ीकत में, मक्का, ज्वार, गेहूँ जैसे खाद्यान्नों की फसलों के बढ़ने के लिए पानी की ज़रूरत कम रहती है और इसी के चलते कम बिजली की ज़रूरत होती है। लेकिन ड्रिप का प्रयोग करके पानी की मात्रा की ज़रूरत और भी कम हो जाती है, यहाँ तक कि गन्ने की फसल में भी और इसी से बिजली की ज़रूरत भी कम हो जाती है। इस प्रकार, पूरे भारत के लिए फसलों की विभिन्न किस्मों के लिए एक प्रतिनिधि औसत के रूप में, भूजल के लिए एक सामान्य स्तर के रूप में प्रति हेक्टेयर 1000 यूनिट लेने से और भूमिगत जल के लिए सामान्य स्तर के रूप में प्रति हेक्टेयर 500 यूनिट लेने से बिजली की आवश्यकता होगी–76 मिलियन हेक्टेयर भूमिगत जल × 500 यूनिट बिजली + 64 मिलियन हेक्टेयर भूजल × 1,000 यूनिट बिजली = 1,02,000 मिलियन बिजली की यूनिट अथवा 1.02 लाख मिलियन यूनिट प्रतिवर्ष। भारत में व्यापक रूप से

ड्रिप और स्प्रिंकलर प्रणालियों को चलाने हेतु यह हमारी बिजली की मांग होगी। इसके अतिरिक्त, 70 मिलियन हेक्टेयर क्षेत्र एक बार से ज़्यादा बुवाई वाला होगा। 70 मिलियन हेक्टेयर को भूमिगत जल के अनुपात में विभाजित करने से : भूजल = 76 : 64 हमें भूमिगत जल से 70 × 76 / 140 = 38 मिलियन हेक्टेयर और भूजल से 70 × 64 / 140 = 38 मिलियन हेक्टेयर की प्राप्ति होगी। तब, 38 × 500 + 32 × 1,000 = 19,000 + 32,000 = 51,000 मिलियन यूनिट अथवा 0.51 लाख मिलियन यूनिट अतिरिक्त बिजली की आवश्यकता होगी। इस प्रकार, बिजली की कुल आवश्यकता 1.02 + 0.51 लाख मिलियन यूनिट = 1.53 लाख मिलियन यूनिट प्रतिवर्ष होगी।

गाय और गाय के गोबर से ऊर्जा

8 दिसम्बर 2004 के टाइम्स ऑफ इंडिया में प्रकाशित अरुण फिरोदिया द्वारा लिखे एक लेख 'काउज़ आर फॉर एवर' (परिशिष्ट 6 देखें) के अनुसार निम्नलिखित मुद्दे उभर कर आते हैं।

1. दुनिया की सबसे बड़ी पशुधन की आबादी हमारे यहाँ है, 250 मिलियन पशुधन, जिनसे 125 मिलियन टन गोबर का उत्पादन होता है।
2. उत्तर–प्रदेश में गोबर गैस रिसर्च स्टेशन ने यह प्रमाणित किया है कि एक गाय प्रतिवर्ष इतना गोबर देती है कि उससे 225 लीटर पेट्रोल ऊर्जा (या मीथेन) के रूप में पैदा होता है।
3. ऊष्मीय मान तालिका से पता चलता है कि एक किलो मीथेन गैस करीब–करीब एक किलो पेट्रोल, रसोई गैस या डीज़ल ऊर्जा तत्व के बराबर है।
4. अरुण फिरोदिया के अनुसार, 40 मिलियन गायें 8 मिलियन टन के पेट्रोल के बराबर ऊर्जा उत्पन्न करती हैं। दूसरे शब्दों में, 40 मिलियन गायें 8,000 मिलियन किलो पेट्रोल उत्पन्न करती हैं। इसके अतिरिक्त, अरुण फिरोदिया ने उत्तर–प्रदेश के गोबर गैस रिसर्च स्टेशन के निष्कर्ष के आधार पर यह माना है कि एक गाय 225 लीटर पेट्रोल के बराबर मीथेन उत्पन्न करती है। इसलिए, 40 मिलियन गायें 225 × 40 मिलियन = 9,000 मिलियन लीटर पेट्रोल उत्पन्न करती हैं।

5. लेख में यह भी कहा गया है कि 200 ग्राम पेट्रोल से एक जेनरेटर में 1 किलोवाट विद्युत ऊर्जा अथवा 1 यूनिट बिजली पैदा होती है।
6. इसलिए, 1 किलो पेट्रोल से 5 यूनिट विद्युत ऊर्जा या 1.125 लीटर पेट्रोल 5 यूनिट ऊर्जा पैदा होती है। इसलिए, एक गाय, जिसके गोबर से 225 लीटर मीथेन या समतुल्य पेट्रोल से 225 × 5 / 1.125 = 1,000 यूनिट विद्युत ऊर्जा प्रतिवर्ष उत्पन्न होती है।
7. हमारे यहाँ 250 मिलियन पशुधन है, जो 250 मिलियन × 1,000 यूनिट = 2.50 लाख मिलियन यूनिट ऊर्जा सालाना पैदा कर सकती है जो कि पूरे भारतवर्ष में ड्रिप व स्प्रिंकलर के संचालन के लिए आवश्यक अनुमानित 210 मिलियन हेक्टेयर के सकल सिंचित क्षेत्र की सिंचाई के लिए आवश्यक 1.53 लाख मिलियन यूनिट ऊर्जा सालाना की ज़रूरत से ज़्यादा होगी। दरअसल, 250 मिलियन गायों का 61% अथवा 155 मिलियन गायें ड्रिप / स्प्रिंकलर सैटों को चलाने के लिए पर्याप्त हैं। इतनी बड़ी परिसम्पति के अलावा अन्य ग़ैर पारंपरिक स्रोतों से भी ऊर्जा का निर्माण किया जा सकता है, जिनका वर्णन बाद में किया गया है। इसके अतिरिक्त, बायोगैस बनाने की प्रक्रिया से गोबर गैस से घोल के रूप में जैव–खाद प्राप्त होती है। बायोगैस के उत्पादन के लिए 50% गाय के गोबर का इस्तेमाल होता है। खाद की यह मात्रा इस प्रकार होगी अर्थात् 155 मिलियन गायों से 77.5 मिलियन टन गोबर पैदा होता है, जो 1.53 लाख यूनिट ऊर्जा के उत्पादन के लिए इस्तेमाल होता है और उसके बाद 77.5 मिलियन टन गोबर का आधा 38.75 मिलियन टन जैविक खाद एक उप–उत्पाद के रूप में उपलब्ध होगा! गाय के गोबर से मीथेन गैस प्राप्त करना एक साधारण प्रक्रिया है। एक गोबर गैस सयंत्र जैविक अपशिष्ट आमतौर पर गाय के गोबर से भरे हुए वायुरोधी टैंक से बना होता है। इस पदार्थ के सड़ने से गोबर गैस उत्पन्न होती है। औंधे ड्रम में एकत्रित इस गैस में 68% मीथेन, 31% कार्बन डाइऑक्साइड विद्यमान होती है। यदि इसे चूने के पानी (प्रचलित नाम कैल्शियम हाइड्रॉक्साइड) से गुज़ारा जाये, तो कार्बन डाइऑक्साइड

समाप्त हो जाती है और यदि इसे दुबारा लोहे के हल्के पाउडर से गुज़ारा जाये, तो शेष बचा एच.ओ.एस. समाप्त हो जाता है। उसके बाद गैस में मीथेन की मात्रा बढ़ जाती है और यह मूल्यवान मीथेन बिजली के उत्पादन के लिए जेनरेटर में डाल दी जाती है।

जेनरेटर में डाली गई मूल्यवान मीथेन से विद्युत ऊर्जा उत्पन्न हो सकती है। मीथेन को प्राप्त करने के लिए उपकरणों से लैस बायोगैस संयत्र की स्थापना निजी उद्यमियों द्वारा की जा सकती है, जिन्हें चाहिए कि वे गाय का गोबर भुगतान के आधार पर एकत्रित करें और बदले में ऊर्जा का यह उत्पादन किसानों को उनके ड्रिप व स्प्रिंकलर चलाने के लिए बेचें। यहाँ यह कहना लाज़िमी है कि फिलहाल, ऊर्जा के उत्पादन व आपूर्ति के लिए बायोगैस का बड़े पैमाने पर व्यावसायिक उपयोग शुरू नहीं हुआ है। सरकारी या सामुदायिक प्रयासों से कुछ आरंभिक परियोजनायें चूल्हे या घरेलू प्रकाश व्यवस्था को चलाने के लिए, गैस का उत्पादन करने के लिए यहाँ–वहाँ चलाई गई हैं। संक्षेप में, बिजली पैदा करने के लिए बायोगैस के उत्पादन व उपयोग के लिए गंभीर रूप से कोई ध्यान नहीं दिया गया है। इसलिए, निजी उद्यमियों को इन परियोजनाओं में शामिल करने की एक बड़े पैमाने पर पहल करनी होगी। इसके परिणामस्वरूप लाखों नौकरियां उत्पन्न होंगी।

लकड़ी से उत्पन्न गैस

लकड़ी से उत्पन्न गैस (वुड गैसीफायर) बिजली उत्पादन करने की एक अन्य विधि है। 1999–2000 में कृषि योग्य या कृषि योग्य बंजर भूमि (अर्थात् पांच वर्ष से अधिक समय से जिस कृषियोग्य भूमि को बेकार छोड़ा हुआ है) 13.8 मिलियन हेक्टेयर थी। इन 13.8 मिलियन हेक्टेयर में से यदि 6 मिलियन हेक्टेयर में प्रोसोपाइस जूलीलोरा, (बैलारी जैली), ग्लेयरीसीडिया आदि जैसी लकड़ी की कठिन विविधता लगाई जा सके, तो ऐसे वृक्षारोपण से बिजली पैदा की जा सकती है। लकड़ी के पौधों की ऐसी किस्म से एक वर्ष में प्रति हेक्टेयर 4 टन लकड़ी का उत्पादन होता है। इसलिए, हम 6 मिलियन हेक्टेयर कृषियोग्य बंजर भूमि से विद्युत ऊर्जा पैदा करने के लिए 36 मिलियन टन जैव ईंधन का उत्पादन कर सकते हैं। 7.2 मिलियन टन लकड़ी अथवा 36 मिलियन टन का 1/5 भाग प्रतिवर्ष संचय किया जा सकता

है और नये पौधों के साथ लगाया जा सकता है, ताकि संचय के पांच वर्ष की अवधि में क्षेत्र का 1/5 वें भाग पर नये वृक्ष उग सकें, जिससे हमें बिजली पैदा करने के लिए प्रतिवर्ष 7.2 मिलियन टन मजबूत लकड़ी लगातार प्राप्त हो सके।

लकड़ी से उत्पन्न गैस की क्षमता का आकलन निम्नांकित तथ्यों से किया जा सकता है।

1.3 किलो लकड़ी से 1 किलोवाट अथवा 1 यूनिट बिजली पैदा की जा सकती है। इस प्रकार, 7.2 मिलियन टन या 7,200 मिलियन किलो लकड़ी से 7,200/1.3 = 5,538 मिलियन यूनिट ऊर्जा का निर्माण हो सकता है। यदि मजबूत लकड़ी के अलावा डंठल, कपास के डंठल और शहतूत के डंठल जैसे सख्त कृषि कचरे के लिए लकड़ी की बजाय धान की भूसी और मूंगफली के छिलके के छर्रें इस्तेमाल किये जायें, तो प्रतिवर्ष बिजली की अनुमानित 5,538 मिलियन यूनिट की क्षमता को 8,000 मिलियन यूनिट में परिवर्तित करने की सम्भावना है। इसके अतिरिक्त, पेड़–पौधों में बढ़ोत्तरी होने से पर्यावरण में सुधार, भूजल पट्टी में वृद्धि, भू–क्षरण की रोकथाम और गाद के घाटी में गिरने की रोकथाम का अतिरिक्त लाभ मिलेगा।

बायो-डीज़ल से ऊर्जा

अरुण फिरोदिया के अनुसार, (परिशिष्ट 6 देखें) पश्चिम ने भी बायो–डीज़ल का उत्पादन पहले ही बड़े पैमाने पर शुरू कर दिया है। भारत में भी, तेल का उत्पादन करने के लिए पंगन, नीम, करंजी, रतनजोत या जठरोपा जैसे वृक्षों को उगाया जा सकता है। एक हेक्टेयर में एक हजार ऐसे वृक्ष लगाये जा सकते हैं, जिनसे 10 टन तिलहन की पैदावार होती है, जिससे एक हेक्टेयर से 2.5 टन तेल निकाला जा सकता है। ट्रान्स–एस्ट्रीफिकेशन की रसायन प्रक्रिया के बाद यह तेल बायो डीज़ल में परिवर्तित किया जा सकता है और इसका इस्तेमाल डीज़ल इंजन में ईंधन के तौर पर किया जा सकता है जिससे बिजली पैदा की जा सकती है। हमने परिशिष्ट 6 में देखा कि अरुण फिरोदिया का कथन है कि 200 ग्राम पेट्रोल जेनरेटर से 1 किलोवाट बिजली पैदा कर सकता है अर्थात् एक किलो पेट्रोल से 5 किलोवाट बिजली पैदा की जा सकती है। उन्होंने यह भी कहा कि पेट्रोल, डीज़ल और मीथेन का ऊष्मीय महत्त्व एक समान है।

यहाँ तक कि यदि 200 ग्राम बायो–डीज़ल जनरेटर में इस्तेमाल किया जाता है, तो 1 किलोवाट अथवा 1 यूनिट बिजली का उत्पादन किया जा सकता है। इस प्रकार, एक हेक्टेयर से प्राप्त 2.5 टन तेल या 2,500 किलो बायो डीज़ल से 2,500 × 5 = 12,500 यूनिट ऊर्जा का उत्पादन किया जा सकता है। यदि 13.8 मिलियन हेक्टेयर (जैसा कि हमने इस रिपोर्ट में पहले भी उल्लेख किया है, इसमें से हमने 6 मिलियन हेक्टयर वुड गैसीफायर के लिए सुरक्षित रख छोड़ा है) में से 4 मिलियन हेक्टेयर कृषियोग्य बंजर भूमि बायो–डीज़ल प्रजातियों को उगाने के काम लाई जाती है, तो हमारे पास 4 मिलियन हेक्टेयर × 12,500 यूनिट = 50,000 मिलियन यूनिट ऊर्जा होगी। इस प्रकार, यह गैर–पारंपरिक ऊर्जा का एक अन्य स्रोत है। बायो डीज़ल उत्पादक प्रजातियों को बंजर धरती के साथ –साथ कृषियोग्य भूमि में उगाने के भी अवसर हैं। इस प्रकार, इसमें बहुत बढ़िया अवसर है। इसके अलावा, पेड़ भारत में ज़्यादा आवश्यक वन क्षेत्र को बढ़ायेंगे।

कहने की ज़रूरत नहीं कि अन्य ग़ैर पारंपरिक तरीके भी हैं, जिनसे ऊर्जा का निर्माण किया जा सकता है जैसे पवन–चक्की, ज्वारीय ऊर्जा, सौर ऊर्जा इत्यादि, जो भारत में हमारे स्प्रिंकलर और ड्रिप प्रणालियों को व्यापक रूप से इस्तेमाल में लाने के लिए हमें पर्याप्त ग़ैर–पारंपरिक ऊर्जा प्रदान करेंगे।

अध्याय–9

जल बजट

देश के लिए मात्रात्मक रूप से जल संसाधनों के अनुमान समग्र रूप से भिन्न–भिन्न हैं। ये अनुमान ग्यारहवीं पंचवर्षीय योजना 2007–12, योजना आयोग, भारत सरकार से लिए गये हैं और नीचे दिये गये हैं।

तालिका-13 ए : भारत में जल संसाधनों का अनुमान

एजेंसी	अनुमान अरब घन मीटर में	1869 से अरब घन मीटर में परिवर्तन
प्रथम सिंचाई आयोग(1902–03)	1,443	–23%
डॉ. ए.एन. खोसला(1949)	1,673	–10%
केंद्रीय जल व ऊर्जा आयोग (1954–66)	1,881	+ 0.6%
राष्ट्रीय कृषि आयोग	1,850	–1%
केंद्रीय जल आयोग(1988)	1,880	+ 0.6%

तालिका 13 ए के अनुसार ये अनुमान एक दूसरे से मेल नहीं खाते। फिर भी हमें एक अन्य अनुमान उपलब्ध है, जो श्री सुरेश प्रभु की 'नदियों को परस्पर जोड़ने पर कार्यबल की रिपोर्ट, जल संसाधन मंत्रालय, 2003, अंतर–बेसिन जल अंतरण प्रस्ताव' से मिलता है। इन प्रस्तावों के अनुसार भारत में जल संसाधनों की वार्षिक उपलब्धता का पूर्ण औचित्य दिया गया है। इसका वर्णन निम्न लिखित अनुच्छेद में 'जल आपूर्ति' के उप शीर्षक से दिया गया है।

जल आपूर्ति

सदियों से देश में हिमपात सहित वार्षिक वर्षा 4,000 अरब घन मीटर (टी.एम.सी.) रही है और आमूल मौसम परिवर्तन को छोड़कर

आने वाली कई सदियों तक ऐसी ही रहेगी। भूजल भूमिगत जल का हिस्सा है जो ज़मीन में रिसता रहता है। वही भूजल झरने या कृत्रिम पंपिंग के माध्यम से भूमिगत जल के रूप में फिर से निकलता है। इस तरह से पंपित पानी का भाग सिंचाई व अन्य उपयोगों के लिए प्रयोग में आने के बाद ज़मीन में वापस चला जाता है। कभी–कभी पानी ज़मीन में प्रवेश करके भूमिगत जलीय पर्तों में गहरे तक पहुंच जाता है और/या कम गुणवत्ता वाले और खारे किस्म के भूमिगत जल के साथ मिल जाता है और इसे पुनः प्रयोग में लाने के लिए अलाभकर बना देता है। भूमिगत जल नियमानुसार वर्षा के रूप में पड़ता है और अंततः समुद्र में बह जाता है, बशर्ते उसमें और अंतःस्रवण व वाष्पीकरण की प्रक्रिया हो। इस प्रकार जलचक्र काफी जटिल है, लेकिन अंतिम परिणाम यह है कि 4,000 अरब घन मीटर की वर्षा में से 1869.35 अरब घन मीटर स्वच्छ पानी के रूप में उपलब्ध है और बाकी वाष्पीकरण, अंतःस्रवण या बाढ़ों के दौरान सागर में प्रवाहित होकर नष्ट हो जाता है। इस बाढ़ के पानी को हम एक हद तक जमा कर सकते हैं, हम सूखे मौसम की आपूर्ति को बढ़ा सकते हैं। यह बड़े पैमाने पर भण्डारण से संभव है। प्रयोग करने योग्य भूमिगत व भूजल की उपलब्धता 1,122 अरब घन मीटर है (स्रोतः नदियों को परस्पर जोड़ने पर कार्यबल के प्रस्ताव)।

जैसा कि हमने देखा कि भारत में नवीकरणीय स्वच्छ जल संसाधन 1869.35 अरब घन मीटर हैं; अथवा इस ताजे जल का ज़्यादातर हिस्सा और पृथ्वी जल संसाधन का 4% गंगा (525.02 अरब घन मीटर) और बराक सहित ब्रह्मपुत्र (585.60 अरब घन मीटर) के माध्यम से बहता है अथवा 1,110.62 अरब घन मीटर कुल उपरोक्त नदियों के माध्यम से बहता है, जबकि भारत में अन्य सभी नदियों में 1,869.35–1,110.62 = 758.73 अरब घन मीटर बहता है। इस प्रकार, पानी के वैकल्पिक प्रयोग के लिए भण्डारण तैयार करवा कर अंतर बेसिन अंतरण आवश्यक है। जैसा कि हमने देखा कि बेसिन उपयोग में 1,122 अरब घन मीटर पानी के नवीकरणीय संसाधन मौजूद हैं, जिसमें 432 अरब घन मीटर प्रति वर्ष भूजल से है। इस पुस्तक के उद्देश्य हेतु हम प्रतिवर्ष जल आपूर्ति के रूप में 1,122 अरब घन मीटर मान कर चलेंगे।

जल की माँग

डब्ल्यू.पी. व पी. केंद्रीय जल आयोग के सदस्यों की अध्यक्षता में अगस्त 2000 में देश में विभिन्न उपयोगों के लिए वर्ष 2050 ईस्वी तक विभिन्न माँग परिदृश्यों की गणना की गई है । अलग–अलग वर्षों के लिए अनुमानित माँग नीचे दी गई है।

तालिका-13 : विविध क्षेत्रों के लिए जल की माँग

क्षेत्र	वर्ष में जल की मांग अरब घन मीटर में					
	2010	कुल मांग का प्रतिशत	2025	कुल मांग का प्रतिशत	2050	कुल मांग का प्रतिशत
सिंचाई	688	84.60	910	83.26	1,072	74.08
पेयजल पशुधन सहित	56	7	73	6.68	102	7.05
औद्योगिक	12	1.4	23	2.10	63	4.36
ऊर्जा	5	0.6	15	1.37	130	8.98
अन्य	52	6.4	72	6.59	80	5.53
कुल योग	813	100	1,093	100	1,447	100

(अंतर–बेसिन नदियों को परस्पर जोड़ने पर कार्यबल की रिपोर्ट से उद्धृत)

माँग के उपरोक्त आंकड़े 'ग्यारहवीं पंचवर्षीय योजना 2007–12, योजना आयोग, भारत सरकार' में दिये गये आंकड़ों के समान हैं। योजना आयोग ने इन आंकड़ों के स्रोत के रूप में जल संसाधन मंत्रालय का उल्लेख किया है। तथापि, योजना आयोग ने उन्हीं वर्षों के लिए स्रोत के रूप में राष्ट्रीय एकीकृत जल संसाधन आयोग (National Commission on Integrated Water Resources) का उल्लेख करते हुए आंकड़ों का एक अन्य समूह प्रस्तुत किया है। हम इस अध्ययन के प्रयोजन हेतु तालिका 13 में दिये गये जल संसाधन मंत्रालय के आंकड़ों को ही ध्यान में रखेंगे।

माँग के अनुमानों में सिंचित कृषि क्षेत्र में ज़्यादा उत्पादकता के ज़रिये उचित माँग प्रबंधन, अधिक कुशल जल प्रबंधन शामिल

हैं (ऊपर वर्णित माँग के परिदृश्यों को तैयार करते समय ड्रिप/स्प्रिंकलर सिंचाई के व्यापक इस्तेमाल का कोई विशेष उल्लेख नहीं किया गया है, क्योंकि हम एक पर्याप्त क्षेत्र को इन प्रणालियों के अंतर्गत लाने में अभी तक सफल नहीं हुए)। मौजूदा 690 अरब घन मीटर प्रयोज्य भूमिगत जल और 432 अरब घन मीटर वार्षिक पुनःपूर्तियोग्य भूजल के साथ, 1,122 अरब घन मीटर उपयोग के योग्य उपलब्ध जल तैयार होता है, जो 2025 ईस्वी तक माँग की पूर्ति करने के लिए पर्याप्त है, जैसा कि तालिका 13 में दर्शाया गया है। तथापि, 2050 तक जल उपलब्धता व जल की माँग के मध्य एक अन्तर रहेगा, जब देश की जनसंख्या 1,640 मिलियन पर स्थिर होने की अपेक्षा की जाती है।

सिंचाई के लिए अन्य माँग परिदृश्य

कर्नाटक में

1976 में कृष्णा जल विवाद न्यायाधिकरण (के.डब्ल्यू.डी.टी.) के निर्णय के परिणामस्वरूप कृष्णा नदी के क्षेत्र के लिए के.डब्ल्यू. डी.टी. द्वारा कर्नाटक को आवंटित 734 हज़ार मिलियन क्यूबिक फुट (Thousand Million Cubic Feet-TMC) जल को उपयोग में लाने के लिए एक मास्टर प्लान का प्रारूप तैयार किया जा सकता है। इसे 'ए' योजना आवंटन कहा जाता है, जिसके आधार पर भूमिगत जल का प्रयोग करने वाली बड़ी, मध्यम और लघु परियोजनाओं के अंतर्गत कुल सिंचाई क्षमता 41 लाख हेक्टेयर होने की योजना है। (प्रथम रिपोर्ट, खण्ड 1, नवम्बर 2003, राजस्व सुधार आयोग देखें)

इसके आधार पर एक वर्ष की आवश्यकता के लिए निम्नांकित कार्यपत्रक का अनुमान है:

1. 41 लाख हेक्टेयर के लिए 734 टी.एम.सी. पानी की आवश्यकता होती है।
2. या 4.1 मिलियन हेक्टेयर को 734 टी.एम.सी. पानी की आवश्यकता होती है।
3. 1 मिलियन हेक्टेयर को 734/4.1 = 179.02 टी.एम.सी. पानी की आवश्यकता होती है।

हमें मालूम है कि 1 घन मीटर = 35.31 घन फुट होता है। इसलिए 179.02/35.31 = 5.07 टी.एम.सी. मीटर पानी होता है।

लेकिन 1,000 मिलियन = 1 बिलियन है, इसलिए, 1 मिलियन हेक्टेयर को 5.07 या 5.1 अरब घन मीटर पानी चाहिए होता है। इसलिए 1 हेक्टेयर को 5.1 अरब घन मीटर/1 मिलियन = 5,100 घन मीटर चाहिए।

मुद्दा नं. 2

'तमिलनाडु में सामुदायिक कुंओं के लिए ड्रिप सिंचाई योजना'– तमिलनाडु सरकार के लिए तैयार व्यावहारिक रिपोर्ट, जो एग्रीकल्चरल फाइनेंस कंसल्टेंट्स लि. बम्बई, अगस्त 1989 द्वारा तैयार की गई, के अध्ययन से निम्न बातें स्पष्ट होती हैं:

एक ज़िला यथा कामारजार ज़िला उपरोक्त अध्ययन को प्रस्तुत करने के लिए लिया गया है। विभिन्न फसलों के लिए पानी की आवश्यकता दर्शाने वाले पांच मॉडल इस प्रकार हैं:

तालिका-14 : जल की आवश्यकतायें

मॉडल	क्षेत्र/फसल	लीटर
मॉडल 1	2.1 हेक्टेयर नारियल की लिए आवश्यकता	1,18,80,000
मॉडल 2	नारियल के घेरे सहित 1.8 हेक्टेयर अमरूद के लिए आवश्यकता	90,00,000
मॉडल 3	2.2 हेक्टेयर सब्जियों के लिए आवश्यकता	1,18,80,000
मॉडल 4	4 हेक्टेयर आम/अम्लीय नींबू जिसके साथ नारियल का घेरा हो, के लिए आवश्यकता	2,38,50,000
मॉडल 4 ए	4 हेक्टेयर अम्लीय नींबू जिसके साथ नारियल का घेरा हो, के लिए आवश्यकता	1,59,00,000
कुल योग	14.4 हेक्टेयर के लिए आवश्यकता	7,25,10,000

(परिशिष्ट संख्या–5 देखें)

इस प्रकार, 14.4 हेक्टेयर को प्रतिवर्ष 7,25,10,100 लीटर पानी की आवश्यकता होती है। हमें यह भी ज्ञात है कि 1 घन मीटर 1,177 लीटर के बराबर होता है।

इसलिए, 14.4 हेक्टेयर को 7,25,10,000/1,177 = 61,606 घन मीटर पानी की आवश्यकता रहती है।

इसलिए, 1 हेक्टेयर के लिए 61,606/14.4 = 4,278 घन मीटर पानी आवश्यक है।

स्मरण रहे कि पानी की यह ज़रूरत ड्रिप प्रणालियों के लगाये जाने की अवस्था में होती है। हमने इस रिपोर्ट में पहले ही यह

माना है कि सिंचाई के लिए परंपरागत तरीके की तुलना में यदि ड्रिप का इस्तेमाल किया जाता है, तो 50% पानी की बचत होगी। इसलिए, यदि हम 4,278 में 50% जोड़ें तो यह 1/2 × 4,278 = 2,139 होगा, इसलिए, 4,278 + 2,139 = 6,417 घन मीटर प्रति हेक्टेयर सब्जियों व फलों के लिए सिंचाई के परंपरागत तरीके के लिए ज़रूरी होगा।

इस प्रकार, उपरोक्त अध्ययनों से हमने यह देखा कि यदि पानी की कम मात्रा की आवश्यकता वाली सुरक्षित सिंचाई के लिए पानी सिंचाई के परंपरागत ढंग से इस्तेमाल में लाया जाता है, तो कृष्णा नदी के मामले में प्रति हेक्टेयर पानी की आवश्यकता 5,100 घन मीटर है।

दूसरे मामले में हमारा अनुमान है कि यदि परंपरागत ढंग का इस्तेमाल किया जाता है, तो प्रति हेक्टेयर 6,417 घन मीटर पानी की आवश्यकता पड़ती है।

हम जानते हैं कि उत्तर भारत में, जलोढ़ मिट्टी होती है और साल में ज़्यादातर शीत मौसम रहता है और ज़्यादा नदियों के होने से वर्षा अधिक होती है, फलस्वरूप मिट्टी में नमी बहुत रहती है और पानी की पट्टियां भी बहुत अधिक हैं। पूर्व और उत्तर–पूर्व तथा पश्चिम और उत्तर–पश्चिम में भी ऐसे क्षेत्र हैं, जहाँ नदी के तटवर्ती क्षेत्र होने के कारण भारी वर्षा होती है और मिट्टी में नमी बहुत अधिक है। यदि मिट्टी में नमी ज़्यादा रहती है, तो ऐसे क्षेत्रों में पानी की आवश्यता भी अपेक्षाकृत कम रहेगी।

इसलिए, विभिन्न क्षेत्रों में अलग–अलग ऋतुओं में विविध फसलों की पैदावार के लिए पानी की अलग–अलग मात्रा की ज़रूरत होगी। दक्षिण के कठोर पठार के क्षेत्र में, जहाँ भारी वर्षा नहीं होती, निर्दिष्ट पानी की खपत को देखते हुए हम भारत में एक पूरे औसत के रूप में आवश्यकता को पारंपरिक ढंग से 6,500 घन मीटर प्रति हेक्टेयर या एक मिलियन हेक्टेयर के लिए 6.5 अरब घन मीटर ले सकते हैं।

हमने देखा है कि मौजूदा पारंपरिक विधि सहित भारत की अधिकतम सिंचाई क्षमता 140 मिलियन हेक्टेयर होगी और पानी की ज़रूरत ड्रिप/स्प्रिंकलर के इस्तेमाल के बिना 6.5 अरब घन मीटर प्रति मिलियन हेक्टेयर के दर से होगी, यानि 140 × 6.5 = 910 अरब घन मीटर। यदि पानी की इस मात्रा के साथ हम स्प्रिंकलर

और ड्रिप प्रणालियों का व्यापक रूप से इस्तेमाल कर सकें, जिससे कि 50% पानी की बचत होती है, तो हम 140 मिलियन हेक्टेयर के 50% अतिरिक्त क्षेत्र के बराबर सिंचाई करने के योग्य हो जायेंगे या सकल सिंचाई का कुल मिलाकर 140 + 70 = 210 मिलियन हेक्टेयर।

जैसा कि हमने पहले यह चर्चा की है, हमारे पास 150 मिलियन हेक्टेयर शुद्ध बुवाई क्षेत्र होगा, जिससे 910 अरब घन मीटर पानी से 150 मिलियन हेक्टेयर शुद्ध बुवाई क्षेत्र और 60 मिलियन हेक्टेयर क्षेत्र एक बार से ज़्यादा बुवाई क्षेत्र सहित मिला कर 210 मिलियन हेक्टेयर सकल फसली क्षेत्र की सिंचाई होगी। हमारे उद्देश्य के अनुसार यह 2020 से पहले पूरा हो जाना चाहिए।

हमें ज्ञात है कि इस रिपोर्ट में पहले यह बताया जा चुका है कि मौजूदा पानी के व्यापक अंतर बेसिन प्रयोग के लिए 1,122 अरब घन मीटर स्वच्छ पानी उपलब्ध है। इसलिए, 1,122–910 = 212 अरब घन मीटर पानी कृषि के अलावा प्रयोग के लिए उपलब्ध होगा, पानी के मौजूदा व्यापक अंतर–बेसिन उपयोग के साथ भी। इसे तालिका 13 से देखा जा सकता है कि कार्यबल ने 2025 ईस्वी के लिए 1,093 अरब घन मीटर पानी की कुल आवश्यकता और 910 अरब घन मीटर सिंचाई के लिए अनुमान लगाया है और इस प्रकार, उनका अनुमान सिंचाई से इतर प्रयोजन के लिए 1093–910 = 183 अरब घन मीटर है। इसलिए, 2025 से पांच वर्ष पूर्व, 2020 में ही सिंचाई से इतर प्रयोजन के लिए 212 अरब घन मीटर की उपलब्धता हो जायेगी जो हमारी ज़रूरतों से अधिक है। कार्यबल के प्रस्ताव के आधार पर कहा जा सकता है कि अंतर–बेसिन नदियों को परस्पर जोड़ने से 2050 तक और 35 मिलियन हेक्टेयर क्षेत्र की सिंचाई की जा सकती है। चूंकि 2020 तक हम 210 मिलियन हेक्टेयर की सकल सिंचाई क्षमता तक पहुंच जायेंगे, इसलिए जैसे ही यह अतिरिक्त मात्रा उपलब्ध होगी, जिससे 35 मिलियन हेक्टेयर की सिंचाई की जा सकती है, इसे कृषि के इतर प्रयोजनों में प्रयोग में लाया जा सकता है, ताकि भारत पानी की उपलब्धता के क्षेत्र में सुदृढ़ बने। इसलिए, अतिरिक्त उपलब्ध पानी, जो, यदि हम 6.5 अरब घन मीटर प्रति मिलियन हेक्टेयर की सिंचाई के लिए अपेक्षित परिमाण के रूप में लेंते हैं, 35 × 6.5 = 225.5 अरब घन मीटर होगा जो अन्य प्रयोजनों के लिए उपलब्ध होगा। इस प्रकार, 2050

तक 212 + 225.5 = 437.5 अरब घन मीटर पानी अन्य प्रयोजनों के लिए उपलब्ध होगा। इस तरह, घरेलू उपयोग व निर्यात के लिए भारत खाद्यान्नों के उत्पादन के साथ–साथ अन्य फसलों के उत्पादन के लिए भी बहुत मजबूत स्थिति में होगा। इसके अतिरिक्त, विशेष रूप से पीने व उद्योगों के लिए पानी की उपलब्धता प्रचुर मात्रा में होगी। कहने की ज़रूरत नहीं है कि कार्यबल ने 2025 में ग़ैर–सिंचाई ज़रूरतों के लिए मांग का आकलन 183 अरब घन मीटर के तौर पर किया है और 2050 में 375 अरब घन मीटर के तौर पर। यदि हम 2020 तक ही ड्रिप और स्प्रिंकलर प्रणालियों का प्रयोग करते हैं, तो कार्यबल का यह आकलन बढ़ जायेगा, बशर्ते, हम स्प्रिंकलर व ड्रिप के व्यापक प्रयोग से अपनी अधिकतम सिंचाई क्षमता का उपयोग करने में सफल हों।

अध्याय–10

पानी की आपूर्ति के पूरक स्रोत

जलाशय, तालाब, नाले, नदियाँ आदि ये सभी जल संग्रहण क्षेत्र (वाटरशेड) हैं। जब वर्षा होती है, तो हरेक पहाड़ की पर्वतश्रेणियों या ऊँचे स्थान से वर्षा का जल मैदानी इलाकों में और तालाबों, जलाशयों, नालों व नदियों में गिरता है, जिन्हें हम घाटियां कहते हैं। पहाड़ियों की पर्वतश्रेणी और ऊँचे स्थान से घाटी तक की भूमि को घाटियों का वाटरशेड या जल संग्रहण क्षेत्र कहा जाता है। अब तक भारत में वाटरशेड का विकास, जिसमें मिट्टी का संरक्षण, जल का परिरक्षण व पेड़–पौधों का विस्तार शामिल है, एक प्रमाणित अवधारणा है और कुछ स्थानों में इस संबंध में उत्कृष्ट कार्य किया जा रहा है। जब से पहाड़ियों व ऊँचे स्थानों को लगभग वृक्षहीन कर दिया गया है, पानी बहुत तीव्र गति से मिट्टी–कीचड़ के साथ बहता हुआ तालाबों, जलाशयों, नदियों आदि को गाद से अवरुद्ध कर देता है और कई जल निकायों के साथ–साथ नदियों के फीडर चैनलों में पानी के अतिप्रवाह की स्थिति पैदा कर देता है। इसकी रोकथाम के क्रम में, वृक्षहीन पहाड़ियों को वापस वृक्षों से भर देना होगा। इन पहाड़ियों व वृक्षहीन उच्च–भूभाग ने इतना गाद खो दिया है और वे इतने बंजर बन गये हैं कि प्रथम वर्ष में घास उगाने जैसे मिट्टी को बांधने वाली प्रक्रिया को अपनाना ज़रूरी हो गया है और तत्पश्चात् झाड़ी जैसी फसलें लगाई जा सकती हैं और केवल तभी वृक्षारोपण संभव हो सकता है। मिट्टी के संरक्षण की एक और विधि है–सभी कृषि योग्य क्षेत्रों में मेड़बंधी करना। इससे उपजाऊ मिट्टी की रक्षा होगी और यह मिट्टी में पानी को रोक कर रखने की क्षमता को बढ़ायेगा। इसके अतिरिक्त, खेतों में तालाबों के निर्माण से और नदियों, नालों या फीडर चैनलों जैसे पानी को बहाने वाले निकायों के अलग–अलग बिंदुओं पर रोधक बांध बना कर पानी के प्रवाह को रोक कर यथास्थान पानी

का संरक्षण किया जाना चाहिए। इससे गाद का प्रवाह थमेगा और आसपास की भूमि में नमी संरक्षण को बढ़ावा देने के क्रम में विभिन्न स्थानों पर (निस्संदेह, बिना गाद के अतिरिक्त जल को घाटियों में जाने देकर) पानी को रोकने में सहायता मिलेगी। इस प्रकार, हमारे पास संरक्षित समृद्ध धरती के साथ–साथ नमी वाले कृषि योग्य खेत होंगे, जहाँ सिंचाई के लिए पानी की प्रति यूनिट आवश्यकता कम रहेगी। इसके अतिरिक्त, खेतों में बने हुए तालाब, जहाँ बारिश का पानी एकत्रित किया जाता है और नदियों, नालों फीडर चैनलों पर गड्ढे रोधक व रोधक बांध वर्षा के उपरांत वर्षा के जल को कायम रखेंगे, जिससे नमी में वृद्धि होगी और मत्स्य पालन जैसे अनुपूरक व्यवसायों के फलने–फूलने की सम्भावना होगी। इस प्रकार, देश में वाटरशेड प्रबंधन व्यापक रूप से अपनाया जाना चाहिए ताकि पानी की पूरक व्यवस्था हो, मिट्टी की उर्वरता और नमी में सुधार आये और तालाब, जलाशय व नदियों जैसे जल स्रोत संरक्षित रहें। देश में सुचारु रूप से तैयार एक जलसंग्रहण योजना पहले से ही कार्यान्वित की जा रही है लेकिन इसे पूरे देश में यथाशीघ्र प्रचलन में लाने के लिए गति पकड़नी होगी। इसे भारत सरकार की वाटरशेड कार्यक्रम के लिए विशेष रूप से निर्धारित धनराशि से व राज्य सरकारों व बाहरी सहायता से प्राप्त धन के अतिरिक्त, भारत सरकार की ग्रामीण रोज़गारोन्मुखी योजनाओं व नरेगा के तहत मिलने वाली सहायता राशि व नदी घाटी जलग्रहण प्रबंध कार्यक्रमों से प्राप्त राशि से शुरू किया जा सकता है। यहाँ इस बात पर ध्यान दिया जाना ज़रूरी है कि वाटरशेड विकास एक अत्यधिक रोज़गारोन्मुखी योजना है, जो अभी निर्माण अवस्था में है। यदि ऐसी सामूहिक भूमि पर, जहाँ पेड़ उगाये गये हों, प्रत्येक निर्धन परिवार को लगभग 100 पेड़ पट्टे पर दिये जायें, जिससे वे उन पेड़ों की देखभाल करके अपने भोगाधिकार को बेचकर उनसे अपनी आय सुरक्षित कर सकें, तो इससे भूमिहीन लाभान्वित होते रहेंगे। खेतों में बने तालाबों में कम से कम बारिश के दिनों में मछली पालन का कार्य किया जा सकता है और इसके साथ ही तालाब के पानी को सिंचाई के काम में भी लाया जा सकता है।

जल का पुनर्चक्रण

विभिन्न स्रोतों से आने वाले प्रदूषित व गटर के पानी को वाटर ट्रीटमेंट प्लांट में संसाधित किया जा सकता है और औद्योगिक तथा जल की

गैर पेय आवश्यकताओं के लिए साफ किया जा सकता है। यह भारत में पानी की उपलब्धता के लिए एक पूरक स्रोत होगा।

अन्य स्रोत

समुद्री तट के पार व क्षारीय क्षेत्रों में स्थित हमारे विलवणीकरण संयत्र यथासमय पेय जल सहित अन्य विविध प्रयोजनों के लिए उपयोगी ताजे जल की आपूर्ति करने में सक्षम हो जायेंगे।

उपरोक्त तीन स्रोत हमारे देश को जल आपूर्ति की आवश्यकताओं को पूरा करने में सुदृढ़ बनाने के लिए प्रभावपूर्ण ढंग से हमारे प्रयासों को पूरा करेंगे।

अध्याय–11

स्प्रिंकलर/ड्रिप के साथ सिंचाई क्षमता का उपयोग करने की लागत का अनुमान

यदि पूरी सिंचाई क्षमता (शुद्ध) भूमिगत जल व भूजल स्रोतों से निर्धारित होती है, तो हमें उस क्षेत्र की पहचान करनी होगी जहाँ क्षमता का निर्माण व उपयोग किया गया है, जहाँ क्षमता का निर्माण हुआ है लेकिन उसका उपयोग नहीं हुआ, जहाँ क्षमता का उपयोग हुआ है लेकिन लवणीयता, क्षारीयता व जलभराव के कारण वह क्षमता नष्ट हो गई और भूजल के मामले में क्षमता का निर्माण हुआ और आई.पी. सेट सहित व आई.पी. सेट के बग़ैर स्रोत के अनुसार विभक्त किया जाना है। यह सब तालिका 3 डी और 3 ई में उपलब्ध है, जिसमें एफ.एम.आई. को अपनाते हुए सिंचाई के आंकड़े दिये गये हैं। लेकिन, हमने पहले ही कहा है कि चूंकि हम खेतों में सिंचाई हेतु एस.एम.आई. व डी.एम.आई. प्रणालियों को व्यापक रूप से अपनाकर 50% पानी की बचत करने योग्य हो जायेंगे और इसलिए 140 मिलियन हेक्टेयर का अधिकतम सिंचित क्षेत्र, जिसका अब एफ.एम.आई. प्रणालियों का इस्तेमाल करते हुए अनुमान लगाया गया है, बढ़ कर 140 मिलियन का 50% तक बढ़ जाएगा अथवा हम 140 + 70 = 210 मिलियन हेक्टेयर सिंचाई कर सकते हैं। भूमि उपयोग नीति के मामले में, हमने पहले भी कहा है कि 150 मिलियन हेक्टेयर शुद्ध बुवाई क्षेत्र होगा। इसलिए, हमारे पास 150 मिलियन हेक्टेयर शुद्ध सिंचित क्षेत्र व 60 मिलियन हेक्टेयर एक बार से ज़्यादा बुवाई वाला क्षेत्र होगा, इसलिए सकल सिंचित क्षेत्र 210 मिलियन हेक्टेयर होगा। लेकिन, हमें पता है कि सिंचाई की एफ.एम.आई.

प्रणाली का प्रयोग करते हुए अधिकतम सिंचाई क्षमता शुद्ध 140 मिलियन हेक्टेयर है, जो भूमिगत जल के तहत 76 मिलियन हेक्टेयर व भूजल के तहत 64 मिलियन हेक्टेयर शुद्ध बुवाई क्षेत्र से मिल कर बना है। इस प्रकार, यदि शुद्ध सिंचाई क्षमता 140 मिलियन हेक्टेयर के स्थान पर 150 मिलियन हेक्टेयर हो जाती है, तो इसका अभिप्राय यह होगा कि 76 : 64 के अनुपात में भूमिगत जल व भूजल सिंचाई के मध्य विभाजित किये जाने वाली शुद्ध अतिरिक्त सिंचाई क्षमता 10 मिलियन हेक्टेयर है। यदि हम 10 मिलियन हेक्टेयर को उस अनुपात में विभक्त करते हैं, तो 5.43 मिलियन हेक्टेयर भूमिगत जल सिंचाई और 4.57 मिलियन हेक्टेयर भूजल सिंचाई होगी। इसलिए, कुल शुद्ध अधिकतम भूमिगत जल सिंचित क्षेत्र 76 + 5.43 = 81.43 मिलियन हेक्टेयर व भूजल सिंचित क्षेत्र 64 + 4.57 = 68.57 मिलियन हेक्टेयर होगा, और इन दोनों को मिलाकर 150 मिलियन हेक्टयेर होगा। तालिका 3 डी से हमें यह ज्ञात होता है कि अधिकतम सिंचाई क्षमता 140 मिलियन हेक्टेयर है और यह भी कि 16.27 मिलियन हेक्टेयर की भूमिगत जल सिंचाई क्षमता और 24.41 मिलियन हेक्टेयर की भूजल क्षमता का मार्च 2005 के अंत तक निर्माण नहीं हुआ है। ज़ाहिर है कि यदि संशोधित शुद्ध अधिकतम सिंचाई क्षमता 150 मिलियन हेक्टेयर मानी जाती है, तो मार्च 2005 के अंत में भूमिगत जल के लिए अनिर्मित शुद्ध सिंचाई क्षमता 16.27 + 5.43 = 21.70 मिलियन हेक्टेयर होगी और अनिर्मित शुद्ध भूजल क्षमता 24.41 + 4.57 = 28.98 मिलियन हेक्टेयर होगी।

इसलिए, नीचे दी गई तालिका 15 में, उस क्षेत्र को छोड़कर, जहाँ सिंचाई क्षमता का निर्माण अभी तक नहीं हुआ, कॉलम 2 में लिखित मदों के लिए कॉलम 3 में दिखाये गये क्षेत्र तालिका 3 डी से लिए गये हैं (1.बी और 2.बी देखें), जिसके लिए उपरोक्त आंकड़ों को शामिल किया गया है। नीचे तालिका 15 में विभिन्न मदों के लिए वर्णित यूनिट की लागत परिशिष्ट–7 से ली गई है।

तालिका-15 : सिंचाई के ड्रिप और स्प्रिंकलर प्रणालियों के इस्तेमाल से 2020 तक अधिकतम सिंचाई क्षमता को उपयोग में लाने की लागत के अनुमान

क्रम सं.	मद	क्षेत्र (मिलियन हेक्टेयर)	लागत प्रति हेक्टेयर (रुपये में)	कुल लागत (मिलियन रुपये में)
1	2	3	4	5
I.	भूमिगत जल			
ए.	जहां सिंचाई क्षमता का निर्माण हुआ व उपयोग हुआ			
i.	क्षारीयता / जलभराव से मुक्त भूमि	30.05	43,800	13,16,190
ii.	क्षारीयता और जलभराव युक्त भूमि	14.25	52,800	7,52,400
iii.	कुल (I + ii)	44.30		20,68,590
बी.	जहां सिंचाई क्षमता का निर्माण हुआ है लेकिन उसका उपयोग नहीं हुआ	15.43	51,300	7,91,559
सी.	जहां सिंचाई क्षमता का निर्माण होना अभी बाकी है	21.70	2,33,800	50,73,460
डी.	कुल (ए iii + बी + सी)	81.43		79,33,609
II.	भूजल			
ए.	जहां सिंचाई क्षमता का निर्माण व उपयोग हुआ			
i.	आई. पी. सेट के साथ स्थापित	12.69	38,500	48,88,565
ii.	आई. पी. सेट के बिना स्थापित	26.90	80,500	21,65,450
iii.	कुल II ए (i + ii)	39.59		70,54,015
बी.	जहां सिंचाई क्षमता का निर्माण होना अभी बाकी है	28.98	1,09,000	31,58,820
सी.	कुल II ए (iii + बी.)	68.57		1,02,12,835
III	कुल योग	150.00		1,81,46,444

इस प्रकार, शुद्ध 150 मिलियन हेक्टेयर में सर्वव्यापी ड्रिप/स्प्रिंकलर के मूलभूत ढांचे के निर्माण के लिए कुल लागत 1,81,46,444 अथवा 1,82,00,000 मिलियन रुपये यानि रुपये 18.20 लाख करोड़ होगी। पानी की उपलब्धता, जो हमें ज्ञात है, के साथ 150 मिलियन हेक्टेयर के शुद्ध क्षेत्र को कवर करने के लिए हम जो मूलभूत ढांचे का निर्माण करेंगे, वह निस्संदेह 210 मिलियन हेक्टेयर सकल क्षेत्र को कवर करेगा।

तालिका-16 : मरम्मत सहित लागत

क्र. सं.	मद	लागत (करोड़ रुपये में)
1.	शुद्ध 150 मिलियन हेक्टेयर और सकल 210 मिलियन हेक्टेयर (तालिका 15 देखें) उपयोग में लाने की लागत	18,20,000
2.	मुख्य मध्यम परियोजनाओं के तहत रखरखाव के लिए डी.एल.सी. और जल उपभोक्ता समाजों को हस्तांतरित करने से पूर्व वितरिकाओं / लेटरलों की एकबारगी मरम्मत	160*
3.	तालाब उपभोक्ता समाजों / समुदायों / संस्थाओं को हस्तांतरित करने से पूर्व लघु सिंचाई कार्यों की एकबारगी मरम्मत	670**
4.	कुल लागत	18,20,830
5.	उपर्युक्त कार्यों में सरकारी खर्च	
ए.	21.70 मिलियन हेक्टेयर की भूमिगत सिंचाई क्षमता का निर्माण करने में @ 1,82,500 रुपये प्रति हेक्टेयर	3,96,025.00
बी.	क्षारीयता / जलभराव से प्रभावित 14.25 मिलियन हेक्टेयर भूमि के सुधार के लिए @ 11,500 रुपये प्रति हेक्टेयर	16,387.50
सी.	डी.एल.सी., डब्ल्यू.यू.एस. को रखरखाव के लिए हस्तांतरित करने से पूर्व सभी लघु सिंचाई कार्यों तथा मुख्य, मध्यम सिंचाई कार्यों की वितरिकाओं / लेटरलों की एकबारगी मरम्मत (160 + 670 = 830)	830.00
डी.	कुल योग (ए + बी + सी)	4,13,242.50
6.	संस्थागत वित्त (मद 4—मद 5सी)	14,07,587.50

(मद 5ए और 5बी में यूनिट लागत परिशिष्ट 7 से ली गई है)

* मुख्य सिंचाई परियोजनाओं के लिए प्रत्येक वर्ष राशि आवंटित की जाती है, इसलिए वितरिकाओं / लेटरलों के एकबारगी मरम्मत हेतु एक अनुमानित राशि प्रदान की गई है।

** मरम्मत के बारे में किसी तर्कसंगत आंकड़े की अनुपलब्धता की स्थिति में तालाब प्रयोक्ता / जल प्रयोक्ता सोसाइटियों को हस्तांतरित करने से पूर्व एम.आई. कार्यों की एकबारगी मरम्मत हेतु एक पर्याप्त राशि प्रदान की गई है।

नोट : इन कार्यों को जल—प्रयोक्ता सोसाइटियों को सौंपने से पूर्व डी.एल.सी. या तालाब प्रयोक्ताओं की सोसाइटी की एकबारगी मरम्मत सरकार द्वारा करवाई जानी चाहिए।

जैसा कि तालिका 16 में दर्शाया गया है, सरकारी निवेश 23% है जबकि वित्तीय संस्थान 77% पूंजी लगा सकते हैं। इसका आशय यह है कि 4.13 लाख करोड़ रुपये सरकारी निवेश और 14.07 लाख करोड़ रुपये वित्तीय संस्थानों की हिस्सेदारी होगी और कुल 18. 20 लाख करोड़ रुपये की लागत आयेगी। लेकिन हमने पहले देखा कि भूमिगत व भूजल, दोनों स्रोतों से प्रयोग में लाया गया कुल पानी जो हमें उपलब्ध है, वह 1,122 अरब घन मीटर प्रतिवर्ष है। जैसा कि हमें ऊपर से ज्ञात हुआ कि हम 210 मिलियन हेक्टेयर सकल फसली क्षेत्रों (शुद्ध 150 मिलियन हेक्टेयर) की सिंचाई के लिए 910 अरब घन मीटर प्रयोग करेंगे। इसलिए, 1,122–910 = 212 अरब घन मीटर पानी कृषि से इतर कार्यों में प्रयोग करने के लिए उपलब्ध होगा। इस प्रकार, हमें ग़ैर–कृषि प्रयोजनों के लिए उपलब्ध होने वाले इस 212 अरब घन मीटर पानी को काम में लाने के लिए इसकी लागत का अनुमान होना चाहिए, क्योंकि ऊपर हमारे द्वारा जो वर्णित किया गया है, उसका संबंध कृषि के लिए पानी की आपूर्ति किये जाने की लागत से है। ग़ैर–कृषि कार्यों के लिए भी पेय जल की आपूर्ति के लिए काफी जगहों पर व्यापक रूप से पाइपों के एक नेटवर्क का इस्तेमाल किया जायेगा, इसलिए, हम यह मान लेते हैं कि पानी को प्रयोग करने की यूनिट लागत कृषि के समतुल्य होगी। हमने देखा है कि कृषि के लिए 910 अरब घन मीटर जल की आपूर्ति व उसे प्रयोग में लाने की लागत 18.20 करोड़ रुपये बैठती है। तब, इस अनुपात के आधार पर 212 अरब घन मीटर जल को ग़ैर–कृषि कार्यों में उपयोग में लाने की लागत 4.24 लाख करोड़ होगी। यदि हम सरकारी भागीदारी 25% लेते भी हैं, तो चूंकि ग़ैर–कृषि प्रयोजन के लिए परियोजनाओं पर निवेश की लागत की वसूली को ध्यान में रखा जाता है, तो इस स्थिति में सरकारी हिस्सेदारी 1.06 लाख करोड़ और संस्थागत भागीदारी 3.18 लाख करोड़ होगी। इस प्रकार, जहाँ तक पानी की आवश्यकताओं का संबंध है, भारत के पास सभी कृषि तथा ग़ैर–कृषि आवश्यकताओं को पूरा करने के लिए आवश्यकता से कहीं अधिक जल उपलब्ध होगा। कुल निवेश में 22.44 लाख करोड़ रुपये की ज़रूरत होगी जिसमें सरकारी भागीदारी 5.19 लाख करोड़ की और संस्थागत वित्त 17.25 लाख करोड़ रुपये होगा।

अध्याय–12

कार्यान्वयन

सिंचाई की मौजूदा पारंपरिक प्रवाह अथवा बाढ़ विधि को सिंचाई की ड्रिप/स्प्रिंकलर विधि में परिवर्तित करने के लिए एक व्यापक कार्यक्रम लागू करने के क्रम में, भारी प्रयास किये जाने आवश्यक हैं। ये प्रयास केवल सरकार तक ही सीमित नहीं होने चाहिए बल्कि इसमें लोगों की सक्रिय भागीदारी भी शामिल होनी चाहिए: कृषि/बागवानी वैज्ञानिक व विस्तार सेवायें देने वाले कार्यकर्ता/मृदा वैज्ञानिक, उद्योग तथा सामाजिक वैज्ञानिक। ज़ाहिर है कि सभी संबंधित पक्षों की गतिविधियों में प्रभावकारी समन्वय होना चाहिए, जो ऐसे विशाल कार्यक्रम की सफलता में योगदान देगा।

सरकार को एक 'जल अभियान' की शुरुआत करनी होगी, जिसका मुख्यालय दिल्ली में हो और जिसकी शाखायें राज्य/केंद्र शासित प्रदेश मुख्यालयों में होंगी। जहाँ तक भारत सरकार का संबंध है, जल संसाधन मंत्रालय अपनी सेवायें देने वाला केंद्रीय मंत्रालय होना चाहिए, लेकिन यह अभियान किसी प्रतिष्ठित व्यक्ति के उचित मार्गदर्शन व अध्यक्षता में रहना चाहिए, वह व्यक्ति विज्ञान या प्रौद्योगिकी या अधिकारी वर्ग या सार्वजनिक क्षेत्र से होना चाहिए, बशर्ते वह इस आकार के मिशन का प्रबंधन करने के लिए उपयुक्त पात्र हो। राज्य/संघ शासित प्रदेश के स्तर पर यह अभियान संबंधित राज्य/संघ शासित प्रदेश के विकास आयुक्त की अध्यक्षता में होना चाहिए क्योंकि सिंचाई, कृषि/बागवानी, वाटरशेड/जल विभाग, भू–विज्ञान विभाग, सहकारिता विभाग, वित्तीय संस्थानों व उद्योग विभाग में आपसी विषयों में समन्वय होना अत्यंत आवश्यक है। लेकिन अभियान में सिंचाई विभाग (संबंधित राज्य/संघ शासित सचिवालय में जल संसाधन) द्वारा सहयोग दिया जा सकता है।

इस अभियान में प्रत्येक राज्य/संघ शासित प्रदेश को चाहिए कि वह प्रत्येक प्रमुख/बड़ी/मध्यम व लघु भूजल परियोजनाओं सहित भूमिगत जल सिंचाई परियोजना के लिए एक कार्य योजना तैयार करे।

भूमिगत जल

1. ऐसी भूमि, जहाँ पानी का उपयोग पहले से ही हो रहा है, हमें वहाँ स्प्रिंकलर/ड्रिप सेट लगाने होंगे। ऐसी भूमि में यदि निकासी व्यवस्था और खेतों में विकास कार्यों (जिसमें भूमि को समतल करके उपयुक्त आकार के भूखण्ड बनाना, मेढ़ बनाना, अर्द्ध स्थायी पानी के चैनल बनाना आदि शामिल है) की व्यवस्था कमज़ोर है, तो उसे मजबूत किया जाना चाहिए ताकि क्षारीयता/लवणीयता और जलभराव की संभावनायें टल सकें।
2. उन ज़मीनों को, जो फिलहाल लवणीयता और क्षारीयता तथा जलभराव से ग्रस्त हैं, निकासी व्यवस्था में सुधार करके, खेतों में विकास कार्यों की व्यवस्था दुरुस्त करके और जहाँ आवश्यकता हो, वहाँ मिट्टी का प्रवर्तन करके और ड्रिप व स्प्रिंकलर प्रणालियों की स्थापना की प्रक्रिया को पूरा करके और ऐसी ज़मीनों का पुनरोद्धार करके कृषि योग्य बनाना।
3. शीघ्र सिंचाई क्षमता का सृजन करने के लिए, जो अधिकतम सिंचाई क्षमता का सृजन करने के लिए निर्धारित स्रोत से अनिर्मित छोड़ दी गई हैं और इसे सुदृढ़ निकासी व्यवस्था व ज़मीनों को उचित ढंग से समतल करने सहित स्प्रिंकलर/ड्रिप प्रणालियों की स्थापना करके उपयोग में लाना।
4. ऊपर ए, बी, और सी में, पाइपों के ज़रिये सिंचाई परियोजनाओं की लेटरल की निकासी से पानी की प्राप्ति के कारण, स्प्रिंकलर व ड्रिप सैटों के ज़रिये पाइपों से पौधों को पानी देने से पहले खेतों में संग्रहण स्थल पर पानी जमा किया जाता है। इससे सिंचाई के परंपरागत तरीके को प्रयोग करने की अपेक्षा पानी की कम से कम 50% तक बचत होगी। ड्रिप व स्प्रिंकलर को लगाने से सिंचाई के लिए बचे हुए पानी

को प्रयोग में लाने के क्रम में, ड्रिप/स्प्रिंकलर सिंचाई, जो ऐसी भूमि में भी व्यापक रूप से स्थापित की जायेगी, के तहत कृषि योग्य बनाने के लिए भूमि का विस्तार व विकास करना ज़रूरी है ।

5. खेती के तहत अतिरिक्त भूमि का निर्धारण करने की प्रक्रिया में, हमें यह याद रखना होगा कि हमने कृषि योग्य धरती के अलावा खेती के लिए मौजूदा ऊसर व अन्य बंजर ज़मीनों के इस्तेमाल पर कुछ हद तक विचार किया है। अभियान के राज्य/संघ शासित प्रदेश के प्रमुख द्वारा उपायुक्त/ज़िला कलेक्टर/ज़िला मजिस्ट्रेट और विभागों के उप–विभागीय व तालुका प्रमुख के माध्यम से परती भूमि का उपयोग न करने से संबंधित समस्याओं की समीक्षा और उनका समाधान किया जाना चाहिए। तालुका पंचायत के मुख्य कार्यकारी अधिकारी द्वारा भी ग्राम सभा में मासिक समीक्षायें करनी चाहिएं जिसमें बंजर भूमि के हर स्वामी/स्वामियों को निमंत्रित किया जाना चाहिए। इस निरीक्षण की कृषक व ग्रामवार जानकारी ज़िला मजिस्ट्रेट या डिप्टी कलेक्टर को देनी चाहिए, जो इस जानकारी का प्रयोग करते हुए, इन ज़मीनों के इस्तेमाल को सुनिश्चित करने के लिए कठिनाइयों को हल करें। जन संचार विधियों से विधिवत प्रशिक्षित स्वयंसेवी संस्थायें/ग़ैर सरकारी संगठन इसमें शामिल किये जाने चाहिएं ताकि ऐसी ज़मीनों को खेती के उपयोग में लाने के लिए लोगों को प्रेरणा मिले। ज़ाहिर है, ऐसे संगठनों को कृषक व ग्रामवार जानकारी प्रस्तुत की जानी चाहिए। अभिप्रेरकों व ग़ैर सरकारी संगठनों के प्रशिक्षण व जन संचार अभियान को पूरा करने के लिए निवेश का प्रस्ताव राज्य/संघ शासित प्रदेश मुख्यालय के करीब स्थित प्रख्यात साभाजिक विज्ञान संस्थानों, प्रबंधन संस्थानों और जनसंचार संस्थानों से आना चाहिए।

भूजल

1. सिंचाई के सभी मौजूदा कुओं/बोरवेल पर स्प्रिंकलर/ड्रिप उपकरण लगाये जाने चाहिए। यदि ऐसे कुओं का प्रतिफल उसके स्वामी की भूमि के लिए अपेक्षा से अधिक है, तो उसे

आसपास के खेतों में बेचने के लिए कानूनी तौर पर आज्ञा दे देनी चाहिए। वास्तव में, समुदाय के आधार पर सिंचाई कुओं/बोरवेलों के प्रयोग की अवधारणा का प्रचार वहाँ किया जाना चाहिए, जहाँ किसानों की कृषि भूमि छोटी है, अन्यथा अगर किसानों की कृषि भूमि यथेष्ट रूप से बड़ी है, तो निजी कुओं की सिफारिश की जाती है। सामूहिक कुओं के मामले में पड़ोसी खेतों को पानी की आपूर्ति के लिए, जल शुल्क/प्रभार एकत्रित करने की अनुमति उस भूमि के स्वामी को दे देनी चाहिए, जिसके खेतों में कुएं व बोरवेल स्थित हैं। इस रिपोर्ट में तमिलनाडु में सामूहिक ड्रिप सिंचाई का उल्लेख है, जिसमें कहा गया है कि एक खेत से दूसरे खेत तक पानी प्राप्त करने वाले पाइप में स्थापित मीटर व प्रेशर गेज़ एक कुएं/बोरवेल के अधीन प्रत्येक खेत में उपयोग में लाये जाने वाले पानी की मात्रा को दर्शायेगा। उसके साथ–साथ सामाजिक वैज्ञानिकों, जनसंचार विशेषज्ञों द्वारा तैयार व ग़ैर सरकारी संगठनों/सरकारी विस्तार कर्मचारियों द्वारा कार्यान्वित प्रेरक कार्यों को एक माहौल तैयार करना चाहिए जिसमें हर कोई ड्रिप/स्प्रिंकलर सिंचाई के प्रयोग को अपनी आदत बना ले।

2. जहाँ किसी खेत पर सिंचाई के नये कुओं/बोरवेलों की खुदाई की जाती है, यदि वह खेत पर्याप्त रूप से बड़ा है, तो पानी का इष्टतम उपयोग व्यक्तिगत रूप से कर दिया जाना चाहिए और यदि ऐसा नहीं है, तो कुएं/बोरवेल के स्वामी तथा उसके साथ सटे हुए भूमिधारकों द्वारा सामूहिक रूप से इनका इस्तेमाल करना चाहिए व साथ ही पड़ोस में पानी की आपूर्ति देने के लिए प्रभार एकत्रित करने का अधिकार भूस्वामी को दिया जाना चाहिए।

सामाजिक अभियांत्रिकी

इन व्यापक प्रयासों को सफल होने के लिए बड़े पैमाने पर प्रबंधन संचालन की आवश्यकता है जिससे सिंचाई करने वाले असंख्य व्यक्तियों के मध्य सहयोग व समन्वय स्थापित होगा। ग़ैर सरकारी संस्थाओं/स्वैच्छिक संगठनों द्वारा अपने प्रेरकों व जन संचारकों तथा सरकारी विस्तार कर्मचारियों के साथ मिलकर ऐसा किया जाना

चाहिए। लोगों के मध्य इस प्रकार का सहयोग व समन्वय स्थापित करने के लिए निकटवर्ती राज्य या संघ शासित प्रदेश मुख्यालय के प्रेरकों, जन संचारकों, सामाजिक विज्ञान के विख्यात संस्थानों, प्रबंधन संस्थानों और जन संचार संस्थानों के विस्तार कार्यकर्ताओं द्वारा सहयोग प्रदान किया जाना चाहिए। यह कार्य उपायुक्तों, ज़िला कलेक्टर/ज़िला मैजिस्ट्रेट, संबंधित ज़िला पंचायत के मुख्य कार्यकारी अधिकारी (सी.ई.ओ.) के माध्यम से विकास आयुक्त द्वारा संचालित होना चाहिए।

कृषि एवं बागवानी

210 मिलियन हेक्टेयर के कुल क्षेत्रफल की खेती करने के लिए कृषि व बागवानी वैज्ञानिकों/मृदा वैज्ञानिकों(प्रत्येक क्षेत्र की मिट्टी का परीक्षण करने के लिए) द्वारा कृषि एवं बागवानी विभाग के सेवा तंत्र, बीज उत्पादक/विक्रेता एजेंसियों, अनुसंधान/शोध वैज्ञानिकों के माध्यम से किसानों के स्वैच्छिक सहयोग से कृषि योजना तैयार करने व लागू करने के लिए बड़े पैमाने पर सहायता प्रदान की जानी चाहिए। इसके साथ ही यहाँ ग़ैर सरकारी संगठनों को शामिल करके किसानों को प्रेरणा देने की आवश्यकता है। यहाँ इस बात पर ध्यान दिये जाने की ज़रूरत है कि खाद्यान्न फसलों के अंतर्गत खेत परियोजनाओं के पास राष्ट्रीय खाद्यान्न की ज़रूरतों को पूरा करने के लिए कम से कम 136 मिलियन हेक्टेयर होना चाहिए। कृषि व बागवानी, दोनों में हर प्रकार की मिट्टी के अनुकूल फसलें उगायी जानी चाहिए, जो कृषकों को अधिकतम मुनाफ़ा सुनिश्चित करायें। इसके लिए विस्तार कार्यकर्ताओं, बीज उत्पादक एजेंसियों, जनसंचारकों और ग़ैर सरकारी संगठनों को प्रशिक्षण देना आवश्यक है ताकि वे इस विशाल सिंचित कृषि से अधिकतम लाभ प्राप्त करने के लिए इस ज्ञान का उपयोग कर सकें। प्रशिक्षण कार्यक्रम तैयार करने में कृषि विश्वविद्यालयों को अहम् भूमिका निभानी चाहिए।

निर्माण उद्योग

राज्य/संघ शासित प्रदेश के विकास आयुक्तों को, उस स्तर पर अभियान के प्रमुख के रूप में उद्योग विभाग की मदद से निजी क्षेत्र को आमंत्रित करने में एक सक्रिय भूमिका निभानी चाहिए कि

वे ज़िला मुख्यालय में और यदि ज़रूरी हो, तो एक समय सीमा में ज़िलों में एक से अधिक स्थानों पर ड्रिप, स्प्रिंकलर और पाइप निर्माण इकाइयां स्थापित करें, जो ड्रिप और स्प्रिंकलर प्रणालियों के व्यापक प्रयोग के साथ–साथ बड़े पैमाने पर सिंचाई की ज़रूरतों का तालमेल बनाती है। गोबर गैस संयंत्रों के निर्माण व उससे संबंधित आवश्यकताओं जैसे बिजली, जेनरेटर इत्यादि के लिए भी ऐसा ही किया जाना चाहिए। कहने की आवश्यकता नहीं कि इससे ज़िला मुख्यालय में व अर्धशहरी/शहरों से सटे क्षेत्रों में कम तकनीकी उद्योगों के अभूतपूर्व प्रसार को बढ़ावा मिलेगा। जहाँ तक ड्रिप/स्प्रिंकलर प्रणालियों के इस्तेमाल व उनके रखरखाव/मरम्मत में प्रशिक्षण का संबंध है, तो विनिर्माण उद्योंगों को उनके अधिकार क्षेत्र में स्थानीय डीलर नियुक्त करने के लिए कहा जाना चाहिए। ये डीलर स्प्रिंकलर/ड्रिप सेटों व पाइप आदि सहायक मदों की महज बिक्री के लिए ही प्रभारी नहीं होना चाहिए, अपितु उन्हें किसानों को ड्रिप/स्प्रिंकलर सेटों के संचालन में प्रशिक्षण प्रदान करने, बिक्री उपरांत सेवा देने व स्पेयर पार्ट्स की आपूर्ति व मरम्मत करने का दायित्व भी उठाना चाहिए। इस दिशा में, डीलरों को स्थानीय युवाओं को रोज़गार देने के लिए कहा जाना चाहिए, जिन्होंने कम से कम आठवीं कक्षा तक शिक्षा प्राप्त की है और निर्माताओं द्वारा रखरखाव का प्रशिक्षण प्राप्त किया है। यदि क्षेत्र में आई.टी.आई. प्रमाण–पत्र धारक युवा उपलब्ध हैं, तो उन्हें डीलर अधिक लाभकारी ढंग से नियुक्त कर सकते हैं और निर्माताओं द्वारा उन्हें प्रशिक्षण दिया जा सकता है। डीलरों पर यह बाध्यता होनी चाहिए कि जब तक वे किसानों को बिक्री उपरांत प्रभावी सेवायें उपलब्ध करा रहे हैं, तब तक उनकी डीलरशिप कायम रहेगी। निर्माताओं को किसानों से बिक्री उपरांत प्रदर्शन पर जानकारी जुटाने का प्रबंध अपने स्तर पर करना चाहिए।

निर्माताओं को भी अपनी विनिर्माण इकाइयों में शामिल होने के लिए स्थानीय इंजीनियरिंग व डिप्लोमा धारकों व अन्य कुशल तथा अकुशल कर्मचारियों को वरीयता देनी चाहिए। वास्तव में, इस तरह के कर्मियों को निर्माताओं द्वारा पूर्व–नियुक्ति प्रशिक्षण दिया जाना चाहिए। इससे जिन क्षेत्रों में अब तक उद्योग के प्रसार का ऐसा अवसर प्राप्त नहीं हुआ है, उस क्षेत्र के उद्योगों में रोज़गार के अवसरों को बढ़ावा मिलेगा।

प्रसंस्करण उद्योग

ज़िला, तालुका में और यहाँ तक कि छोटे स्तर पर भी, प्राथमिक उत्पादन के मूल्य में वृद्धि करके बढ़े हुए कृषि उत्पादों को संसाधित करने के लिए प्रसंस्करण उद्योग स्थापित करने के लिए निजी क्षेत्र को प्रोत्साहित किया जाना चाहिए। वास्तव में, अनुबंध खेती और गांवों के समीप संगठित बिक्री को प्रोत्साहित किया जा सकता है ताकि कृषकों के लिए बेहतर दाम/बाज़ार की उपलब्धता सुनिश्चित हो। प्रसंस्करण उद्योगों में रोज़गार के लिए तकनीकी रूप से योग्यता प्राप्त स्थानीय व्यक्तियों को प्राथमिकता दी जानी चाहिए। और इसके अतिरिक्त, ज़ाहिर है कि अकुशल श्रमिक भी इसी क्षेत्र से आयेंगे।

मूलभूत ढांचा

ग्रामीण क्षेत्रों में इतने बड़े पैमाने पर सिंचाई परियोजनाओं से उत्पन्न बढ़ी हुई कृषि उपज को उर्वरक, बीज, सड़कें, गोदाम (रेफ्रिजेरेशन की सुविधा सहित भी) और बाजारों जैसी सुविधाओं की आपूर्ति के सहायक बुनियादी ढांचे की आवश्यता होगी, जिनका पर्याप्त विस्तार व सशक्तिकरण किया जाना चाहिए। अच्छा हो कि अगर इसमें निजी क्षेत्र की भागीदारी अधिक से अधिक हो। अभियान के राज्य प्रमुखों को चाहिए कि वे उचित योजनायें तैयार करके उन्हें लागू करें।

भारत के मुख्यालय में अभियान

अभियान के अधिकारियों को मुख्यालय (नई दिल्ली) में, वार्षिक रूप से वर्ष के आरंभ से पूर्व मिलना चाहिए, उस साल के लिए परियोजनाओं को तैयार करने में राज्य की मदद करनी चाहिए और अभियान के कार्यों पर नज़र रखनी चाहिए तथा कार्यक्रम को समयबद्ध तरीके से सफल बनाने के लिए राज्य अभियान को सभी प्रकार के परामर्श प्रदान करने चाहिए।

ई-गवर्नेंस

पूरी कार्यप्रणाली ई–गवर्नेंस उपकरणों की सहायता से कार्यान्वित होनी चाहिए। वास्तव में, यदि संख्यावार सर्वेक्षण विवरण का ग्राम स्तर का डाटाबेस, जो इसकी मौजूदा सिंचाई की स्थिति का संकेत देता है, कम्प्यूटर में डाला जाता है, तो इससे वह जानकारी प्राप्त हो सकती है जो हमारे लिए इस रिपोर्ट में बताई गई सिंचाई की

सूचनाओं को कार्यान्वित करने के लिए आवश्यक हैं। इसके अतिरिक्त, यदि मिट्टी का परीक्षण करने के बाद, मिट्टी की प्रकृति एक संख्यावार सर्वेक्षण डाटाबेस का आकार लेती है, तो यह उचित फसलों के प्रसार के लिए योजना बनाने में ज़बर्दस्त मददगार सिद्ध होगी, ख़ासकर जब सिंचाई प्रत्येक सर्वेक्षण संख्या के लिए उपलब्ध हो जाती है। इसके अलावा, सहायक उपकरणों सहित स्प्रिंकलर व ड्रिप प्रणाली के प्रसार के साथ–साथ सिंचाई के प्रसार पर भी सर्वेक्षण की संख्यावार नज़र रखी जा सकती है। यह उल्लेख करने की ज़रूरत नहीं कि उपयुक्त उपज से समर्थित ज़िला, राज्य व देश के स्तर पर प्रशासन के इस कार्यक्रम के कार्यान्वयन को पूरा करने में मदद करने के लिए, मूल स्तर पर निगरानी रखने से कई लाभ प्राप्त होंगे। रखरखाव चरण में भी यह बेहद सहायक होगी।

कार्यान्वयन से लाभ

इस कार्यक्रम के कार्यान्वयन के असंख्य लाभ हैं। उनमें से कुछ इस प्रकार हैं:

1. शुद्ध कृषि योग्य भूमि, प्राथमिक क्षेत्र से राष्ट्रीय आय को एक बड़ा बढ़ावा देते हुए, मौजूदा 143 मिलियन हेक्टेयर से बढ़ कर 150 मिलियन हेक्टेयर हो जायेगी, विशेष तौर पर अगर हम समझते हैं कि 150 मिलियन हेक्टेयर की शुद्ध सिंचाई, एक बार से अधिक बुवाई वाला 60 मिलियन हेक्टेयर क्षेत्र मिला कर 210 मिलियन हेक्टेयर की सकल सिंचित क्षेत्र हो जायेगी। इसके अतिरिक्त, ड्रिप/स्प्रिंकलर के व्यापक प्रयोग से फसलों को उनके विकास की ज़रूरत के अनुसार एक सुनियोजित ढंग से पानी की आपूर्ति की जायेगी, जिससे उत्पादों की गुणवत्ता व मात्रा में वृद्धि होगी। इसके अतिरिक्त, खेती की लागत भी घट जायेगी क्योंकि घासफूस हटाने जैसे कार्य कम हो जायेंगे। गोबर गैस संयंत्रों से 38.75 मिलियन टन गोबर के घोल की उपलब्धता काफी हद तक जैविक पौधों की खेती में मददगार होगी। इसलिए, कृषकों को पर्याप्त लाभ होगा। राष्ट्र न केवल 1,640 मिलियन लोगों को भोजन उपलब्ध कराने के लिए एक सुदृढ़ स्थिति में होगा, जब पर भारत की जनसंख्या 2050 में स्थिर होगी, बल्कि इसके साथ, नकदी फसलों/ग़ैर खाद्यान्न फसलों के उत्पादन में भी हमारी

ज़रूरत से ज़्यादा वृद्धि होगी। इससे भारत खाद्यान्न, फल व सब्जियों, प्रसंस्कृत उत्पादों, कपास, तिलहन आदि का एक बड़ा निर्यातक बन जायेगा।

2. ज़िला/तालुका मुख्यालय में स्प्रिंकलर और ड्रिप उपकरणों का निर्माण करने वाले उद्योग के विस्तार से न केवल योग्य इंजीनियरों को, अपितु ग्रामीण स्तर पर कुशल/अकुशल लोगों को भी उनकी योग्यता के अनुसार रोज़गार मिलेगा। जिससे मध्यम व बड़े क्षेत्रों में राष्ट्रीय आय में वृद्धि होगी।
3. खाद्यान्न, फल, तिलहन, कपास इत्यादि की प्रसंस्करण इकाइयों में, जिनके ज़िला, तालुका व निम्न स्तरों पर स्थापित करने की योजना है, योग्य इंजीनियरों, शिक्षित कार्यबल, कुशल व अर्ध–कुशल लोगों के लिए रोज़गार के अपने लाभ हैं। यदि प्रसंस्करण इकाइयों के साथ बड़े पैमाने पर अनुबंध खेती की जाती है, तो किसानों को उनके उत्पादों की उचित दामों पर बिक्री सुनिश्चित हो सकती है।
4. चारों ओर हरियाली होने से घास और चारे की उपलब्धता के कारण पशुपालन क्षेत्र भी फले–फूलेगा।
5. भारत में हर साल बड़ी संख्या में तैयार होने वाले इंजीनियरों को उच्च आय वाले रोज़गार के पर्याप्त अवसर अपने निवास के निकट ही उपलब्ध होंगे, क्योंकि ज़ोर इस बात पर डाला जा रहा है कि उद्योगों को दूरदराज़ के क्षेत्रों, यहाँ तक कि ग्रामीण क्षेत्रों में फैलाया जाये।
6. निर्माताओं/वितरकों/डीलरों के रूप में नये उद्यमियों की एक बड़ी संख्या के पास शिक्षित लोगों को उद्योगों/डीलरशिप आदि में लाकर उन्हें रोज़गार के सुनहरे अवसर प्रदान करने की गुंजाइश होगी।
7. सड़कें, बाजार, गोदाम, बैंक, रेलवे के बुनियादी ढांचे का विस्तार से शहरों व महानगरों के अलावा उन क्षेत्रों में भी रोज़गार के अवसरों को बढ़ावा मिलेगा, जो इससे वंचित हैं।
8. प्राथमिक क्षेत्र से उत्पादन की अधिक से अधिक निर्यात की ज़रूरतों को पूरा करने के लिए हमारे हवाई अड्डों के अब तक के विकास को विस्तार देने और अविकसित बंदरगाहों का विस्तार व प्रसार करने की ज़रूरत होगी। वास्तव में,

20 अप्रैल 2006 को 'द टाइम्स ऑफ इंडिया' में एक रिपोर्ट में 'कृषि उत्पाद' (फार्म प्रोडक्ट्स) शीर्षक के अंतर्गत कहा गया है कि इन उत्पादों का निर्यात 'अगली महत्त्वपूर्ण' हो सकती है। टी.एन.एन. (टाइम्स न्यूज़ नेटवर्क) के लिए श्री डर्लिंग्टन जोस हेक्टर ने कहा है कि देश में आगामी कदम सूचना प्रौद्योगिकी/सूचना प्रौद्योगिकी सक्षम सेवाओं से किसानों/दूधवालों की ओर है। भारत के आड़ू, आम व संतरा भी आगामी तीन से पांच वर्षों में अमरीका व यूरोपियन बाज़ारों में अपनी राह बना सकते हैं। भारतीय अनाज, सूप, मक्खन व पनीर जैसे दुग्ध उत्पाद व अन्य उत्पादन अंतर्राष्ट्रीय दरवाज़ों पर दस्तक देने की प्रतीक्षा में हैं। संभावनाओं को देखते हुए, केंद्र ने आगामी आठ वर्षों में फल, सब्जियों व अन्य कृषि उत्पादों के प्रसंस्करण व पैकेजिंग में 22 बिलियन डालर निवेश करने का निर्णय लिया है। रिलायंस, आई.टी.सी. और भारती जैसे व्यावसायिक समूह इस क्षेत्र में प्रवेश कर रहे हैं। भारती ने इस उपक्रम के लिए, रॉथशिल्ड ग्रुप के साथ 50:50 की स्सिेदारी के साथ एक संयुक्त उपक्रम 'फील्ड फ्रेश फूड्स की स्थापना की है। इसकी यूरोप, ब्रिटेन, दक्षिण पूर्व व पश्चिम एशिया को अनुबंध खेती के माध्यम से प्राप्त सेब, लीची, चेरी, टमाटर, बेबी कॉर्न और सलाद पत्तों का निर्यात करने की योजना है। वालमार्ट ने कहा है कि वह भारत से अनुबंध के तहत बासमती चावल, चाय, झींगा और मसाले मंगवाने की दिशा में कार्य कर रहा है। जर्मनी का मेट्रो ग्रुप काली मिर्च, शहद और इलायची यहीं से मंगवाता है। मेट्रो के एक अधिकारी ने कहा कि भारत से कृषि उत्पाद का निर्यात 'आगामी बड़ी बात' होगी। 'मेट्रो की योजना है कि बासमती चावल और फल व सब्जियों जैसी वस्तुओं की सोर्सिंग के साथ–साथ हम पूर्व एशियाई बाज़ारों में आपूर्ति करने की भी संभावनायें तलाश सकते हैं,' उन्होंने कहा।

9. किसी भी चीज की तुलना में, कृषि उत्पादों में वृद्धि होने से धीरे–धीरे यंत्रचालित कृषि की मांग बढ़ने लगेगी, भले ही वह सामुदायिक आधार पर क्यों न हो, क्योंकि कई खेत बहुत छोटे हैं। छोटे किसान/कृषि मजदूर यदि शिक्षित हैं, तो उन्हें कार्यात्मक शिक्षा दी जानी चाहिए और इसके साथ,

यंत्रीकृत औजारों, उपकरणों के संचालन का प्रशिक्षण भी दिया जाना चाहिए। दरअसल, जो किसान या कृषि मजदूर अशिक्षित हैं, उन्हें ऐसी मशीनरी के प्रयोग व रखरखाव का प्रशिक्षण दिया जा सकता है, क्योंकि ये सभी कम तकनीक वाले क्षेत्र हैं। जाहिर है कि इससे यंत्रीकृत कृषि औजारों/उपकरणों/मशीनरी के उत्पादन के लिए अन्य उद्योगों को ज़िला, तालुका और निचले स्तर पर स्थापित करने का बढ़ावा मिलेगा। यहाँ यह उल्लेख करना वांछनीय नहीं है कि मध्यम व उच्च क्षेत्रों में रोज़गार सहित मरम्मत पर भी इसका प्रभाव पड़ेगा।

10. यहाँ यह कहना आवश्यक नहीं है कि सिंचाई व उद्योगों के परिणामस्वरूप, ग्रामीण क्षेत्रों में इतनी समृद्धि हो जाने से लोगों की आय में वृद्धि अवश्यंभावी है। आमदनी बढ़ने से स्कूलों में बच्चों की बेहतर भागीदारी और बेहतर स्वास्थ्य सेवाओं को वहन करना सम्भव होगा। वास्तव में, ग्रामीण क्षेत्रों में सामाजिक सुरक्षा बीमा उत्पाद से ग्रामीण समुदाय के लिए शिक्षा व स्वास्थ्य ख़र्चों को वहन करना सरल हो जायेगा, क्योंकि उनके पास प्रीमियम के भुगतान की क्षमता भी होगी। यानि, हम ग्रामीण क्षेत्रों में शहरी आय प्रदान करेंगे।
11. और अंतिम लेकिन महत्त्वपूर्ण बात, हम ऊर्जा के अपने ग़ैर परंपरागत स्रोतों का सर्वश्रेष्ठ उपयोग करेंगे। इस के उप–उत्पाद के रूप में, बायोगैस संयंत्रों से आने वाली जैविक खाद, घोल के रूप में अभूतपूर्व मात्रा में किसानों के लिए उपलब्ध होगी।

इस प्रकार, यह परियोजना बेरोज़गारी, गरीबी, अशिक्षा, अस्वस्थता के उन्मूलन की एक रूपरेखा होगी और उन क्षेत्रों में आय की वृद्धि की कहानी लिखेगी, जो उस समृद्धि की सीमा से दूर हैं, जिसे हमने महानगरों और अन्य बड़े शहरों में पैदा किया है। इसके अलावा, आमदनी बढ़ने के साथ–साथ स्वास्थ्य, शिक्षा और आवास के क्षेत्र में भी विकास होगा। आमदनी बढ़ने के साथ लोग बेहतर निवास स्थान बनायेंगे। इसके अतिरिक्त, यह कहने की आवश्यकता नहीं कि भारत एक महान कृषि शक्ति बन जायेगा। संक्षेप में, यह परियोजना बहुचर्चित दूसरी कृषि क्रान्ति लायेगी जिसके साथ लोगों की सामाजिक व आर्थिक स्थिति भी बेहतर होगी।

दक्षिण अफ्रीकी जल नीति

परिशिष्ट 8 में, हमने 'दक्षिण अफ्रीकी जल नीति पर एक श्वेत पत्र' प्रस्तुत किया है। यह इंगित करता है कि रंगभेद नीति के दौरान कैसे पानी के उपयोग की नीतियाँ श्वेतों को कृषि उपयोग के लिए पानी का इस्तेमाल करने में मदद कर रही थीं और दूसरे दक्षिण अफ्रीकियों को पेय जल व स्वच्छता जैसी अनिवार्य ज़रूरतों को पूरा करने के लिए भी पानी से वंचित रखा जा रहा था। यह उद्योग आदि में भी पानी की ज़रूरत को दर्शाता है, जो सभी दक्षिण अफ्रीकियों को रोज़गार के अवसर प्रदान करता है। वह श्वेत पत्र, वैधानिक साधनों से उन समस्याओं का समाधान करने की कोशिश करता है, जो न्यायपूर्ण तरीके से जल वितरण करता है और इस तरह के एक कानून की सिफ़ारिश करता है। हालांकि, हमने टिप्पणी की है कि वैधानिक साधनों के अलावा, दक्षिण अफ्रीका भी पानी को किफायत से इस्तेमाल करने के लिए काफी हद तक माइक्रो हाइडल प्रणालियों को असरदार तरीके से काम में ला सकता है और इस तरह, सभी दावेदारों को जल का समान वितरण करने के लिए, यदि उन्होंने ऐसा नहीं किया है तो, अपने प्रस्तावित कानून के उद्देश्यों को विशेष रूप से प्राप्त कर सकते हैं।

परिशिष्ट 1

भारत की सिंचाई चमत्कारों की एक झलक

जल उपयोग से संबंधित लिखित प्रमाण कौटिल्य के 'अर्थशास्त्र' में मिलते हैं, जो चंद्रगुप्त मौर्य (321 ईसा पूर्व) के गुरु थे। 'विभागाध्यक्ष' नामक अध्याय में वह सिंचाई अध्यक्ष के बारे में इस प्रकार लिखते हैं :

'उसे (सिंचाई आपूर्ति) प्राकृतिक जल संसाधनों से करनी चाहिए अथवा पानी कहीं और से लाना चाहिए। अन्य लोगों को, जो जल आपूर्ति कर रहे हैं, उसे भूमि, सड़क, वृक्ष, (वाष्पीकरण की हानियों को कम करने के लिए) आदि से सहायता देनी चाहिए और उन्हें अन्जाम देना चाहिए और तीर्थ स्थानों को भी सहायता प्रदान करनी चाहिए। यदि कोई व्यक्ति सिंचाई कार्य में भागीदारी नहीं करता, तो उसके मजदूरों और बैलों को उसके हिस्से का कार्य पूरा करने के लिए बाध्य किया जाना चाहिए और उसे खर्चे साझा करने चाहिए। लेकिन उसे इस कार्य से कोई लाभ नहीं लेना चाहिए।[1] सरकार और किसी कार्य के लिए नियुक्त जिम्मेदार लोगों की भागीदारी की क्या शानदार अवधारणा है यह! आजकल करोड़ों रुपये ख़र्च करके और सरकार द्वारा निर्मित विशाल सिंचाई क्षमता का उपयोग करने में विफल होने के बाद, हम लोगों की भागीदारी का रोना रो रहे हैं और 20वीं शताब्दी में कम से कम जल वितरण का प्रबंध करने की देखभाल के लिए पानी का उपयोग करने वाली संस्थाओं के साथ प्रयोग कर रहे हैं।

अर्थशास्त्र में, एक अन्य अध्याय में, कौटिल्य कहते हैं :

'किसी अन्य व्यक्ति के जलाशय माध्यमों के उपयोग से यदि जुताई या बीजों को क्षति पहुंचती है, तो वे नुकसान के अनुसार क्षतिपूर्ति

1. स्टेट ऑफ इण्डियाज़ एन्वायरन्मेंट 4 ए सिटिज़न्स रिपोर्ट– डाइंग विज़्डम, राईज़, फॉल एण्ड पोटेंशियल ऑफ इण्डियाज़ ट्रेडिशनल हार्वेस्टिंग सिस्टम्स, सेंटर फॉर साइन्स एण्ड एन्वायरन्मेंट द्वारा प्रस्तुत, पृष्ठ 11

का भुगतान करने को बाध्य होंगे।'[1] आज, विश्व बैंक सिंचाई कार्यों से प्रभावित परिवारों के पुनर्वास के उपायों और राहत प्रदान करने की ज़रूरत पर भाषण देता है। हमें उसकी बात सुननी पड़ती है, क्योंकि हम ऋणी हैं।

'समझौतों का पालन न करना' नामक एक अन्य अध्याय में अन्य चीजों के अलावा, कौटिल्य ने देखा कि 'यदि कोई व्यक्ति हमारे द्वारा प्रयोग किये जाने वाली रीति के अनुकूल जल मार्गों में बाधा पहुंचाता है या कोई नया जल मार्ग बनाता है, जो रीति के अनुकूल नहीं है, तो उस पर उल्लंघन करने के लिए कम से कम दण्ड लगाया जायेगा।'[2] वास्तव में उस काल में दण्ड के लिए दण्ड का भुगतान नहीं किया जाता था बल्कि वाद का सुधार होता था, जिसके कारण दण्ड लगाया जाता था।

आज हम सब जानते हैं कि कर्नाटक में तुंगभद्रा परियोजना में 40% से अधिक जलस्रोतों को नहरों के बड़े किसानों के स्वार्थ के कारण पानी नहीं मिल पा रहा। ये बड़े किसान निर्धारित मात्रा में जल का उपयोग करने के सरकारी निर्देशों का खुल्लमखुल्ला उल्लंघन कर रहे हैं। इन सरकारी निर्देशों के अनुसार, वे पानी की अधिक खपत वाली फसलों जैसे चावल और गन्ने की अपेक्षा, केवल पानी की कम खपत वाली फसलें जैसे ज्वार, मूंगफली कपास इत्यादि ही उगाने के अधिकारी हैं और वे स्पष्ट रूप से छोटे किसानों के प्रति अन्याय कर रहे हैं, जो हमेशा पानी के लिए तरसते रहते हैं और जो कमांड क्षेत्र में भूमि के लगभग 40% हिस्से के स्वामी हैं। हमारा प्राचीन ज्ञान और न्याय की भावना किस तरह हमारे अंदर से ख़त्म होती जा रही है! गाँधी जी ने कितने विवेकपूर्ण ढंग से कहा था कि भारत के पास वह सब कुछ है, जो हमारी आवश्यकताओं की पूर्ति के लिए ज़रूरी है लेकिन निश्चित रूप से वह हमारी लालसाओं के लिए पर्याप्त नहीं है।'

भारतीय ऐतिहासिक दस्तावेज़ों या शिलालेखों और ब्रिटिश शासकों के भारत में आने से पूर्व इस देश पर शासन करने वाले राजाओं के आदेशपत्रों में वर्णन किया गया है कि जहां लोग सिंचाई से लाभान्वित हुए, वहां उन्होंने पूरी तरह से या तो सिंचाई के स्रोतों का निर्माण किया या फिर उनका रखरखाव किया और

1. संदर्भ वही, पृष्ठ 11
2. संदर्भ वही, पृष्ठ 11

कभी–कभी तो दोनों गतिविधियों में भाग लिया। सिंचाई की मरम्मत की आवश्यकता के समय प्रजा स्वेच्छा से अपना योगदान देती थी, वह या तो उसमें भागीदारी करती थी या फिर अपनी उपस्थिति के मामले में वैकल्पिक श्रम उपलब्ध कराती थी। भारत के विभिन्न हिस्सों में भिन्न–भिन्न समय पर लोगों की भागीदारी की विभिन्न प्रणालियां थीं, किंतु ये प्रणालियां चाहे कोई भी हों, महत्वपूर्ण यह है कि लोगों ने देश की ख़ातिर, जल आपूर्ति की जीवन रेखा को जीवित बनाये रखा।

ब्रिटिश लोगों के भारत आने से पूर्व देश में जो देशी सिंचाई प्रणालियां मौजूद थीं और ब्रिटिश शासकों द्वारा उनकी उपयोगिता को समझने में पूरी तरह असमर्थ होने के कारण, अनजाने में उनके द्वारा नष्ट कर दी गई थीं। उन के दो उदाहरण नीचे दिये जा रहे हैं।

बिहार

गंगा नदी बिहार से होकर गुज़रती है। हिमालयी नदियों घाघरा, गंडक और कोसी अन्य ऐसी नदियां हैं, जो उत्तर बिहार से गुज़रती हुई गंगा में जाकर मिल जाती हैं, और उत्तर प्रदेश के समान उत्तरी बिहार को भी उपजाऊ बनाती हैं।

लेकिन दक्षिण बिहार में, जो छोटा नागपुर के पठार में स्थित है, गंगा के भू–भाग में पानी बहुत कम रह जाता है। यहां, भूमि में पानी का स्तर बहुत नीचा है और गंगा नदी से सटे क्षेत्रों को छोड़ कर, अन्य क्षेत्रों में कुएं खोदना एक बहुत मुश्किल कार्य है। गंगा के दक्षिणी तट पर, सोन, पुनपुन, मोरहार, मोहनी और गामनी आदि प्रमुख सहायक नदियां हैं, जो पठार से आरम्भ होकर गंगा में जाकर मिलती हैं। दक्षिणी बिहार पठार की यह ढलान नीचे की ओर के पठार से मौटे तौर पर एक मीटर प्रति किलोमीटर की दर पर हैं। इसलिए, नदियों का बहाव गंगा की ओर बहुत तेज़ होता है। भूमि को बाढ़ से बचाने और सिंचाई के उद्देश्य से पानी के उपयोग के दोहरे उद्देश्य को पूरा करने के लिए, दक्षिण बिहार ने सिंचाई करने की एक अद्वितीय देशी प्रणाली विकसित की थी, जिसे पाइने और आहाड़ के नाम से पुकारा जाता है। दक्षिण बिहार के ढलानी इलाके का उपयोग करके, एक या दो मीटर ऊँचाई के एक तटबंध, आहाड़ का निर्माण किया गया था। इन तटबंधों के बिल्कुल छोर से, ऊँचाई वाले मैदानों की ओर दो अन्य तटबंधों का निर्माण किया गया। उस जमीन

का स्तर ऊँचा हुआ तो इसकी ऊँचाई भी धीरे–धीरे कम हो गई और अंततः यह भूमि के उस स्तर पर जाकर ख़त्म हो गई, जहां पानी मिल सकता था। इस प्रकार, आहाड़ की शक्ल एक आयताकार जलग्रहण सम्भरण की तरह होती है, जिसके तीन ओर तटबंध होते हैं। पानी के तालाबों के विपरीत, आहाड़ के क्षेत्र को खोदा नहीं जाता। कभी–कभी आहाड़ को छोटे नालों या पाइने जैसे कृत्रिम चैनलों के किनारे पर पानी की आपूर्ति सुनिश्चित करने के लिए बनाया जाता है। स्पष्ट है कि एक किलोमीटर से भी अधिक लम्बाई वाले किनारों के साथ आहाड़ों में पानी से 400 हेक्टेयर से भी अधिक क्षेत्र में सिंचाई करना कोई असाधारण बात नहीं है। ऐसे छोटे आहाड़ ज़्यादा प्रचलन में हैं। हालांकि तालाब भी अस्तित्व में थे लेकिन उनका अधिक महत्त्व नहीं था।

पाइने ऐसे चैनल थे, जो देश को कई भागों में विभाजित करने वाले पहाड़ी तराई क्षेत्रों में बहने वाले नालों/नदियों के पानी का उपयोग करने के लिए बनाये गये थे। दक्षिण बिहार में वर्ष के अधिकांश दिनों में नदियां आमतौर पर सूखी रहती हैं, पानी या तो तेजी से नीचे बह जाता है अथवा वह रेत के माध्यम से बूंद–बूंद टपकता रहता है। इसलिए, पाइने प्रणाली का विकास सामान्यतः पानी को नदियों से खेतों में लाने के लिए किया गया था। कुछ सबसे बड़े पाइने जो 20–30 किलोमीटर से भी अधिक लम्बे थे, बड़ी मात्रा में वितरिकाओं को पानी उपलब्ध कराते थे, जिससे 100 से भी अधिक गांवों में सिंचाई की जाती थी। जहां पाइने से पानी प्राप्त करने के लिए आहाड़ों का निर्माण किया गया था, वहां ये आहाड़ों को भी जल की आपूर्ति करते थे।

चूंकि रेतीली नदियों के आधार स्तर बहुत ऊँचे होते थे, पाइने को बहुत गहरा खोदने की आवश्यकता नहीं होती थी। सम्भावनाओं को देखते हुए, उनसे अपने मूल से कम दूरी के भीतर ही सिंचाई हो पाती थी। पाइने में जल के स्तर को बढ़ाने के लिए उन्हें उचित दूर पर अस्थाई रूप से रोक दिया जाता था। कुछ मामलों में, अधिक पानी संचय करने के लिए उन्हें अंतिम छोर से अवरुद्ध कर दिया जाता था। बारी–बारी से जल वितरण के लिए छोटे पाइने आहाड़ों से शुरू होते थे और ऐसे आहाड़ सीधे नालों से जल प्राप्त करते थे। आहाड़ और पाइने, दोनों से ही जल प्रवाहित होता है और जुलाई से सितम्बर तक के बरसाती मौसम में वे एक दूसरे के पूरक हो जाते

थे और असामयिक अथवा कम वर्षा होने पर जलाशयों का काम करते थे।

निर्मल सेनगुप्ता, जिन्होंने इस प्रणाली का विश्लेषण किया था, स्पष्ट रूप से लिखते हैं कि आहाड़ पाइने प्रणाली, प्राकृतिक स्थितियों से बनी एक उल्लेखनीय देशी प्रणाली है। सिंचाई सुविधाओं के इतर, इस प्रणाली का एक और भी उपयोग है। छोटा नागपुर पठार और गंगा घाटी के बीच का क्षेत्र होने के कारण, दक्षिण बिहार में बाढ़ का ख़तरा बना रहता है लेकिन आहाड़ जैसे भंडारण कार्यों की प्रचुरता और बड़े पैमाने पर मूसलाधार बाढ़ का पानी पाइने में गिरने के कारण, दक्षिण भारत से गुज़रते हुए बाढ़ के पानी की मात्रा और गति कम हो जाती है। कुछ छोटी नदियां गंगा या पुनपुन नदियों तक नहीं पहुंच पातीं क्योंकि उनका पानी कई पाइनों के माध्यम से छितरा जाता है।

आहाड़ों और पाइने के निर्माण का दायित्व प्रमुख रूप से दक्षिण बिहार के ज़मींदारों के कंधों पर है। इनके निर्माण और मरम्मत का ख़र्चा पूर्णरूपेण जमींदारों द्वारा चुकाया जाता है। इसके अलावा, गोआम नामक एक सामूहिक प्रणाली भी होती थी, जिसमें प्रत्येक किसान को शारीरिक श्रम के लिए खेत को जोतने के लिए एक व्यक्ति की व्यवस्था करनी होती थी। किंतु ज़मींदार गोआम की एक तिथि निर्धारित कर देते थे। इस प्रकार, इसमें कई लोगों की भागीदारी हो जाती थी, जो उन दिनों की ज़मींदारी के ज़्यादा अनुकूल थी। मध्य सितम्बर के बाद, जब जल की उपलब्धता कम हो जाती थी, तो ज़मींदार अपनी ज़मींदारी के अंतर्गत कार्य करने वाले विभिन्न काश्तकारों को पानी का आवंटन करते थे जबकि इसके साथ–साथ जब पाइने पूरी तरह भरे होते थे, कोई भी काश्तकार पानी की कितनी भी मात्रा ले सकता था। प्रत्येक गांव के लिए, प्रणाली के नियमों के अनुसार, कुछ घंटों या कुछ दिनों के लिए कोटा निर्धारित कर दिया जाता था, जिसे पाराबंदी कहा जाता था। यह प्रणाली एक रजिस्टर के आधार पर कार्य करती थी, जिसे 'लालबही' कहा जाता था, जो ज़मींदारों के पास रखा जाता था और जिसमें गांवों के अधिकारों का विवरण दिया होता था।

जब तक जमींदारों द्वारा पैदावार का एक हिस्सा ज़मींदारी राजस्व के रूप में इकट्ठा किया जाता था, यह प्रणाली शानदार ढंग से काम करती रही। जब तक उत्पादन किराया प्रणाली प्रचलन में रही,

ज़मींदारों को सिंचाई कार्यों के निर्माण व रखरखाव में लाभ प्राप्त होता रहा और ज़मींदार अपने दायित्वों को निभाने में पूरी तरह तत्पर थे। ज़मींदारी प्रणाली के अंतर्गत, दक्षिण बिहार में देशी सिंचाई प्रणाली को ज़मींदारों या उनके पदाधिकारियों के सिंचाई मार्गदर्शकों के रूप में विकेंद्रीकृत प्रबंधन की सुविधा प्राप्त थी।

जब उन्नीसवीं शताब्दी में ब्रिटिश सत्ता में आये, तो बंगाल किरायेदारी अधिनियम 1985 के अंतर्गत, बंगाल द्वारा बिहार को शामिल करके, उत्पाद किराया प्रणाली को निश्चित नकद किराये में परिवर्तित कर दिया था और जटिल क्षेत्रों में इन प्रणालियों के अंधाधुंध इस्तेमाल पर प्रतिबंध लगा दिये थे। एक वर्ष जब बड़े स्तर पर ऐसे परिवर्तनों की अनुमति दी गई, तो दक्षिण बिहार में बड़े स्तर पर सिंचाई प्रणाली लगभग चरमरा गई थी। 1938 में गया के कलेक्टर ने लिखा कि 'गया जिले में सिंचाई प्रणाली के ठप्प हो जाने के साथ ही काफी हद तक नकद किराये के क्षेत्रों में वृद्धि हो गई। उन्होंने यह भी लिखा कि गया जिले में अविश्वास पूरी तरह से भूमि के उत्पादन में गिरावट के कारण तथा कीमतों में गिरावट के कारण था, जबकि वह वर्ष मंदी का वर्ष था। मैंने बड़ी संख्या में 'नकदी' (नकद किराया) गांवों का दौरा किया है और इन गांवों की हालत बहुत दु:खद है। यह स्पष्ट है कि किराया प्रणाली के रूपांतरण के बाद, सिंचाई कार्यों में सुधार पर कुछ भी ख़र्च नहीं किया गया। यह कहानी पूरे दक्षिण बिहार में दोहराई गई थी।

इसका कारण यह है कि उत्पाद–किराया केवल भूमि का किराया नहीं है, यह एक परिवर्तनशील किराया है अर्थात् भूमि के अतिरिक्त सिंचाई। दक्षिण बिहार में सिंचाई के लिए गुंजाइश को विस्तार देने की सीमित प्रौद्योगिकी के साथ, भूमि की सिंचाई से अलग कोई पहचान नहीं रह गई थी। उत्पाद, कृषि और पानी का परिणाम है। स्पष्ट है कि उत्पादन किराया पद्धति ज़्यादा गुणकारी है। ऐसे मामले में ज़मींदार सिंचाई प्रणालियों को बरकरार रखने में ज़्यादा रुचि लेंगे।

एक बार जब नकद किराया निर्धारित कर दिया गया और ज़मींदारों को सिंचाई में गिरावट आने से कोई हानि नहीं होने वाली थी, तो उन्होंने उन कार्यों की ओर ज़्यादा ध्यान देना बंद कर दिया। इसके अतिरिक्त, उन्होंने नियंत्रण के एक शक्तिशाली माध्यम के रूप में, सिंचाई कार्य आरंभ कर दिये। सिंचाई आपूर्ति बंद कर देने के बाद, उन्होंने कई काश्तकारों को कम उत्पादन करने के लिए बाध्य

किया और किराये का भुगतान न करने की स्थिति में अपनी ज़मीनें छोड़ देने के लिए मजबूर किया। उसके बाद ज़मींदारों ने नये काश्तकारों को ऊँची दर पर ज़मीनें किराये पर दे दीं। बेईमान ज़मींदारों ने गाद वाली आहाड़ पट्टी खेती के लिए किराये पर दे दी। पहले तो, यह इस बहाने से किया गया कि यह केवल उन महीनों के दौरान रबी की फसलें उगाने के लिए था, जब आहाड़ों में पानी नहीं होता था। लेकिन जल्द ही उन पट्टियों पर धान की खेती की जाने लगी।

दूसरा कारण यह था कि समय व्यतीत होने के साथ–साथ ज़मींदार का विभाजन और उप–विभाजन हो गया। इसलिए, जहाँ एक पाइने एक ज़मींदार के अधीन होता था, अब वह कई ज़मींदारों के अधीन हो गया था। शुरुआती चरण में समन्वित ढंग से मरम्मत करने के लिए ज़मींदारों में सफलतापूर्वक समन्वय स्थापित करने के प्रयास किये गये। मुखिया, जैसे ज़मींदार जो बड़ी संख्या में गांवों का स्वामी होता था, मरम्मत पर आने वाली लागत का अनुमान लगाता था और फिर उस लागत को दूसरे भागीदारों में विभाजित कर देता था। दूसरे लोग अपने–अपने हिस्से का योगदान दे देते थे और ज़मींदार की देखरेख में कार्य पूरा किया जाता था। लेकिन ऐसी सहकारिता अधिक से अधिक मुश्किल होती चली गई, क्योंकि ज़मींदार ज़्यादा से ज़्यादा मुकदमेबाजी में उलझ गये थे। यदि ज़मींदार अपने कार्य को करने का इच्छुक नहीं होता था, तो दूसरे सहयोगी उसे ऐसा करने के लिए बाध्य नहीं कर सकते थे। उनके पास ऐसी कोई शक्ति नहीं थी। बिहार–उड़ीसा निजी सिंचाई अधिनियम 1922 ने इसे एक कानूनी रूप से एक अपराध के रूप में मान्यता दी और ऐसे विवाद वाले मामलों में अधिनियम ने जिलाधीश को सिंचाई प्रमुख बनने के अधिकार सौंप दिये। लेकिन सत्रह और वर्षों के लिए जब 1939 में इसमें संशोधन किया गया, तो यह अधिनियम व्यावहारिक रूप से प्रयोग में नहीं रह गया था। जिलाधीश अनिच्छुक ज़मींदारों को कई नोटिस भेज देता था–अपने आप को 'संतुष्ट' करने के लिए कि वे उन कार्यों के करने के इच्छुक नहीं थे। कई वर्ष थकाऊ शुरुआतों में बिताने के उपरांत, वास्तविक कार्य आरंभ किया जा सका। इस सारे समय के दौरान, सिंचाई के कार्य एक बार फिर ख़राब हो गये, इनमें से कुछ ऐसे थे जिनको सुधारा भी नहीं जा सकता था। जिनको सुधारा जा सकता था, उनके लिए भी, एक समय सीमा के

अंदर, प्रत्येक सुधार कार्य के लिए, खजाने से लागत को पूरा करने के लिए जिलाधीश के पास प्रति एकड़ 2 लाख से भी अधिक की धनराशि खर्च नहीं हो सकती थी। इस सीमा के अंदर कोई भी सिंचाई कार्य नहीं सुधारा जा सका।

सिंचाई प्रणाली को बड़े स्तर पर हानि होने का एक दूसरा कारण यह था कि पाइने के निर्माण या सुधार पर समुचित ध्यान नहीं दिया गया था, नदी अपनी दिशा बदल लेती थी और पाइने को भी अपना स्थान बदलना पड़ जाता था। तब नदी के मूल मार्ग पर गाद भर जाती थी और मूल धारा पर किये गये सिंचाई प्रबंध उपयोगी नहीं रह जाते थे जबकि नदी के नये मार्ग पर बसे गांवों को बाढ़ का प्रकोप झेलना पड़ता था।

इतना कहा जा सकता है कि स्वदेशी सिंचाई प्रणालियों ने प्रत्येक व्यक्ति के लाभ को एक मनोवैज्ञानिक मान्यता देकर, सिंचाई के मामले में ज़मींदारों व काश्तकारों के प्रयासों पर पूरा ध्यान दिया। ब्रिटिश शासन के आने के कारण, देश में राजनीतिक अराजकता और लोगों की निराशा ने, वह चाहे ज़मींदारों के बीच में हो या काश्तकारों में, ऐसे कानून को जन्म दिया जिसमें सामाजिक आर्थिक सच्चाइयों पर कोई ध्यान नहीं दिया गया था, जिसके कारण ये आपदायें पैदा हो गयीं। क्योंकि यह कहा गया कि अनुसंधान दक्षिण बिहार की नई बस्तियों का विस्तार करने के लिए इस प्रणाली को प्रदान किये गये योगदान को प्रकट कर सकता है। यहां तक कि प्राचीन राजधानी की उन्नत भूमि राजगृह से पाटलिपुत्र के बाढ़ग्रस्त क्षेत्र में स्थानांतरित होने का संबंध भी आहाड़ और पाइने के नेटवर्क के माध्यम से उस समय बाढ़ को नियंत्रित करने में प्राप्त की गई सफलता से जोड़ा गया था।

अब, इन प्रणालियों को धीरे–धीरे फिर से बहाल किया जा रहा है। इसके दो उदाहरणों में से एक है जमुई ज़िला का ग्राम भारती सर्वोदय आश्रम, जिसने श्रमदान की पेशकश करने वाले 45 भूदान लाभार्थियों को 100 एकड़ के स्वामी बनने में मदद की और एक आहाड़ के लाभ का एहसास कराया। आहाड़ और पाइने का वैसा ही पुनरोद्धार नौबतपुर के खासपुर में किया गया था। 1990 के दशक में यहां सरकार की सहायता से पुनरुत्थान का कार्य किया गया था। ये बहुत स्वस्थ संकेत हैं, लेकिन इस संबंध में बहुत थोड़े से प्रयास किये गये हैं। जहां भी हम पूरी गति से ओर राजनीतिक

इच्छा से काम कर सकते हैं, वहां हमें अपनी पारंपरिक दौलत को तलाशना चाहिए।[1]

बंगाल में सिंचाई प्रणाली

बंगाल में अतिप्रवाह (ओवरफ़्लो) सिंचाई प्रणाली बहुत लोकप्रिय थी और इसमें लम्बी व समानांतर दो नहरों का निर्माण किया जाता था। इसमें नदी के किनारों को काट कर पानी को नहरों के ज़रिये खेतों तक ले जाकर सिंचाई की जाती थी, जिससे अच्छी श्रेणी की गाद में भूमि की उर्वरता बनी रहती थी।

सर विलियम विल्कॉक्स के अनुसार, मिस्र व इराक में काम कर चुके ब्रिटेन के एक सिंचाई विशेषज्ञ ने 1920 के दशक में एक व्याख्यान दिया था कि 'गंगा के डेल्टा कोई वर्षारहित क्षेत्र नहीं हैं', इस क्षेत्र में लगभग 50 से 60 इंच वर्षा होती है। उस समय सभी नदियां बाढ़ से उफन रही होती हैं और गंगा व दामोदर नदियों में बाढ़ के पानी का उपयोग करने और कम पोषण वाले वर्षा के जल की मात्रा को प्रचुर बनाने के लिए प्राचीन समय के कुछ राजाओं ने दामोदर व गंगा नदियों के डेल्टा के पानी को अतिप्रवाह सिंचाई प्रणाली में बदल कर, हज़ारों वर्षों के लिए बंगाल में स्वास्थ्य व सम्पदा को सुनिश्चित बनाया। यह प्रणाली पूर्ण रूप से बंगाल की आवश्यकताओं के अनुकूल थी।

उन्होंने यह भी कहा कि इस क्षेत्र में पानी के अतिप्रवाह वाली समानांतर नहरें लगभग दो शताब्दी पहले तक प्रचलन में थीं। इन समानांतर नहरों में बाढ़ के पानी के साथ–साथ न केवल उन्नत तलों वाली गाद भी आती थी बल्कि तालाबों व झीलों में बह कर ऐसी मछली भी इन नहरों में आ जाती थी, जो मच्छरों के लार्वा को खा जाती थी। इससे इस क्षेत्र में मलेरिया को नियंत्रित करने में सहायता मिली। विल्कॉक्स ने देखा कि हालांकि बंगाल में जून और अक्तूबर के मध्य आने वाला मानसून आता था लेकिन उसके उस क्षेत्र में रुकने की अवधि बहुत छोटी होती थी। हालांकि यदि किसान मानसून के शुरुआती महीनों में बाढ़ के पानी के साथ–साथ वर्षा जल का भी उपयोग करता है जब नदियों का पानी कीचड़ से भरपूर होता है,

---

1. स्टेट ऑफ इण्डियाज़ एन्वायरन्मेंट 4 ए सिटिज़न्स रिपोर्ट– डाइंग विज़्डम, राईज़, फॉल एण्ड पोटेंशियल ऑफ इण्डियाज़ ट्रेडिशनल हार्वेस्टिंग सिस्टम्स, सेंटर फॉर साइन्स एण्ड एन्वायरन्मेंट द्वारा प्रस्तुत, पृष्ठ 86 से 93 तक का सारांश।

तो फसल मानसून के जल्दी समाप्त होने से उत्पन्न कठिन स्थितियों का सामना करने के लिए सक्षम हो जाती है। मानसून की उसी बारिश से नदियों के जल में उफान आना शुरू हो जाता है, जो भूमि को बुवाई या चावल के रोपण के लिए तैयार करता है। और जैसे-जैसे वर्षा बढ़ती है, सूखे और बंजर मैदानी इलाके नमी और पानी से भर जाते हैं। और लाखों की संख्या में मच्छरों के लार्वा जन्म लेने लगते हैं। यही वह समय होता है जब घटिया मछली और झींगा मछली के लाखों अण्डे नदियों से नहरों में आते हैं। नदियों के किनारों और जल मार्गों से होते हुए मछलियों के ये अण्डे हर तरफ फैल जाते हैं ओर शीघ्र ही सभी नहरें व जल धारायें मछलियों से भर जाती हैं। खेत और पानी के तालाब भी मछलियों से भर जाते हैं, जो मच्छरों के लार्वा को खा जाती हैं। इस प्रकार, जल से लबालब सिंचाई मलेरिया से संघर्ष करती है, बशर्ते कि मछली की एक प्रचुर मात्रा प्रदान हो, मिट्टी समृद्ध बने और नदियों में पानी के बहाव के साथ आई मिट्टी या रेत का आना रुके।

विल्कॉक्स ने ध्यान दिया कि 'बिना बाढ़ सिंचाई की सहायता से मिट्टी बहुत उपजाऊ नहीं हो सकती थी और मलेरिया का प्रतिरोध नहीं कर सकती थी। विल्कॉक्स तब बहुत प्रभावित हुए थे जब धान की फसलें वर्षा के पानी में खड़ी होती थीं और नदियां पानी से उफनने लगती थीं, नदियों का चढ़ा हुआ पानी नहरों के ज़रिये अक्सर देश को धन्य कर देता था, जब वर्षा का पानी खेतों में जाकर मिलता था और उसे उपजाऊ बनाता था। यह मलेरिया के मच्छरों को मारने और उस क्षेत्र में मलेरिया से लड़ने में सहायता भी देता था।

कहने की आवश्यकता नहीं कि गंगा व दामोदर नदियों के डेल्टा में कई छोटी नदियां होती थीं, जिनसे डेल्टा का निर्माण होता था और बंगाल को ऊपर वर्णित बड़ी नदियों के अतिरिक्त कई छोटी नदियों के लिए भी जाना जाता था। इन सभी नदियों से नहरों को एक विशिष्टता मिली थी, जो विल्कॉक्स के अनुसार ये थीं:

- ये नहरें चौड़ी और गहरी होती थीं और नदियों की बाढ़ से चढ़े हुए पानी को लेकर आती थीं, उपजाऊ मिट्टी से भरपूर होती थीं और मोटी रेत से मुक्त होती थीं।
- नहरें लम्बी होती थीं और एक दूसरे के समानांतर बहती थीं और सिंचाई के उद्देश्य से एक दूसरे से एक उचित दूरी पर बनी होती थीं।

- नहरों के किनारों को काट कर उनके पानी को खेतों में पहुंचा कर सिंचाई की जाती थी और जब बाढ़ के पानी का प्रवाह ज़्यादा हो जाता था, तो उन कटावों को बंद कर दिया जाता था।
- विल्कॉक्स के अनुसार, सिंचाई की प्रक्रिया इस प्रकार होती थी: एक बार जब इंजीनियर नदियों में दरार पैदा कर लेते थे और नहरों में पानी प्रवाहित होने लगता था, तो इसे किसानों के माध्यम से स्थानीय मण्डलों को सौंप दिया जाता था। वे सुनिश्चित करते थे कि पानी प्रत्येक खेत में पहुंच रहा हो। इस प्रकार, बंगाल में पानी उपलब्ध कराने के बाद भी स्थानीय मण्डलों की यह जिम्मेदारी होती थी कि वे यह देखें कि पानी प्रत्येक खेत में पहुंच चुका है या नहीं।

लगभग 1660 ईस्वी में, बर्नियर ने दो बार बंगाल का दौरा किया और मुगल साम्राज्य का पतन होने से पहले इसके बारे में लिखा। अपनी एक पुस्तक में उन्होंने कहा, : 'बंगाल में अपनी दो यात्राओं के दौरान मैंने जो ज्ञान प्राप्त किया, उससे मुझे विश्वास हो गया कि यह मिस्र से ज़्यादा समृद्ध है। यह प्रचुर मात्रा में कपास, सिल्क, चीनी, चावल और मक्खन का निर्यात करता है। यहां गेहूं, सब्जियों, अनाजों इत्यादि का अपने घरेलू उपयोग के लिए उत्पादन होता है। यहां सुअरों, भेड़ों और बकरियों के विशाल झुण्ड पाये जाते हैं। राजमहल से लेकर समुद्र तक हर प्रकार की मछली प्रचुर मात्रा में मिलती है। इस स्थान पर अनगिनत नहरें हैं जो कड़ी मेहनत से गंगा नदी से काट कर नौ परिवहन तथा सिंचाई के लिए बनाई गई हैं। भारतीय लोग गंगा नदी के जल को दुनिया का सबसे उत्तम जल मानते हैं।'

1794 में, मराठा–अफगानों के युद्ध के बाद कलकत्ता के कई अंग्रेजों द्वारा एक ग्रंथ लिखा गया था जो 1803 और 1806 में प्रकाशित हुआ था। प्रतिवर्ष आने वाली बाढ़ के क्षेत्र में बची हुई बस्तियों और खेतों ने, जो उस प्रदेश में उभर आये थे, सहनशील उद्योग के प्रभाव का प्रदर्शन किया।' वहां पानी के सैलाब, जलाशयों और बांधों पर नियंत्रण रखने के लिए नहरे मौजूद थीं। बर्नियर ने पाया कि वहां सिंचाई को ज़्यादा नज़रंदाज़ नहीं किया गया था। उन्होंने कहा कि 'भोजन में अनिवार्य चावलों का प्रबंध करने में स्थिति के अनुसार बांध विशाल मैदानी इलाकों तक पानी की आपूर्ति बनाये रखते थे

या निचले इलाकों में पानी देने के लिए झीलों में पानी सुरक्षित रखते थे। दोनों ही उद्देश्यों के लिए, पानी की आपूर्ति को नियंत्रित करने में बहुत कौशल दिखाना पड़ता था। ये अद्भुत नहरें बाढ़ के सैलाब को नहीं रोक पाती थीं, किंतु अचानक बढ़ गये पानी को अवश्य नियंत्रित कर लेती थीं। ग्रंथ में आगे लिखा गया था कि इसकी अपेक्षा कि जलाशयों, जलमार्गों और नहरों में कोई सुधार होता, वे लगातार जर्जर हो रहे थे।

1794 में मराठा–अफगान युद्ध के बाद सिंचाई प्रणाली एकदम गड़बड़ा गई और ज़मींदारों व काश्तकारों में 'पुलबंदी' यानि नहरों व बांधों की मरम्मत के कार्य को नज़रंदाज करना शुरू कर दिया। इन्हें बचाया जा सकता था, किंतु व्यापारी और जल पर्यटक होने के कारण ब्रिटिश लोगों को सिंचाई का कोई ज्ञान नहीं था, जिसके कारण युद्ध के बाद कई जलमार्ग उपेक्षित हो गये थे। उन्होंने इन जलमार्गों को केवल जल पर्यटन के लिए बनी नहरें ही समझा था। इसलिए, वहां कुछ भी नहीं बचा था, सिवाय दामोदर नदी के तट पर गंदी नहरों के रूप में भरी हुई दरारों के और यह इस क्षेत्र के लिए एक गम्भीर ख़तरा बन गया था। दामोदर नदी ने एक नया महत्व पा लिया था। इन तटों को ज़मींदारी तटबंध सिंचाई कहा जाता था, जब वहां बाढ़ का ख़तरा होता था तो किसान इन तटबंधों को तोड़ देते थे। इस प्रकार पुरानी नहरें और सूखी हुई नदियां पानी से भर जाती थीं और बड़े अच्छे ढंग से वहां सिंचाई हो जाती थी और इसे ज़मींदारी तटबंध सिंचाई कहा जाता था।

और उसके बाद, बंगाल में अतिप्रवाह सिंचाई को अंतिम झटका लगा। दरअसल, माना यह गया था कि ये तटबंध केवल बाढ़ से बचाव के लिए बनाये गये थे और ज़मींदारी सिंचाई तटबंध की दरारें पानी से भर जाती थीं, तो इस पानी को ब्रिटिश शासकों द्वारा कोई महत्व नहीं दिया जाता था। ये उनके लिय अस्तित्वहीन थीं। कुछ मामलों में इन अतिप्रवाहित नहरों को अप्रयुक्त नदियां कहा जाता था, तो कुछ जगहों पर 'जल निकासी का माध्यम', लेकिन सिंचाई शब्द नहीं प्रयोग किया जाता था। सिंचाई फिर भी चलती रहती थी। ज़मींदारों और काश्तकारों ने नदी के तटों पर गुप्त दरारें बना ली थीं और वे अपने खेतों को इनसे सींचते थे। ब्रिटिश अधिकारी इन दरारों को नदियों की अनियंत्रित बाढ़ से बनी दरारें समझते थे और सरकार ने स्वयं इन लज्जाजनक कार्यों को बंद करने का निश्चय कर लिया

था। सरकार में किसी भी व्यक्ति को यह महसूस नहीं होता था कि किसानों ने ये दरारनुमा नालियां सिंचाई के प्रयोजन से बनाई थीं। लेकिन, यह स्पष्ट किया जाना चाहिए कि एक ही वर्ष में कम लम्बाई वाली तटबंधों से घिरी नदी में 40–50 दरारें स्वयं नदी द्वारा नहीं बन सकतीं। 1846 में एक कमेटी ने सुझाव दिया कि दामोदर नदी पर बने तटबंधों को हटा देना चाहिए और दरारें जो बंद कर दी गई थीं, उन्हें फिर से खोल देना चाहिए ताकि नदी खुल कर अतिप्रवाह वाली नहरों में बह सके, जिन्हें जल निकासी नहीं कहा जाता था। इसमें नहरों के रखरखाव तथा सफाई आदि की भी सिफारिश की गई थी। लेकिन, ऐसा कुछ नहीं किया गया। न तो नहरों की साफ–सफाई की गई थी और न ही दामोदर नदी से तटबंधों को हटाया गया था। नदी के किनारों को भी किसानों द्वारा लगातार सिंचाई के लिए काटा जा रहा था; लेकिन अधिकारी इन्हें दरारें घोषित कर रहे थे।

विवरणिका के अनुसार, 1847 में 25 दरारें बनाई गईं, 1849 में 14, 1850 में 56, 1852 में 45 और 1854 में 28। सरकार ने 1855 में तटबंधों को अपने अधीन ले लिया और उन्हें पानी से भर दिया। बड़ी मात्रा में एक साथ दरारों का काम अब नहीं हो सकता था।

जब सरकार ने कार्य अपने हाथ में ले लिया, तो इससे बचे हुए तटबंधों को मजबूती मिली। उत्तर भारतीय रेलवे ने दूसरा तटबंध बनाया। ग्रैन्ड ट्रंक रोड, जिसे प्राचीन काल में बनाया गया था, उसकी ऊँचाई बढ़ा दी गई और एक तीसरा तटबंध बनाया गया। एक बार जब दामोदर और हुगली नदी के मध्य स्थित उपजाऊ व समृद्ध क्षेत्र के सामने मलेरिया और ग़रीबी जैसी समस्याओं ने सिर उठाना शुरू कर दिया, तो 5 शैतानी जंजीरों के समान 5 तटों वाली ईडन नहर ने दामोदर नदी को सीमा में बांध दिया ।

बर्दवान और हुगली के बारे में, जो अतिप्रवाह/बाढ़ सिंचाई से वंचित थे, बर्दवान की जिला विवरणिका कहती है कि 'डॉ. फ्रेंच ने बुखार की महामारी के प्रकोप पर अपनी रिपोर्ट में लिखा कि 1862–1872 के बीच, कुल जनसंख्या का लगभग 1/3 हिस्सा मौत के मुंह में चला गया।' विल्कॉक्स के अनुसार, प्राकृतिक सिंचाई के बुरी तरह प्रभावित होने के कारण किसानों को भी मछली की कमी हो गई। सिंचाई के बारे में उन्नीसवीं शताब्दी के कोई आधिकारिक आंकड़े उपलब्ध नहीं हैं। यदि विल्कॉक्स की मान्यतायें सही हैं, तो

उन्नीसवीं शताब्दी के शुरुआती भाग में 8 लाख एकड़ से अधिक के नहर सिंचित क्षेत्र की तुलना में मुर्शिदाबाद बीर भूमि, मिदनापुर, बांकुरा, हावड़ा और हुगली व एक अन्य ज़िला सहित 7 जिलों में 1911 में केवल 1.3 लाख एकड़ ही नहर सिंचित क्षेत्र था। कम फसली क्षेत्र में कम पैदावार ने 1850 और 1880 के मध्य, ग्रामीण पश्चिम बंगाल में आर्थिक गतिविधियों वाले सभी क्षेत्रों में पतन और जड़ता की स्थिति पैदा कर दी। अभाव बंगाल की एक नियमित विशेषता बन गया था। 1880 में, राहत के स्थायी उपायों की संभावनाओं को तलाशने के लिए एक अकाल आयोग की स्थापना की गयी। बीसवीं शताब्दी में खेती के अंतर्गत आने वाले क्षेत्रों में खेती की कमी के कारण और पश्चिमी तथा मध्य बंगाल में जनसंख्या में महत्वपूर्ण कमी हो जाने के बाद, फसलों की पैदावार में भारी कमी से ग़रीबी की त्रासदी ने सिर उठा लिया। ऐसा प्रतीत हो रहा था कि अकाल की महात्रासदी से कम कोई चीज़ सरकार को नींद से नहीं जगा सकती थी। 1896–97 में, एक गम्भीर सूखे ने अनाज का संकट पैदा कर दिया और सरकार को एक दूसरा अकाल आयोग स्थापित करना पड़ा। 1897–98 और 1899–1900 में पश्चिमी बंगाल को लगातार दो अकालों की मार झेलनी पड़ी थी। ऐसी आपदाओं के बाद ही, 1901 में पहले सिंचाई आयोग की स्थापना की गई। बहुत हल्के स्तर पर इसकी सिफारिशों को लागू किया गया, जिसका बंगाल में बहुत कम प्रभाव पड़ा। 1926 में कृषि पर बनाये गये रॉयल आयोग ने बंगाल के मामले को एक विशेष मामला बताया। किंतु ऐसा करने में इसने एकतरफा तर्क प्रस्तुत किया कि बंगाल की इन त्रासदियों का कारण सिंचाई की कमी नहीं, बल्कि जल निकासी की समस्या जिम्मेदार थी। वास्तव में, इसमें बताया गया कि 'बंगाल की समस्या देश के अन्य भागों से अलग थी, जो पानी की अत्यधिक कमी के कारण नहीं, अपितु पानी की अधिकता के कारण थी।' आयोग ने अत्यधिक जल निकासी की समस्या को, गाद और तलछट के जमाव के माध्यम से नदियों में पानी की कमी के कारण उत्पन्न हुई समस्या बताया। वास्तव में, ऐसा प्रतीत होता है कि आयोग ने गाद और तलछट में जमाव के कारणों पर समुचित ध्यान नहीं दिया था, जो नदियों की तटबंधी के कारण पैदा हुए थे और आयोग ने अतिप्रवाह/बाढ़ सिंचाई प्रणाली को हरी झण्डी दिखा दी थी, जिसमें नदियों के गाद की रोकथाम हुई थी और जो बाढ़ सिंचाई की नहरों के माध्यम से चौतरफा समृद्धि

लेकर आई थी, जो पानी के साथ गाद और मछली तथा मछली के अण्डे खेतों में लाती थी, जो मिट्टी को खाद प्रदान करते थे। इसके अलावा, बरसातों में पानी की आपूर्ति तथा हर तरफ मछलियों की संख्या में वृद्धि करती थी जो मच्छरों के लार्वा को खा जाती थीं। इस प्रकार, आयोग इस तथ्य से अनजान प्रतीत होता है कि सभी समस्यायें, जिसके साथ वह इतनी गहराई से जुड़ा हुआ था, सिंचाई में बाधा डालने का एक अपरिहार्य परिणाम थीं। वह शायद इस बात को समझने में असमर्थ लग रहा था कि बंगाल के लोगों ने पहले ही 'बहुत ज्यादा पानी' की समस्या से निपटने के लिए प्रबंध कर लिया था क्योंकि उन्होंने अतिरिक्त पानी से विशाल क्षेत्रों को जल का पुनर्वितरण करने की एक पद्धति तैयार कर ली थी और वे उसे अपने लाभ के लिए उपय   कर रहे थे।

इस प्रकार ब्रिटिश शासकों की ग़लत नीतियों ने एक समृद्ध बंगाल को ग़रीब बंगाल बना दिया था, जिससे सिंचाई की एक ऐसी प्रणाली समाप्त हो गयी थी, जिसने लोगों की पूरी भागीदारी के साथ कई सदियों तक सफलतापूर्वक कार्य किया था।

परिशिष्ट 2

दसवीं पंचवर्षीय योजना का मध्यावधि मूल्याँकन–बड़ी व मध्यम सिंचाई का वास्तविक विवरण ('000 हेक्टेयर में)

			मार्च '02 तक उपलब्धियां(नौवीं पंचवर्षीय योजना)		दसवीं योजना के लक्ष्य		2002–03 के लक्ष्य		2002–03 की अनुमानित उपलब्धियां		वार्षिक योजना 2003–04 के लक्ष्य		अनुमानित उपलब्धियां 2003–04		लक्ष्य 2004–05	
क्रम	राज्य / संघ शासित प्रदेश का नाम	अधिकतम सिंचाई क्षमता	निर्मित क्षमता	प्रयुक्त क्षमता	निर्मित क्षमता	प्रयुक्त क्षमता	निर्मित क्षमता	प्रयुक्त क्षमता	निर्मित क्षमता	प्रयुक्त क्षमता	निर्मित क्षमता	प्रयुक्त क्षमता	निर्मित क्षमता	प्रयुक्त क्षमता	निर्मित क्षमता	प्रयुक्त क्षमता
1	आंध्र प्रदेश	5000.00	3303.22	3051.59	739.88	480.92	183.94	119.56	94.24	61.26	190.20	123.63	46.73	30.37	264.05	171.63
2	अरुणाचल प्रदेश	0.00	0.00	0.00	4.00	2.60	0.80	0.52	0.80	0.52	0.80	0.52	0.80	0.52	0.80	0.52
3	असम	970.00	243.92	174.37	116.10	75.47	26.80	17.42	5.50	3.58	29.15	18.95	29.15	18.95	47.53	30.89
4	बिहार	5223.50	2680.00	1714.83	948.42	400.00	170.00	110.50	27.00	17.55	223.00	144.95	45.0	29.25	236.00	153.40
5	छत्तीसगढ़	1146.93	922.50	760.74	305.00	198.25	93.00	60.45	58.00	37.70	47.00	30.55	47.00	30.55	47.00	30.55
6	गोवा	62.00	21.17	15.33	26.66	14.69	5.46	3.55	1.72	1.12	5.46	3.55	3.15	2.05	5.69	3.70
7	गुजरात	3000.00	1430.37	1300.83	1904.00	1237.60	235.00	152.75	144.00	93.60	24.44	30.44	24.44	30.44	24.44	30.44
8	हरियाणा	3000.00	2099.49	1849.97	119.00	77.35	41.00	26.65	16.30	10.60	22.76	14.79	13.57	8.82	17.30	11.25
9	हिमाचल–प्रदेश	50.00	13.35	7.51	8.00	5.20	3.00	1.95	0.20	0.13	0.30	0.20	0.30	0.20	0.30	0.20
10	झारखण्ड	1276.50	354.47	230.45	315.00	204.75	54.15	35.20	3.56	2.31	54.15	35.20	4.82	3.13	49.83	32.39
11	जम्मू–कश्मीर	250.00	179.69	168.75	25.00	16.25	1.40	1.20	1.40	1.20	5.95	3.87	2.98	1.94	7.27	4.73
12	कर्नाटक	2500.00	2121.12	1844.82	999.89	649.93	221.29	143.84	57.12	37.13	241.63	157.06	241.63	157.06	241.63	157.06
13	केरल	1000.00	609.49	558.87	90.00	58.50	10.00	6.50	10.00	6.50	15.00	9.75	15.00	9.75	15.00	9.75
14	मध्य–प्रदेश	4853.07	1386.90	875.63	265.30	127.20	101.75	66.14	101.75	66.14	100.97	65.63	100.97	65.63	52.00	33.80
15	मणिपुर	135.00	28.15	20.28	28.15	18.30	—	—	—	—	—	—	—	—	—	—
16	मेघालय	20.00	0.00	0.00	—	—	—	—	—	—	—	—	—	—	—	—
17	मिजोरम	0.00	—	—	—	—	—	—	—	—	—	—	—	—	—	—
18	नागालैण्ड	10.00	0.00	0.00	—	—	—	—	—	—	—	—	—	—	—	—
19	उड़ीसा	3600.00	1826.56	1794.17	465.07	302.30	23.22	15.09	29.92	19.45	64.93	42.20	67.40	43.81	44.21	28.74
20	पंजाब	3000.00	2542.48	2485.99	160.30	104.20	—	—	2.19	5.03	26.09	16.96	—	—	26.09	16.96
21	राजस्थान	2750.00	2482.15	2313.87	413.80	268.97	49.30	32.05	44.80	29.12	52.00	33.80	68.85	44.75	87.00	56.55
22	सिक्किम	20.00	0.00	000	0.00	0.00	0.00	—	—	—	—	—	—	—	—	—
23	तमिलनाडु	1500.00	1549.31	1549.29	9.38	6.10	0.84	0.55	4.25	2.76	5.14	3.34	5.14	3.34	5.14	3.34
24	त्रिपुरा	100.00	4.90	4.50	10.50	6.83	—	—	—		2.89	1.88	2.89	1.88	2.4	1.56
25	उत्तर–प्रदेश	12154.00	7910.09	6334.00	1000.76	650.49	145.34	94.47	145.34	94.47	158.00	102.70	158.00	102.70	158.00	102.70
26	उत्तरांचल	346.00	280.30	185.41	6.20	4.03	1.24	0.81	1.24	0.81	4.50	2.93	4.50	2.93	4.50	2.93
27	पश्चिमी बंगाल	2300.00	1683.29	1527.12	700.00	455.00	65.00	42.25	39.00	25.35	20.00	13.00	7.52	4.89	15.00	9.75
28	संघ शासित प्रदेश	98.00	6.51	3.94	0.00	0.00	0.00	0.00	0.00	0.00	0.00	0.00	0.00	0.00	0.00	0.00
29	योग	58465.00	36918.43	30919.50	9936.84	6194.59	1502.53	976.93	812.33	513.91	1344.36	888.39	1004.84	667.70	1551.18	1022.82

परिशिष्ट 2

दसवीं पंचवर्षीय योजना का मध्यावधि मूल्यॉंकन –लघु सिंचाई का वास्तविक विवरण ('000 हेक्टेयर में)

क्रम	राज्य/संघ शासित प्रदेश का नाम	अधिकतम सिंचाई क्षमता	मार्च '02 तक उपलब्धियां(नौवीं पंचवर्षीय योजना)		दसवीं योजना के लक्ष्य		2002–03 के लक्ष्य		2002–03 की अनुमानित उपलब्धियां		वार्षिक योजना 2003–04 के लक्ष्य		अनुमानित उपलब्धियां 2003–04		लक्ष्य 2004–05	
			निर्मित क्षमता	प्रयुक्त क्षमता	निर्मित क्षमता	प्रयुक्त क्षमता	निर्मित क्षमता	प्रयुक्त क्षमता	निर्मित क्षमता	प्रयुक्त क्षमता	निर्मित क्षमता	प्रयुक्त क्षमता	निर्मित क्षमता	प्रयुक्त क्षमता	निर्मित क्षमता	प्रयुक्त क्षमता
1	आंध्र प्रदेश	6260.00	3019.46	2781.22	195.40	156.32	11.70	9.36	7.23	5.78	16.18	12.94	10.33	8.26	27.13	21.70
2	अरुणाचल प्रदेश	168.00	99.52	77.40	20.00	16.00	4.13	3.30	4.13	3.30	4.13	3.30	4.13	3.30	4.13	3.30
3	असम	1900.00	603.62	494.11	116.10	92.88	26.80	21.44	14.00	11.20	3.94	3.15	2.25	1.8	6.35	5.08
4	बिहार	5663.50	4716.44	3759.46	264.60	211.68	52.92	42.34	42.34	33.87	52.92	42.34	42.34	33.87	52.92	42.34
5	छत्तीसगढ़	571.00	487.70	322.86	55.00	44.00	20.00	16.00	29.10	23.28	38.00	30.40	38.00	30.40	38.00	30.40
6	गोवा	54.00	19.14	20.00	4.54	1.86	0.22	0.18	0.33	0.26	0.33	0.26	0.38	0.30	0.65	0.52
7	गुजरात	3103.00	1998.92	1876.14	64.00	45.00	6.50	5.20	6.50	5.20	6.50	5.20	6.50	5.20	6.50	5.20
8	हरियाणा	1512.00	1630.95	1578.12	42.50	34.00	8.50	6.80	6.72	5.38	8.50	6.80	—	—	—	—
9	हिमाचल–प्रदेश	303.00	161.00	138.30	10.00	8.00	2.09	1.67	2.09	1.67	2.00	1.60	2.00	1.60	2.00	1.60
10	झारखण्ड	1183.50	588.87	471.09	56.93	45.54	18.64	14.91	1.74	1.39	19.32	15.46	6.15	4.92	11.21	8.97
11	जम्मू–कश्मीर	1108.00	382.45	366.77	23.50	18.80	1.40	1.12	1.40	0.90	5.23	4.18	3.36	2.69	6.25	5.00
12	कर्नाटक	3474.00	1585.40	1541.74	221.29	177.03	8.00	6.40	8.00	6.40	8.00	6.40	8.00	6.40	8.00	6.40
13	केरल	1679.00	640.02	603.76	50.00	40.00	7.00	5.60	7.00	5.60	10.00	8.00	10.00	8.00	10.00	8.00
14	मध्य–प्रदेश	11361.00	2256.13	2149.48	125.00	100.00	35.00	28.00	35.00	28.00	30.00	24.00	30.00	24.00	25.00	20.00
15	मणिपुर	469.00	75.49	62.34	14.45	11.56	3.40	2.72	3.40	2.72	3.30	2.64	3.30	2.64	3.50	2.80
16	मेघालय	148.00	50.97	47.31	12.50	10.00	2.97	2.38	2.97	2.38	1.64	1.31	1.64	1.31	1.88	1.50
17	मिजोरम	70.00	16.69	14.08	1.66	1.33	0.23	0.22	0.23	0.22	0.23	0.22	0.23	0.22	0.35	0.30
18	नागालैण्ड	75.00	76.56	65.63	9.43	7.54	17.92	14.34	—	—	2.29	1.83	2.29	1.83	3.60	2.88
19	उड़ीसा	5293.00	1474.12	1337.55	132.37	105.90	30.37	24.30	30.37	24.30	20.56	16.45	20.56	16.45	42.08	33.66
20	पंजाब	2967.00	3427.56	3367.82	सुनिश्चित नहीं	सुनिश्चित नहीं	4.37	3.50	2.34	0.24	1.08	0.86	0.18	0.02	1.08	0.86
21	राजस्थान	2378.00	2447.10	2361.80	50.00	40.00	7.00	5.60	4.00	3.20	2.00	1.60	1.80	1.44	5.00	4.00
22	सिक्किम	50.00	29.67	23.61	5.00	4.00	0.50	0.40	0.40	0.32	0.80	0.60	0.80	0.60	0.80	0.60
23	तमिलनाडु	4032.00	2123.38	2119.52	9.02	7.22	4.46	3.57	0.68	0.54	5.21	4.17	5.21	4.17	5.21	4.17
24	त्रिपुरा	181.00	109.65	96.09	32.40	25.92	7.30	5.84	7.30	5.84	7.06	5.65	6.05	4.84	6.47	5.18
25	उत्तर–प्रदेश	17481.00	21599.40	17279.62	3616.80	2893.44	375.43	300.34	373.92	299.14	368.32	294.66	368.32	294.66	368.32	294.66
26	उत्तरांचल	518.00	500.98	400.80	11.88	9.50	2.38	1.90	2.38	1.90	2.38	1.90	2.38	1.90	2.38	1.90
27	पश्चिमी बंगाल	4618.00	3792.52	3098.12	500.00	400.00	100.00	80.00	65.00	52.00	70.00	56.00	70.00	56.00	75.00	60.00
	कुल राज्य	81382.00	56856.31	49012.46	6802.37	5433.92	820.23	656.22	685.57	546.64	709.92	567.93	693.50	554.67	743.82	595.03

	संघ शासित प्रदेश															
28	अंडमान निकोबार द्वीप		1.38	1.35	0.81	0.65	0.16	0.13	0.16	0.13	0.16	0.13	0.16	0.13	0.16	0.13
29	चण्डीगढ़		0.26	0.24	0.16	0.13	0.02	0.02	0.02	0.02	0.02	0.02	0.02	0.02	—	—
30	दादरा एवं नगर हवेली		0.69	0.65	0.95	0.76	0.19	0.15	0.19	0.15	0.19	0.15	0.19	0.15	0.19	0.15
31	दमन एवं दीव		15.37	10.29	0.96	0.77	0.19	0.15	0.19	0.15	0.19	0.15	0.19	0.15	0.19	0.15
32	दिल्ली		21.64	18.52	सुनिश्चित नहीं	सुनिश्चित नहीं	सुनिश्चित नहीं	सुनिश्चित नहीं	सुनिश्चित नहीं	सुनिश्चित नहीं	सुनिश्चित नहीं	सुनिश्चित नहीं	सुनिश्चित नहीं	सुनिश्चित नहीं	सुनिश्चित नहीं	सुनिश्चित नहीं
33	लक्षद्वीप		0.00	0.00	0.00	0.00	0.00	0.00	0.00	0.00	0.00	0.00	0.00	0.00	0.00	0.00
34	पाण्डिचेरी		4.37	4.36	2.50	2.00	1.41	1.13	1.41	1.13	1.90	1.52	1.90	1.52	1.85	1.48
	कुल (संघ शासित प्रदेश)	46.00	43.71	35.41	5.38	4.30	1.97	1.58	1.97	1.58	2.46	1.97	2.46	1.97	2.39	1.91
	कुल योग (राज्य व संघ शासित प्रदेश)	81428.00	56900.02	49047.87	6807.75	5438.23	822.20	657.80	687.54	548.22	712.38	569.90	695.96	556.64	746.21	596.94

परिशिष्ट 3

योजनाओं के माध्यम से लघु सिंचाई क्षमता का विकास

(मिलियन हेक्टेयर)

योजना	लघु सिंचाई प्रयुक्त कुल क्षमता	लघु सिंचाई भूजल क्षमता	भूजल व कुल लघु सिंचाई क्षमता का प्रतिशत
दूसरी पंचवर्षीय योजना	14.75	8.28	56
वार्षिक योजनायें 1966–69 तीन वर्ष	19.00	12.50	66
चौथी पंचवर्षीय योजना 1969–74	23.50	16.44	70
पांचवी पंचवर्षीय योजना 1974–78	27.30	19.80	73
वार्षिक योजनायें 1978–80 दो वर्ष	30.00	22.00	73
छठी पंचवर्षीय योजना 1980–1985	35.25	26.24	74
सातवीं पंचवर्षीय योजना 1985–90	43.12	33.15	77
वार्षिक योजनायें 1990–92 दो वर्ष	46.54	36.25	78
आठवीं पंचवर्षीय योजना	48.80	उपलब्ध नहीं	–
नौवीं पंचवर्षीय योजना 1997–02 अनुमानित	49.00	उपलब्ध नहीं	–

स्रोत : जल संसाधन मंत्रालय तथा कार्यकारी समूहों की रिपोर्ट व विभिन्न राज्यों के लिए दसवीं पंचवर्षीय योजना के प्रस्ताव

परिशिष्ट 4

भूमि उपयोग का वर्गीकरण तथा भारत में सिंचित क्षेत्र 1998–99 और 1999–2000 (अनंतिम)

क्रम संख्या	भूमि उपयोग का प्रकार	क्षेत्र–'000 हेक्टेयर में	
		1989–99	1999–2000
1.	भौगोलिक क्षेत्र	3,28,726+	
2.	भूमि उपयोग के आंकड़ों के लिए सूचित क्षेत्र	3,06,053	3,06,054
3.	वन	68,980	69,024
4.	कृषि के लिए अनुपलब्ध		
ए.	गैर–कृषि उपयोग में लगा क्षेत्र	22,803	22,967
बी.	बंजर व न जोतने योग्य भूमि	19,512	19,440
	कुल (ए + बी)	42,315	42,407
5.	अन्य कृषि योग्य भूमि, निम्न के अतिरिक्त :		
ए.	स्थायी चारागाह व अन्य चारागाह	11,127	11,040
बी.	विविध वृक्षों व उपवन के तहत भूमि, शुद्ध बुवाई क्षेत्र में शामिल नहीं	3,629	3,618
सी.	कृषियोग्य बंजर भूमि	13,904	13,828
	कुल (ए+बी)	28,659	28,486
6.	परती भूमि		
ए.	वर्तमान परती भूमि के अलावा परती भूमि	9,929	10,108
बी.	वर्तमान परती भूमि	13,589	14,798
	कुल (ए + बी)	23,518	24,906
7.	शुद्ध बुवाई क्षेत्र	1,42,581	1,41,231
8.	कुल फसली क्षेत्र	1,93,034	1,89,740
9.	एक बार से अधिक बोया गया क्षेत्र	50,453	48,510
10.	शुद्ध सिंचित क्षेत्र	57,077	57,238
11.	सकल सिंचित क्षेत्र	75,954	76,336

(कृषि मंत्रालय, भारत सरकार)

परिशिष्ट 5

तमिलनाडु सामुदायिक ड्रिप सिंचाई योजना, ज़िला कामराजर

मॉडल 1 (2.4 हेक्टेयर नारियल, 6 लाभार्थी)

ऊर्जा:

मोटर–4 हार्स पॉवर, कुएं से दूरी /गर्मियों में उपलब्ध पानी की गहराई के अनुसार, 200 लीटर प्रति मिनट (एल.पी.एम.)/20 मीटर निकास के सामने ड्रिप के मेन लाइन के नज़दीक मुहाने पर ।

प्रयोग:

2.4 हेक्टेयर में पौधे, 3.3 घंटे प्रति दिन के लिए 200 एल.पी.एम., 300 दिनों के लिए 6.2 यूनिट प्रति दिन।

बिजली की खपत:

6.2 × 300 = 1860 यूनिट प्रति वर्ष
भूमि से निकाला गया और प्रयोग में लाया गया पानी :
200 एल.पी.एम. × 60 मीटर × 3.3 घंटे × 300 दिन = 1,18,80,000 लीटर।

मॉडल 2.

पौधे (अमरूद)1.8 हेक्टेयर, नारियल के घेरे सहित–4 लाभार्थी

ऊर्जा:

मोटर–2.5 हार्स पॉवर, कुएं से दूरी /गर्मियों में उपलब्ध पानी की गहराई के अनुसार, 200 लीटर प्रति मिनट (एल.पी.एम.)/20 मीटर निकास के सामने।

प्रयोगः

2.5 घंटे प्रतिदिन के लिए 200 एल.पी.एम. परिणाम के साथ 11.8 हेक्टेयर में पौधे– 300 दिनों के लिए 5 यूनिट प्रतिदिन।

बिजली की खपतः

5 यूनिट × 300 = 1,500 यूनिट

भूमि से निकाला गया और प्रयोग में लाया गया पानी :

200 एल.पी.एम. × 2.5 घंटे × 60 मीटर × 300 दिन = 90,00,000 लीटर।

मॉडल 3

पौधे 2.2 हेक्टेयर सब्जियाँ– 5 लाभार्थी

ऊर्जाः

मोटर–2.5 हार्स पॉवर, कुएं से दूरी /गर्मियों में उपलब्ध पानी की गहराई के अनुसार– 200 लीटर प्रति मिनट (एल.पी.एम.)/20 मीटर निकास के सामने।

प्रयोगः

3.3 घंटे प्रति दिन के लिए 200 एल.पी.एम. के साथ 2.2 हेक्टेयर में पौधे, 300 दिन के लिए 6.2 यूनिट प्रतिदिन।

बिजली की खपतः

6.2 यूनिट × 300 = 1,860 यूनिट

भूमि से निकाला गया और प्रयोग में लाया गया पानी :

200 एल.पी.एम. × 3.3 घंटे × 60 मीटर × 300 दिन = 1,18,80,000 लीटर।

मॉडल 4

पौधे–4 हेक्टेयर आम/अम्ल नींबू नारियल के घेरे सहित– 10 लाभार्थी।

ऊर्जाः

मोटर–2.5 हार्स पॉवर, कुएं से दूरी /गर्मियों में उपलब्ध पानी की गहराई के अनुसार– 300 लीटर प्रति मिनट (एल.पी.एम.)/20 मीटर निकास के सामने।

प्रयोगः

5.3 घंटे प्रति दिन के लिए 300 एल.पी.एम. उपज के साथ 4 हेक्टेयर में पौधे– 250 दिन के लिए 20 यूनिट प्रति दिन।

बिजली की खपतः

20 यूनिट × 250 = 5,000 यूनिट

भूमि से निकाला गया और प्रयोग में लाया गया पानी :

300 एल.पी.एम. × 5.3 घंटे × 60 मीटर × 250 दिन = 2,38,50,000 लीटर।

मॉडल 4 ए

नारियल के घेर सहित 4 हेक्टेयर अम्ल–नींबू पौधे

ऊर्जाः

मोटर–2.5 हार्स पॉवर, कुएं से दूरी /गर्मियों में उपलब्ध पानी की गहराई के अनुसार– 200 लीटर प्रति मिनट (एल.पी.एम.)/20 मीटर निकास के सामने।

प्रयोगः

5.3 घंटे प्रतिदिन के लिए 200 एल.पी.एम. के साथ 2.5 हेक्टेयर में पौधे–250 दिनों के लिए 20 यूनिट प्रति दिन।

बिजली की खपतः

20 यूनिट × 250 = 5,000 यूनिट।

भूमि से निकाला गया और प्रयोग में लाया गया पानी :

200 एल.पी.एम. × 5.3 घंटे × 60 मीटर × 250 दिन = 1,59,00,000 लीटर।

सारांश

पांच मॉडलों में कामराजर ज़िला की बिजली की खपत

मॉडल	संबंधित क्षेत्र–हेक्टेयर में	यूनिट बिजली प्रयुक्त–प्रति वर्ष
1.	2.4	1,860
2.	1.8	1,500
3.	2.2	1,860
4.	4.0	5,000
4.ए.	4.0	5,000
कुल	14.4	15,220

प्रति हेक्टेयर बिजली की खपत का औसत

15,220/14.4 = 1,056.9 अथवा 1,057 यूनिट प्रति वर्ष।

पानी की खपत का सारांश

मॉडल	संबंधित क्षेत्र–हेक्टेयर में	पानी की खपत प्रति वर्ष (लीटर में)
1.	2.4	1,18,80,000
2.	1.8	90,00,000
3.	2.2	1,18,80,000
4.	4.0	2,38,50,000
4.ए.	4.0	1,59,00,000
कुल	14.4	7,25,10,000

एक घन मीटर = 1,177 लीटर

इसलिए, प्रति हेक्टेयर निकाला गया और प्रयुक्त हुआ पानी = 7,25,10,000 / 1,177 गुना 14.4 = 4,278 घन मीटर।

(तमिलनाडु में सामूहिक कुंओं के लिए ड्रिप सिंचाई योजनायें– तमिलनाडु सरकार के लिए कृषि वित्त सलाहकारों (पूर्व में कृषि वित्त निगम)बम्बई, अगस्त 1989 द्वारा एक व्यावहारिक रिपोर्ट से)।

परिशिष्ट 6

गायें सदैव लाभकारी, मीथेन गैस, तेल के आयात को शानदार उत्तर

लेखक : अरुण फिरोदिया

अमरीका के राष्ट्रपति जॉर्ज डब्ल्यू. बुश ने हाल ही में विकसित देशों को मीथेन की खेती करने की अपील की। उनका कहना उचित था कि मीथेन की खेती कच्चे तेल की आसमान की छूती कीमतों का मुकाबला करेगी और खनिज ईंधन के एक विकल्प के रूप में उभर कर आयेगी जिसके भण्डार में आगामी तीस से चालीस वर्षों में कमी आ सकती है। मीथेन की खेती गोबर से जैविक अपशिष्ट या स्टार्च से बायोगैस पैदा करने के अतिरिक्त कुछ नहीं है। भारत जैसे विकासशील देश को अपनी तीव्रता से बढ़ती ऊर्जा की ज़रूरतों को ध्यान में रखते हुए मीथेन की खेती अवश्य अपनानी चाहिए।

हमारे पास विश्व का सबसे बड़ा पशुधन है, जिसकी संख्या 250 मिलियन है और उससे हमें तकरीबन 125 मिलियन टन गोबर की प्राप्ति होती है। इस गोबर का इस्तेमाल करके, हम पर्याप्त मात्रा में मीथेन गैस पैदा कर सकते हैं और खाना पकाने में काम आने वाले एल.पी.जी. और मिट्टी के तेल के स्थान पर काम में ला सकते हैं और यातायात के लिए काम आने वाले पेट्रोल के विकल्प के रूप में इस्तेमाल कर सकते हैं। मीथेन गैस कम से कम ग्रामीण क्षेत्रों में सभी ज़रूरतों को पूरा करने के लिए पर्याप्त बिजली पैदा कर सकती है। यह उप–उत्पाद रसायनिक उर्वरकों के स्थान पर उत्कृष्ट जैविक खाद के रूप में काम आ सकता है, जिन्हें फीडस्टॉक के रूप में एल.एन.जी. की आवश्यकता पड़ती है।

उत्तर–प्रदेश में गोबर गैस अनुसंधान केंद्र ने यह प्रमाणित किया है कि एक गाय एक वर्ष में इतना गोबर देती है कि उससे ईंधन

के मामले में 225 लीटर पेट्रोल के बराबर मीथेन गैस पैदा होती है। ऊष्मीय मान तालिका यह दिखाती है कि एक किलो मीथेन गैस ऊर्जा की मात्रा कमोबेश एक किलो पेट्रोल, एल.पी.जी. मिट्टी के तेल या डीज़ल में उपलब्ध ऊर्जा के बराबर है।

एल.पी.जी. का प्रयोग शहरी क्षेत्रों में खाना पकाने के लिए किया जाता है, वहीं ग्रामीण भारत में ईंधन के लिए मिट्टी के तेल को प्राथमिकता दी जाती है। 15 किलो का एक सिलेण्डर छः सदस्यों के परिवार में लगभग दो माह तक चलता है। अर्थात् इसकी प्रतिवर्ष प्रति व्यक्ति 15 किलो खपत होती है। मिट्टी के तेल की भी यही सच्चाई है। हमारी सौ करोड़ की आबादी की एल.पी.जी. (रसोई गैस) व मिट्टी के तेल की तमाम आवश्यकतायें 75 मिलियन गायों के गोबर से उत्पादित मीथेन गैस सिलेण्डरों से पूरी हो सकती हैं।

सी.एन.जी की ही तरह, मीथेन गैस मोटरगाड़ियों के इंजनों में पेट्रोल के स्थान पर प्रयोग की जा सकती है। पिछले वर्ष (2003–04) में हमारी पेट्रोल की खपत 8 मिलियन टन थी। इस मान्यता पर कि एक गाय 225 लीटर पेट्रोल के बराबर मीथेन गैस का उत्पादन करती है, तो आठ मिलियन टन पेट्रोल के बराबर ऊर्जा का उत्पादन करने के लिए 40 मिलियन गायों की ज़रूरत रहेगी।

एक जेनरेटर को एक किलोवाट/घंटा विद्युत ऊर्जा का उत्पादन करने के लिए 200 ग्राम पेट्रोल की ज़रूरत पड़ती है। ग्रामीण क्षेत्रों में प्रति व्यक्ति विद्युत ऊर्जा की खपत 112 किलोवाट प्रतिवर्ष है। हमारी ग्रामीण जनसंख्या 74 करोड़ होने से हमें 85 मिलियन अन्य गायों की ज़रूरत रहेगी जिससे ग्रामीण क्षेत्रों में विद्युत ऊर्जा की ज़रूरत पूरी हो सके। हमारी ऊर्जा की ज़रूरतों को पूरा करने के लिए कुल 200 मिलियन पशुधन की आवश्यकता का अनुमान है।

गाय के गोबर से मीथेन गैस प्राप्त करना बिल्कुल सरल है। इसमें एक वायुरोधक टंकी इस्तेमाल होती है, जो गोबर जैसे कच्चे जैविक कचरे से भरी रहती है। इन पदार्थों की अवायवीय क्षय गोबर गैस उत्पन्न करता है। एक ऐजिटेटर इस प्रक्रिया को तीव्रता देता है। एक औंधे ड्रम में गैस एकत्रित होती जाती है। इस गैस में 68% मीथेन व 31% कार्बन–डाइऑक्साइड होता है। कार्बन डाइऑक्सइड को हटाने के लिए इसे लाइम वाटर से और हाइड्रोजन सल्फाइड को मिटाने के लिए लोहे के हल्के पाउडर से गुज़ारा जाता है। इससे यह मीथेन से भर जाता है।

गोबर गैस संयत्र तीन घन मीटर से 270 घन मीटर तक के आकारों में उपलब्ध हैं जिनकी लागत 20,000 रुपये से 1,00,000 रुपये के बीच आती है।

एक कम्प्रेशर पोर्टेबल सिलिण्डरों में इस मीथेन गैस को निकाल कर जमा करता है। मीथेन गैस के ये सिलिण्डर फिर खाना पकाने के लिए या ऑटोमाबाइल में या दुपहिया वाहनों में प्रयोग किये जा सकते हैं। यहाँ तक कि गोबर के घोल का 50% गोबर गैस संयत्र में बचा रह जाता है, उसके बाद जिसे जैविक खाद बनाने के काम लाया जा सकता है और यह खाद नाइट्रोजन व फासफोरस से भरपूर होती है। 200 मिलियन गायों के गोबर से 50 मिलियन टन खाद पैदा की जा सकती है, जिसका देश में पूरे 143 मिलियन हेक्टेयर मिलियन की उर्वरक की ज़रूरतों को ध्यान में रखते हुए एक साल में दो बार इस्तेमाल किया जा सकता है। यह पूरी तरह से एल.एन.जी. के आयात की आवश्यकता को समाप्त कर सकता है जिसे उर्वरक संयत्रों में फीडस्टॉक के रूप में प्रयोग किया जाता है।

यदि प्रत्येक गाँव (जो हमारे यहाँ 6.27 लाख हैं) में 50 कृषक परिवार हैं जिनमें प्रत्येक के पास दो बैल व चार गायें हैं, तो इन पशुओं का गोबर देश की तमाम ऊर्जा की ज़रूरतों को ध्यान में रख कर पर्याप्त मीथेन गैस पैदा कर सकता है, जो वर्तमान में एल.पी. जी., मिट्‌टी के तेल, पेट्रोल, एल.एन.जी. से पूरी होती हैं। इसके अतिरिक्त, यह पशुधन ग्रामीण विद्युत भी प्रदान कर सकता है।

पश्चिमी देशों में पहले से ही बायो–डीज़ल का उत्पादन व्यापक रूप से शुरू हो चुका है। भारत में भी, तेल के उत्पादन के लिए पंगन, नीम, करंजी, रतनजोत या जट्रोफा को विकसित किया जा सकता है। एक हेक्टेयर में ऐसे एक हजार वृक्ष लगाये जा सकते हैं, जिससे 10 टन तिलहन की उपज होती है, जिससे 2.5 टन तेल निकाला जा सकता है। इस तेल को एस्ट्रीफिकेशन की रसायनिक प्रक्रिया से बायो–डीज़ल में परिवर्तित किया जा सकता है और डीज़ल इंजनों में ईंधन के रूप में प्रयोग किया जा सकता है। पिछले वर्ष हमारी डीज़ल तेल की वार्षिक आवश्यकता 38 मिलियन टन थी।

इतना बायो–डीज़ल 15 मिलियन हेक्टेयर बंजर या ऊसर धरती पर वृक्ष लगा कर पैदा किया जा सकता है। और, हमारे पास 25

मिलियन हेक्टेयर बंजर धरती है। या यूं कहें कि डीज़ल तेल की हमारी तमाम ज़रूरतों को पूरा करने के लिए हम पर्याप्त रूप से बायो–डीज़ल का उत्पादन कर सकते हैं।

हमारी ऊर्जा की तमाम ज़रूरतों को पूरा करने के लिए मीथेन की खेती और बायो–डीज़ल नवीकरणीय स्रोत हैं। हम क्यों खाड़ी देशों से तेल का आयात करें या अपने विरोधी पाकिस्तान से पाइपलाइनों के ज़रिये गैस का आयात करें, जबकि हम अपने स्रोतों से ही इस का समुचित प्रबंध कर सकते हैं?

स्रोतः (द टाइम्स ऑफ इंडिया, 8 दिसम्बर 2004)

परिशिष्ट 7

सिंचाई क्षमता का निर्माण व उसके उपयोग की लागत

I. परंपरागत ढंग से सिंचाई क्षमता का निर्माण-भूमिगत जल।

जैसा कि अध्ययन से यह पता चलता है कि 2005 में 1 हेक्टेयर सिंचाई क्षमता के निर्माण की लागत 1.25 लाख रुपये है। 15 वर्षों में लागत में 4% की वार्षिक दर से वृद्धि हो तो 2020 तक यह लागत इस प्रकार होगी:

1,25,000 रुपये $\times (1 + 4/100)^{15} =$ 1,25,000 रुपये $\times 1.95 =$ 2,43,750 रुपये अथवा 2,40,000 रुपये।

2005 से 2020 की अवधि में प्रति वर्ष औसत लागत न्यूनतम लागत का प्रतिशत + उच्चतम लागत के रूप में ली जा सकती है $= (1,25,000 + 2,40,000)/2 = 1,82,500$ रुपये प्रति हेक्टेयर।

यह नियम बड़ी, मध्यम व लघु सभी सतही योजनाओं पर सामूहिक रूप से लागू होगा। किसी भी मामले में, जैसा कि तालिका 3 डी में देखा जा सकता है, केवल 16.27 मिलियन हेक्टेयर क्षमता ही ऐसी है, जिसका अधिकतम 76 मिलियन हेक्टेयर से भूमिगत सिंचाई के लिए उपयोग अभी किया जाना बाकी है।

II. भूमिगत व भूजल दोनों में परंपरागत विधियों से निर्मित सिंचाई क्षमता का उपयोग।

परंपरागत ढंग से पानी का उपयोग करने के लिए, हमें लेटरल मूव (साइड रोल, व्हील लाइन) से 1 क्यूसेक स्तर के मुहाने पर स्थायी सिंचाई चैनल (एफ.आई.सी.) बनाने होते हैं, खेत पर विकास कार्यों (ओ.एफ.डी. यानि ऑन फार्म डेवलपमेंट) के अंतर्गत भूमि को समतल करने का काम पूरा करना होता है और खेतों से जल की निकासी

के लिए क्षेत्र के मुख्य निकासी चैनल से जोड़ने के लिए एफ.डी.सी. (फील्ड ड्रेनेज़ चैनल) का निर्माण करना पड़ता है। सामान्यतया पानी परियोजना से जुड़े लेटरल मूव (साइड रोल, व्हील लाइन) से प्राप्त होता है, भूमिगत जल योजनाओं में 1 क्यूसेक स्तर पर और भूजल के मामले में यह सिंचाई पम्प सेटों से उस गहराई से मात्र पंपित किया जाता है, जहाँ पानी का पता चलता है।

तालिका 5 में, पानी के उपयोग के लिए विभिन्न घटकों की लागत भूमि विकास कार्यों द्वारा निकाली गई है और तालिका ए के रूप में पुनः प्रस्तुत की गई है।

तालिका ए : सिंचाई क्षमता का उपयोग-घटकवार लागत

(मार्च 2003 को कमांड एरिया विकास कार्य)

क्र. सं.	कार्य के घटक	कवर एरिया लाख हेक्टेयर में	लागत (करोड़ रुपये में)	लागत प्रति हेक्टेयर (रुपये)	प्रत्येक घटक, कुल लागत के प्रतिशत के रूप में
1	2	3	4	5	6
1.	स्थायी सिंचाई चैनल	21.20	1,224.51	5,776	51
2.	स्थायी निकासी चैनल	12.73	96.30	757	7
3.	खेत पर विकास कार्य	20.30	926.19	4,740	42
	प्रति हेक्टेयर कुल लागत	–	–	11,273	100

(प्रथम राजस्व सुधार आयोग की रिपोर्ट, खण्ड 1, नवंबर –03 पृष्ठ संख्या 390 देखें)

यदि मार्च 2003 को, यदि परंपरागत विधि से सिंचाई होने पर सिंचाई क्षमता का उपयोग करने की लागत ऊपर वर्णित है, तो 2005 में सिंचाई क्षमता को उपयोग करने की लागत 4% प्रतिवर्ष की दर से बढ़ कर वर्ष 2005 के लिए नीचे दी गई है :

$11{,}273 \times (1 + 4/100)^2 = 11{,}273 \times 1.12 = 12{,}626$ या 12,600 रुपये।

2020 में सिंचाई के परंपरागत ढंग से लागत $12{,}600 \times (1 + 4/100)^{15} = 12{,}600 \times 1.95 = 24{,}570$ रुपये या 24,000 रुपये होगी।

2005 व 2020 में पानी के उपयोग की घटकवार लागत तालिका ए के कालम 6 में वर्णित प्रत्येक घटक की लागत के प्रतिशत को उपयोग की लागत से गुणा करने से पाई जा सकती है। तालिका बी में उसी की गणना करके दर्शाया गया है।

तालिका बी सिंचाई की परंपरागत प्रवाह/बाढ़ विधि (एफ.एम. आई.) से संबंध रखती है। लेकिन यदि सिंचाई की ड्रिप/स्प्रिंकलर विधि का इस्तेमाल किया जाता है, तो स्थायी सिंचाई चैनलों की कोई ज़रूरत नहीं पड़ेगी क्योंकि भूमिगत जल सिंचाई के मामले में परियोजना के लेटरलों से पाइप 1 क्यूसेक स्तर पर पानी प्राप्त करेंगे और पानी को उच्च स्थान पर बने भण्डारण स्थल तक ले जायेंगे, जहाँ से पानी की आपूर्ति पौधों को स्प्रिंकलर या ड्रिप के ज़रिये होगी। भूजल के सिंचाई पंप सेट के मामले में पानी को कुएं/बोरवेल से उठाया जाता है और स्प्रिंकलर या ड्रिप सेट, जो पाइपों पर जुड़े रहते हैं, के ज़रिये पौधों को आपूर्ति की जाती है। इस तरह, दोनों मामलों में केवल खेत पर विकास कार्यों को पूरा किया जा सकता है और स्प्रिंकलर से बहते हुए पानी या ड्रिप प्रणाली से टपकते हुए पानी या वर्षा के पानी की निकासी के लिए स्थायी निकासी चैनलों का निर्माण किया जा सकता है। इसलिए, जब परंपरागत सिंचाई प्रणाली को व्यापक ड्रिप और स्प्रिंकलर में परिवर्तित किया जाता है, तो निर्मित क्षमता का उपयोग करने के लिए खेतों पर विकास कार्य तथा स्थायी निकासी चैनलों का निर्माण करना ज़रूरी होगा यानि ऊपर दिखाई गई तालिका बी में मद 2 व 3 के रूप में कार्य के घटक के रूप में उल्लिखित कार्य को करना। हालांकि, यहाँ इस का उल्लेख करना ज़रूरी है कि जहाँ निर्मित सिंचाई क्षमता का पहले से ही उपयोग हो रहा है, वहाँ हमें यह देखना होगा कि खेतों के विकास कार्यों के तहत समतल भूमि यथावत है और जल निकासी की व्यवस्थायें विद्यमान हैं। ज़ाहिर है कि जहाँ सिंचाई का उपयोग हो रहा है, ओ.एफ.डी. व एफ.डी.सी. की मरम्मत कराने पर कुछ व्यय अवश्य होगा क्योंकि कार्य के इन घटकों की कुछ मरम्मत ज़रूरी होगी। यह नियम सभी सिंचाई क्षमता पर सामूहिक रूप से लागू होता है, जिनका उपयोग अभी होना है, वह चाहे भूमिगत जल द्वारा बड़ी, मध्यम या लघु सिंचाई हो या भूजल उपयोग हो।

तलिका बी : घटकवार विकास कार्यों पर आने वाली लागत

क्र. सं.	कार्य के घटक	2005 में लागत	रुपये	2020 में लागत	रुपये	2005 तथा 2020 की औसत लागत	2005– अवधि में औसत लागत (पूर्णांकित)
1.	स्थायी सिंचाई चैनल	12,600 × 51 / 100	6,426	24,000 × 51 / 100	12,240	9,333	9,300
2.	खेतों पर विकास कार्य	12,600 × 42 / 100	5,292	24,000 × 42 / 100	10,080	7,686	7,700
3.	स्थायी निकासी चैनल	12,600 × 7 / 100	882	24,000 × 7 / 100	1,680	1,281	1,300

III. स्प्रिंकलर/ड्रिप की स्थापना से पूर्व सिंचाई क्षमता (हाल ही में निर्मित) के उपयोग के लिए भूमि विकास की प्रति हेक्टेयर औसत लागत

इस तरह, यदि नवीन सिंचाई क्षमता का निर्माण किया जाता है और इसका उपयोग स्प्रिंकलर व ड्रिप का इस्तेमाल करके किया जाता है, तो आवश्यक भूमि विकास केवल दो घटकों से मिल कर किया जायेगा, अर्थात् ओ.एफ.डी. एवं एफ.डी.सी. द्वारा। इसीलिए, ऊपर तालिका बी के अनुसार 2005–2020 की अवधि में भूमि विकास पर प्रति वर्ष प्रति हेक्टेयर औसत लागत निम्न प्रकार होगी:

ओ.एफ.डी.: 7,700 रुपये

एफ.डी.सी.: 1,300 रुपये

कुल: 9,000 रुपये (भूमिगत जल के लिए)

लेकिन भूजल के मामले में, जहाँ भूमि विकास विभिन्न स्थानों पर पूरा किया जाना है, यह अनुमान 10,000 रुपये प्रति हेक्टेयर लिया गया है।

जहाँ स्प्रिंकलर/ड्रिप लगाने से पूर्व ही 2005–2020 के दौरान उपयोग किया जा रहा है–वहाँ ओ.एफ.डी./एफ.डी.सी. की मरम्मत पर प्रति हेक्टेयर औसत लागत यदि सिंचाई क्षमता का उपयोग पारंपरिक ढंग से किया जा रहा है, तो खेतों में सभी तीनों घटक होंगे, लेकिन फिर भी समय समय पर उनमें टूट–फूट के चलते उनकी मरम्मत करवाने की ज़रूरत होगी। इस तथ्य को ध्यान में रखते हुए कि एफ.आई.सी. की अब ख़ास ज़रूरत नहीं है क्योंकि पौधों को पानी देने के लिए एफ.आई.सी. के स्थान पर पाइपों का इस्तेमाल किया जायेगा; इसलिए, हम कह सकते हैं कि हम उचित मरम्मत के लिए और ओ.एफ.डी. तथा एफ.डी.सी. को नई विकसित

भूमियों के बराबर लाने के लिए इन दोनों घटकों की लागत का 1/4 भाग निर्धारित करना चाहिए, ताकि स्प्रिंकलर/ड्रिप और अन्य सहायक उपकरणों का लगाना उन्हें पुनः कार्य करने की स्थिति में ला सके। इसलिए, 2005–2020 की अवधि में भूमि के विकास कार्यों पर मरम्मत की प्रति हेक्टेयर औसत लागत (ओ.एफ. डी. + एफ.डी.सी.) लगभग 9,000 रुपये का 1/4 या 2,250 रुपये अथवा 2,500 रुपये होगी और भूमि विकास के कार्यों के बाद ड्रिप/स्प्रिंकलर और अन्य उपकरणों को लगाया जा सकता है।

लवणता व जलभराव से प्रभावित भूमि को कृषि योग्य बनाने में प्रति हेक्टेयर आने वाली औसत लागत

ऐसी भूमि के संबंध में, जो लवणता, क्षारीयता या जलभराव से प्रभावित है, इन्हें ठीक से लगाया जाना चाहिए और निकासी व्यवस्था सही ढंग से होनी चाहिए अर्थात् ओ.एफ.डी. व एफ.डी.सी. उचित व ठीक होने चाहिएं। दूसरे शब्दों में, भूमि के विकास व भविष्य में होने वाली क्षारीयता की रोकथाम के लिए कुल 9,000 रुपये प्रति हेक्टेयर की लागत की ज़रूरत होगी। इसके अतिरिक्त, लगभग 2,500 रुपये जिप्सम वग़ैरह लगाने के लिए प्रति हेक्टेयर की लागत के रूप में रखे जा सकते हैं, ऐसा इसलिए कि मिट्टी का उपयोग इस प्रकार किया जाता है कि भूमि को उचित फसल की पैदावार के लिए अनुकूल अवस्था में रखा जाये। इस प्रकार, ऐसी सभी भूमियों के लिए लागत 11,500 रुपये प्रति हेक्टेयर होगी।

IV. स्प्रिंकलर/ड्रिप की स्थापना के माध्यम से भूमिगत जल का उपयोग

मैसर्स एग्रीकल्चरल फाइनेंस कंसल्टेंट्स लि. द्वारा जनवरी 1989 में आयोजित 'हरकनहल मण्डल–बेल्लारी ज़िला, कर्नाटक के लिए 'व्यापक भूमि उपयोग प्रबंधन परियोजना पर व्यावहार्यता रिपोर्ट' के शीर्षक से एक मामले का अध्ययन नीचे उद्धृत है ताकि स्प्रिंकलर और ड्रिप का इस्तेमाल करते हुए निर्मित सिंचाई क्षमता का उपयोग करने में आने वाली लागत (भूमि विकास की लागत के अलावा) सुनिश्चित हो सके।

स्प्रिंकलर प्रणालियों की स्थापना से हरकन्हल मण्डल में एक लघु सिंचाई टंकी का एक अध्ययन

1. गांवः टोगरीकट्टे, हरकनहल मण्डल, बिलारी ज़िला
2. जल का स्रोतः लघु सिंचाई तालाब

3. तालाब की वर्तमान क्षमता : प्रवाह/बाढ़ सिंचाई प्रणाली से 20 हेक्टेयर

4. स्प्रिंकलर का इस्तेमाल करते हुए तैयार किया गया क्षेत्र

स्प्रिंकलर–सुरक्षात्मक सिंचाई के लिए 50 हेक्टेयर, यानि 1 हेक्टेयर 2.5 हेक्टेयर बन जाता है या सुरक्षात्मक सिंचाई के लिए मौजूदा क्षमता में 15% की वृद्धि। जहाँ अत्यधिक टिकाऊ फसलों में सिंचाई के अंतर्गत खेती की जाती है, हमने उस क्षेत्र में 50% की वृद्धि मानी है। हालांकि, जैसा कि बाद में इस मामले के अध्ययन में देखा जा सकता है, 2.5 हेक्टेयर की सुरक्षात्मक सिंचाई अत्यधिक टिकाऊ सिंचाई का 1.5 हेक्टेयर बन जाती है। इसलिए, सुरक्षात्मक सिंचाई व सघन सिंचाई के मध्य का अनुपात 2.5 : 1.5 या 2.5/1.5 होगा। फलतः, स्प्रिंकलर व ड्रिप प्रणाली लगाने की लागत की गणना करने के प्रयोजन से हम बिना स्प्रिंकलर के प्रयोग के 1.5 हेक्टेयर के विरुद्ध सघन सिंचाई के लिए 1.5 मानक के तौर पर लेंगे लेकिन सुरक्षात्मक सिंचाई के साथ 2.5 हेक्टेयर लेंगे।

5. लागत अनुमान

तालिका सी : स्प्रिंकलर प्रणाली लगवाने की लागत

क्र. सं.	मद	लागत (रुपये में)
1.	पाइपों व सहायक उपकरणों सहित 14 स्प्रिंकलर की लागत	1,51,400
2.	सहायक उपकरणों सहित 75 हार्स पॉवर बिजली की मोटर की लागत	1,23,700
3.	एक पम्प हाउस (7.5 मीटर × 3.5 मीटर, ए.सी. शीट सहित) के साथ 420 मीटर 3 (12मी. × 10मी. × 3.5मी.) की क्षमता के भंडारण टैंक के जन निर्माण कार्य	79,200
4.	विद्युत बोर्ड के पास इलेक्ट्रिफिकेशन के लिए जमा राशि	21,500
5.	अन्य ख़र्चे	37,600
	कुल लागत	4,13,400

नोटः यदि हम ड्रिप सिंचाई का प्रयोग करते हैं, तो उसका प्रयोग करने की लागत कमोबेश वही होगी जो ऊपर दी गई है। इस प्रकार, इस अध्ययन में हम स्प्रिंकलर व ड्रिप दोनों के लिए प्रति हेक्टेयर लागत एक समान ही मान कर चलेंगे।

तालिका सी के कुछ बुनियादी बिन्दु :

ए. 50 हेक्टेयर सुरक्षात्मक सिंचाई के लिए चाहिएं 4,13,400 रुपये।

बी. इसलिए, 1 हेक्टेयर के लिए = 4,13,400 / 50 = 8,268 रुपये चाहिए।

सी. इस प्रकार, सघन सिंचाई के लिए लागत होगी– 8,268 × 2.5 / 1.5 = 13,780 रुपये या 13,800 रुपये प्रति हेक्टेयर। यह लागत 1989 में थी।

तो, 2005 में यह लागत होगी–13,800 $(1 + 4/100)^{16}$ = 13,800 × 2.03 = 28,014 रुपये अथवा 28,000 रुपये।

तो 2020 में लागत होगी–28,000 × $(1 + 4/100)^{15}$ = 28,000 × 1.95 = 54,600 रुपये।

डी. 2005 व 2020 के मध्य औसत लागत होगी–(28,000 + 54,000) / 2 = 41,300 रुपये।

लागत जहां सिंचाई क्षमता का निर्माण होना है

तालिका डी : स्प्रिंकलर व ड्रिप के अंतर्गत सिंचाई की प्रति हेक्टेयर वास्तविक लागत, जहाँ सिंचाई क्षमता का निर्माण व उपयोग होना है

नवीन सिंचाई क्षमता का निर्माण हुआ है, लागत निम्न प्रकार से होगी:

क्र. सं.	मद	प्रति हेक्टेयर लागत (रुपये में)	स्रोत
1.	सिंचाई क्षमता के निर्माण की लागत	1,82,500	पैरा 1
2.	भूमि विकास		पैरा 2
ए.	खेत पर विकास कार्य	7,700	
बी.	निकासी चैनलों का निर्माण	1,300	
3.	सहायक सामग्री सहित मोटर / स्प्रिंकलर / ड्रिप की लागत व भण्डारण टंकियों के निर्माण की लागत	41,300	तालिका सी के नीचे दिया गया नोट
	कुल	2,33,800	

6. ए. लागत जहाँ भूमिगत जल सिंचाई क्षमता का निर्माण हुआ है, परंतु अभी उसका उपयोग नहीं किया गया

ऊपर दी गई तालिका डी में मद 2 व 3 अर्थात् भूमि विकास की लागत व मोटर, स्प्रिंकलर तथा ड्रिपों की लागत का योग लिया गया है और यह 50,300 रुपये प्रति हेक्टेयर निकलता है।

प्रति हेक्टेयर लागत जहाँ सिंचाई क्षमता का उपयोग परंपरागत ढंग (एफ.एम.आई.) से हो रहा है

अगर पानी पहले से ही उपयोग में लाया जा रहा हो और सहायक उपकरणों सहित स्प्रिंकलर/ड्रिप और मोटर आदि स्थापित किये जा रहे हों, तो लागत में अंतर केवल भूमि विकास कार्यों (ओ.एफ.डी. + एफ.डी.सी.) पर आने वाली लागत ही होगी यानि ओ.एफ.डी. और एफ.डी.सी. की मरम्मत पर आने वाली लागत। यानि लागत इस प्रकार कम होगी:

1.	ओ.एफ.डी. व एफ.डी.सी. की मरम्मत	2,500 रुपये
2.	सहायक उपकरणों सहित मोटर/स्प्रिंकलर/ड्रिप तथा भण्डारण टंकियों के निर्माण की लागत	41,300 रुपये
3.	कुल लागत प्रति हेक्टेयर (1 + 2)	43,800 रुपये

लवणीयता/जलभराव से प्रभावित सिंचित क्षेत्र की प्रति हेक्टेयर लागत

भूमि को कृषि योग्य बनाने में आने वाली लागत के मामले में प्रति हेक्टेयर लागत इस प्रकार होगी:

1.	भूमि से हानिकारक तत्वों को दूर करने सहित भूमि विकास की लागत	11,500 रुपये
2.	सहायक उपकरणों सहित मोटर/स्प्रिंकलर/ड्रिप तथा भण्डारण टैंकों के निर्माण की लागत	41,300 रुपये
3.	कुल लागत प्रति हेक्टेयर (1 + 2)	52,800 रुपये

प्टण भूजल निर्माण व सिंचाई क्षमता का उपयोग

हरकनहल मण्डल की केस स्टडी

ए. बोरवेल की लागत

1.	बोरवेल	प्रति यूनिट रुपये
ए.	बोरवेल की खुदाई की लागत 50 मीटर की गहराई में 152 मि.मी. व्यास का बोर होल, 190 रुपये प्रति हेक्टेयर की दर पर	9,500 रुपये
	यदि 30 मीटर की गहराई के अखिल भारतीय मानक 190 रुपये प्रतिमीटर की दर पर हों तो इसकी लागत होगी	5,700 रुपये

2.	150 मि.मी. भीतरी व्यास के विद्युत प्रतिरोधी वेल्डिंग किये गये आवरण पाइप की लागत 230 रुपये प्रति मीटर की दर से होगी (ड्रिलिंग करते हुए हवा के सम्पर्क में आने के कारण आवरण पाइप की लम्बाई कम हो जाती है जबकि सामान्य खुदाई में यह 15 मीटर से 20 मीटर तक हो सकता है। यूनिट लागत का अनुमान लगाने के लिए 19 मीटर को औसत माना जाता है यद्यपि कुछ क्षेत्रों में यह कम हो सकता है)	4,465 रुपये
3.	6–8 घंटे के लिए सबमर्सिबल पंप की प्रदर्शन क्षमता का परीक्षण शुल्क (एक मुश्त)	500 रुपये
4.	बोरवेल की खुदाई के लिए स्थान निर्दिष्ट करने के लिए भू–भौतिकीय जांच शुल्क (एक मुश्त)	400 रुपये
5.	उपकरणों को ढोने की लागत(एक मुश्त)	250 रुपये
6. ए.	50 मीटर गहरे बोरवेल के साथ कुल लागत (1ए + 2 + 3 + 4 + 5)	15,115 अथवा 15,100 रुपये
6.बी.	30 मीटर गहरे बोरवेल के साथ कुल लागत (1बी + 2 + 3 + 4 + 5)	11,315 रुपये

बी. मोटर व सहायक सामान/उपकरण

1.	3 हार्स पॉवर सबमर्सिबल मोटर पंपसेट की लागत	12,000 रुपये
2.	कंट्रोल पैनल, जी–वाल्व, विद्युतीकरण शुल्क, यंत्र इत्यादि लगाने के शुल्क, फुटकर खर्च मिलाकर सहायक उपकरण 10,500 रुपये कुल	22,500 रुपये
सी.	स्प्रिंकलर सेट लगाने की लागत	17,400 रुपये
डी.	ड्रिप सेट लगाने की लागत	21,500 रुपये

स्रोतः कृषि वित्त सलाहकार, बम्बई 1989 द्वारा व्यापक भूमि उपयोग प्रबंधन परियोजना–एक व्यावहारिक अध्ययन, हरकन्हल मण्डल।

नोट : एक बोरवेल की खुदाई की लागत कमोबेश इतनी ही गहराई तक के मुंडेर सहित एक खुले कुएं की खुदाई के समतुल्य

होगी। इसलिए, उपरोक्त लागत की गणना खुले कुएं के लिए भी की जा सकती है।

उपरोक्त लागत से 1.6 हेक्टेयर सिंचाई का निर्माण होगा।

उपरोक्त लागत से तैयार बोरवेल या खुदाई वाला कुआ स्प्रिंकलर/ड्रिप प्रणाली से 1.6 हेक्टेयर सघन फसलों की सिंचाई करने में सक्षम होगा, जैसा कि हमने तमिलनाडु में सामूहिक कुओं के अध्ययन के मामले में देखा है, हालांकि सघन फसलों के अंतर्गत ज़्यादा क्षेत्र कवर किया जा सकता है।

प्रति हेक्टेयर लागत के लिए कार्य पत्रक

क्र. सं.	मद	1.6 हेक्टेयर के लिए लागत (रुपये में)	प्रति हेक्टेयर लागत (रुपये में)
1.	30 मीटर गहराई तक एक खुले कुएं की खुदाई मुंडेर सहित / सहायक सामान सहित बोरवेल की खुदाई	11,300	7,063
2.	मोटर व सहायक उपकरण	22,500	14,062
3. ए.	बोरवेल/कुएं पर स्प्रिंकलर लगाने की लागत	17,400	10,875
3. बी.	बोरवेल पर ड्रिप लगाने की लागत	21,500	13,437
4.	मोटर + स्प्रिंकलर लगा कर बोरवेल की कुल लागत	51,200	32,000
4. ए.	मोटर + ड्रिप लगा कर बोरवेल की कुल लागत	55,300	34,562

यह मानते हुए कि आधा भूजल क्षेत्र ड्रिप के अंतर्गत आयेगा और बाकी आधा स्प्रिंकलर सिंचाई के अंतर्गत आयेगा, प्रति हेक्टेयर औसत लागत इस प्रकार होगी:

32,000 + 34,562/2 = 33,281 अथवा 33,000 रुपये।

2005 से 2020 के बीच प्रति हेक्टेयर औसत लागत

लागतें:

1. आवरण पाइप सहित बोरवेल की खुदाई/
   मुंडेर सहित खुले कुएं की खुदाई की लागत।

ए. 1989 में लागत — 7,063 रुपये

बी. लागत में प्रतिवर्ष 4 : वृद्धि के अनुसार 2005 में लागत
$7{,}063 \times (1 + 4/100)^{16} = 7{,}063 \times 2.03 =$ — 14,338 रुपये

सी. लागत में प्रतिवर्ष 4 : वृद्धि के अनुसार 2020 में लागत
$14{,}338 \times (1 + 4/100)^{15} = 14{,}338 \times 1.95 =$ — 27,960 रुपये

डी. 2005 से 2020 की अवधि में बोरवेल की खुदाई / खुले कुएं की खुदाई की औसत लागत =
$14{,}338 + 27{,}960/2 = 42{,}998/2 = 21{,}149$ अथवा 21,000 रुपये

2. मोटरें व सहायक सामान

ए. 1989 में लागत — 14,062 रुपये

बी. लागत में प्रतिवर्ष 4 : वृद्धि के अनुसार 2005 में लागत
$14{,}062 \times (1 + 4/100)^{16} = 16{,}062 \times 2.03 =$ — 28,546 रुपये

सी. लागत में प्रतिवर्ष 4 : वृद्धि के अनुसार 2020 में लागत
$28{,}546 \times (1 + 4/100)^{15} = 28{,}546 \times 1.95 =$ — 55,665 रुपये

डी. 2005 से 2020 की अवधि में प्रतिवर्ष प्रति हेक्टेयर औसत लागत
$(28{,}546 + 55{,}665)/2 = 84{,}211/2 = 42{,}106$ अथवा 42,000 रुपये

3. सहायक सामग्री सहित ड्रिप / स्प्रिंकलर लगाने की लागत

ए. 1989 में स्प्रिंकलर की लागत — 10,875 रुपये

बी. 1989 में ड्रिप लगवाने की लागत — 13,437 रुपये

सी. स्प्रिंकलर / ड्रिप की औसत लागत
(ए + बी) / 2 = 10,875 + 13,437 / 2 = — 12,156 रुपये

डी. 2005 में स्प्रिंकलर / ड्रिप की लागत
$12{,}156 \times (1 + 4/100)^{16} = 12{,}156 \times 2.03 =$ — 24,677 रुपये

ई. 2020 में लागत
$24{,}677 \times (1 + 4/100)^{15} = 24{,}677 \times 1.95 =$ — 48,120 रुपये

एफ. 2005 से 2020 की अवधि में स्प्रिंकलर / ड्रिप के लिए प्रतिवर्ष प्रति हेक्टेयर औसत लागत
$24{,}677 + 48{,}120/2 = 72{,}797/2$ अथवा 36,398 रुपये या 36,000 रुपये

स्प्रिंकलर/ड्रिप के साथ भूजल के उपयोग के विविध प्रकरणों/मामलों का सार और तत्संबंधी प्रति हेक्टेयर लागत

प्रकरण 1. नवीन बोरवेल / खुदाई कुआं

ए. कुएं की खुदाई — 21,000 रुपये

बी. सहायक उपकरणों सहित मोटर — 42,000 रुपये

सी. उपकरणों सहित स्प्रिंकलर / ड्रिप की लागत — 36,000 रुपये

डी.	निकासी सहित भूमि विकास (ओ.एफ.डी. डी.एफ.सी)	10,000 रुपये
	कुल	1,09,000 रुपये

प्रकरण 2. जहाँ मोटर व सहायक उपकरणों सहित कुआं मौजूद है

ए.	ड्रिप/स्प्रिंकलर को लगाने की लागत	36,000 रुपये
बी.	भूमि विकास (ओ.एफ.डी. व एफ.डी.सी. की मरम्मत)	2,500 रुपये
	कुल	38,500 रुपये

प्रकरण 3. जहाँ बिना मोटर के कुएं मौजूद हैं

ए.	मोटर व सहायक उपकरण लगाने की लागत	42,000 रुपये
बी.	स्प्रिंकलर/ड्रिप लगाने की लागत	36,000 रुपये
सी.	भूमि विकास (ओ.एफ.डी. व एफ.डी.सी. की मरम्मत)	2,500 रुपये
	कुल	80,500 रुपये

परिशिष्ट 8

दक्षिण अफ्रीकी जल नीति पर श्वेत पत्र–टिप्पणी सहित

हमारे जीवन में जल की भूमिका

दक्षिण अफ्रीका के संविधान के अधिकार–अधिनियम, धारा 27 (बी) के अनुसार, प्रत्येक व्यक्ति को जल प्राप्त करने का अधिकार है। श्वेतपत्र अपेक्षा करता है कि प्रत्येक व्यक्ति तक जल की पहुंच होनी चाहिए। दूसरे शब्दों में, सृष्टि के आरम्भ से ही पानी चट्टानों और पत्थरों की गोद में और बांधों के आग़ोश में एकत्रित व संग्रहीत होता रहा है और एक दिन, जब प्रत्येक दक्षिण अफ्रीकी व्यक्ति नल चलायेगा, तो चट्टानों व नदियों में समाया पानी, बिना अपने आने की घोषणा किये, पूरी ख़ामोशी से, आसानी के साथ बाहर प्रवाहित हो जायेगा।

दक्षिण अफ्रीका का जल कानून विजय व विस्तार से प्रकट हुआ है। औपनिवेशिक विधि निर्माताओं ने, दक्षिणी अफ्रीका की शुष्क व लगातार बदलती हुई जलवायु में यूरोप के जल की अधिकता वाले औपनिवेशिक देशों के नियमों को प्रयोग करने का प्रयास किया। उन्होंने कानून और पानी का इस्तेमाल उस प्रभावशाली वर्ग व समूह के हित में किया जिसे भूमि व आर्थिक शक्ति के लिए विशेषाधिकार प्राप्त था।

इसलिए, संविधान निष्पक्षता व समानता और उन मूल्यों के आधार पर स्थिति की समीक्षा की मांग करता है, जो उनके नये समाज की आधारशिला के रूप में निहित हैं। इसके अलावा, बढ़ती हुई जनसंख्या और पानी से वंचित लोगों की ज़रूरतों को पूरा करना उनके लिए एक चुनौती है, जिसका सामना उन्हें करना है क्योंकि पानी एक सीमित संसाधन है।

वर्तमान में इस संसाधन का उपयोग, वैसा सामाजिक, आर्थिक व पर्यावरणीय लाभ नहीं दे रहा, जैसा इसे देना चाहिए। नदियों पर बांध बनाने की एक सीमा है, क्योंकि नदियों के जल प्रवाह की क्षमता

से परे जल की आपूर्ति करना लगभग एक कम बजट वाले परिवार के लिए कर्ज़ उठाने जैसा है जिसमें उसे चुकता करने की सामर्थ्य नहीं है। जल संरक्षण कार्यक्रम नये बांधों आदि में निवेश करने की अपेक्षा एक बेहतर निवेश सिद्ध हो सकता है। उदाहरण के लिए, जल संरक्षण कार्यक्रमों से कार्यप्रणालियों को नियंत्रित करके तथा उनका प्रयोग करके पानी की आपूर्ति को बढ़ाया जा सकता है तथा मांग का उचित प्रबंधन (उदाहरण के लिए उपयुक्त शुल्कों का लागू करना) किया जा सकता है।

इसे विशेष रूप से एक महत्त्वपूर्ण चुनौती माना जाता है क्योंकि वर्षा का समय व स्थान नियमित नहीं है, जहाँ उच्चतम वर्षा वाले क्षेत्र औद्योगिक व शहरी केंद्रों से दूर हैं और ग्रामीण निर्धनता वाले उन क्षेत्रों से भी दूर हैं, जहाँ भीषण सूखा तथा बाढ़ बार–बार प्रचण्ड विनाश लेकर आते हैं और जल संसाधनों का उचित वितरण नहीं होता और कभी–कभी उनका अनुचित इस्तेमाल होता है।

इस तथ्य को ध्यान में रखते हुए, दक्षिण अफ्रीका ने विश्व को दिखाया कि शांति बिना टकरावों के भी स्थापित हो सकती है और सामंजस्य, पुनर्निमाण व विकास के राष्ट्रीय मूल्य जल के समान वितरण व उचित उपयोग में परिलक्षित होंगे।

नीतिगत दृष्टिकोण का सारांश

विगत में ज़्यादातर प्रभावशाली वर्ग द्वारा जल व उपनिवेशीय संसाधनों को इस्तेमाल किये जाने को ध्यान में रखते हुए, निष्पक्षता व समानता के आधार पर जल बंटवारे के इस तरह के विशेषाधिकार की समीक्षा करना बहुत आवश्यक है।

नये बांधों के विकास और जल अंतरण की एक सीमा है, जो प्रभावित हो सकती है। इसलिए, जल का वर्तमान उपयोग अक्सर बेकार व निष्फल सिद्ध होता है, जिसके परिणामस्वरूप वैसा लाभ नहीं मिल पाता है, जो किये गये निवेश से प्राप्त होना चाहिए। नये बांधों की अपेक्षा जल संरक्षण एक बेहतर निवेश हो सकता है। जल प्रबंधन के लिए हमें एक नये दृष्टिकोण की आवश्यकता है।

नीति की प्रक्रिया

नीतिगत विकास प्रक्रिया को दूसरे देशों और अंतर्राष्ट्रीय संगठनों के अधिकारियों के समर्थन व सहभागिता से सहायता दी गई है।

प्रमुख प्रस्ताव

दक्षिण अफ्रीका को आने वाले समय में जल प्रबंधन में मार्गदर्शन प्रदान करने वाले कुछ प्रमुख प्रस्ताव इस प्रकार हैं:

1. सबसे प्रमुख लक्ष्य है वर्तमान व भविष्य के सभी दक्षिण अफ्रीकियों के कल्याण को बढ़ावा देना।
2. जल बंटवारे में ऐतिहासिक असमानताओं के मद्देनज़र, नया राष्ट्रीय कानून सामंजस्य काल की आवश्यकता को पहचानेगा जो कुछ मामलों में कई वर्षों तक चलेगा लेकिन अंतरिम व्यवस्था के लिए प्रावधान किये जा सकते हैं।
3. नया दृष्टिकोण प्रत्येक क्षेत्र द्वारा झेली गई विशेष समस्याओं के प्रति संवेदनशील होगा। किसानों को सामंजस्य बिठाने में सहायता दी जायेगी; खदानों व विनिर्माण उद्योगों को सरकार द्वारा निर्धारित, निगरानी में रखे गये व लागू किये गए मानकों को पूरा करने के लिए उनके अपने कार्यक्रमों को बढ़ावा देने के लिए प्रोत्साहन दिया जायेगा। इसके अतिरिक्त, संरक्षण कार्यक्रम प्रारंभ किये जा रहे हैं ताकि स्थानीय सरकारें व घरेलू उपभोक्ता अपने दायित्वों का निर्वाह करने में सक्षम हों।
4. अपने पड़ोसियों से संबंधित हमारे लक्ष्य वही हैं, जो दक्षिण अफ्रीका की सीमा के भीतर हैं अर्थात् यह सुनिश्चित करना कि हम आम विकास के साथ सद्भाव में, संघर्ष के माध्यम से नहीं बल्कि सहयोग के माध्यम से, स्वयं को भविष्य की मांगों व दबावों के अनुकूल बनाते हैं।
5. अपने देश में समृद्धि व समानता के विकास में योगदान देते हुए यदि हमें यह सुनिश्चित करने के राष्ट्रीय लक्ष्य को प्राप्त करना हो कि सभी की ज़रूरत के लिए जल उपलब्ध है, तो ये लक्ष्य व दृष्टिकोण आवश्यक हैं।

जल प्रशासन विभाग व वानिकी विभाग जिसके कर्मचारी ''सभी के लिए सदैव कुछ'' सुनिश्चित करने को प्रतिबद्ध हैं, जो इन लक्ष्यों का खुलासा करता है:

- सीमित संसाधन तक पहुंच (कुछ)
- एक समान आधार पर (सभी के लिए)
- एक स्थाई तरीके से (सदा के लिए)।

नवीन दक्षिण अफ्रीकी संदर्भ

दक्षिण अफ्रीका का संविधान अन्य चीजों के अलावा सभी नागरिकों के जीवन की गुणवत्ता में सुधार लाने व सब लोगों की क्षमता को प्रकट होने का अवसर देकर लोकतांत्रिक मूल्यों, सामाजिक न्याय व मौलिक मानव अधिकारों पर आधारित समाज की स्थापना के लिए प्रतिबद्ध है। अन्याय का प्रतिकार करने व विगत की दरारों को भरने के प्रति सामूहिक प्रतिबद्धता को भी यह स्वीकारता है।

हालांकि, सम्पत्ति के संबंध में संविधान कुछ विशेष सुरक्षा की गारंटी देता है, फिर भी ऐसे कई तरीके हैं, जिनमें राज्य द्वारा एक व्यक्ति के सम्पत्ति के अधिकारों में दख़ल दिया जा सकता है। संविधान के महत्त्वपूर्ण प्रावधानों को देखे बिना सम्पत्ति के अधिकारों के सवाल को समझा नहीं जा सकता, जो हर व्यक्ति के लिए पर्याप्त पानी व भोजन, व स्वास्थ्य सेवाओं का उपयोग करने के अधिकार की गारंटी देता है। अन्य बातों के बीच, यह सभी बच्चों को बुनियादी पोषण व स्वास्थ्य सेवाओं के अधिकार का वादा करता है। पर्याप्त व किफायती पानी के उपयोग को प्राथमिक स्वास्थ्य सेवाओं के एक अंश के रूप में देखा जाना चाहिए। दूसरे शब्दों में, नदी तट पर बनाये गये उस अधिकार को, जिसे उपनिवेशवादियों ने नदियों के ऊपरी भागों में ज़मीनों का कब्ज़ा करके सुरक्षित रखा है, एक न एक दिन जाना ही होगा।

रंगभेद नीति एक विकृत प्रणाली थी जिसके अंतर्गत नस्लवाद के आधार पर पक्षपातपूर्ण जल का वितरण किया जाता था और पानी का उपयोग व उससे लाभान्वित होना भूमि, राजनीतिक व आर्थिक शक्ति तक पहुंच रखने वालों का विशेषाधिकार था। जल से संबंधित कानून के सुधार के संबंध में, समानता के अधिकार के लिए, और सभी दक्षिण अफ्रीकियों को राष्ट्र के जल संसाधनों से लाभ पाने के लिए और जाति, वर्ग या लिंग के आधार पर पानी के उपयोग के संबंध में भेदभाव का अंत करने के लिए सभी दक्षिण अफ्रीकिरों से समानतापूर्ण तथा न्यायसंगत उपयोग अपेक्षित है।

इसलिए, जल कानून के सुधार में यह बात सुनिश्चित करनी चाहिए कि अन्य सभी बातों के अलावा सभी दक्षिण अफ्रीकी की पानी तक समान पहुंच हो, उनकी मूलभूत घरेलू ज़रूरतें पूरी हों, पानी के अधिकतम व न्यायसंगत उपयोग में सुधार के लिए मौजूदा जल

के उपयोग का पुनः आवंटन हो– इसलिए, यह संवैधानिक रूप से वैध है और यह अंतर्राष्ट्रीय विकास के अनुरूप है, जिससे राज्य की भूमिका सार्वजनिक ट्रस्टी व प्राकृतिक संसाधनों के रूप में बढ़ी है।

सहकारी शासन

भारत के समान, यहाँ पानी एक राष्ट्रीय विषय होने के साथ–साथ एक प्रांतीय विषय भी है। लेकिन जल का वितरण व स्वच्छता का रखरखाव नगर निगम का विषय है। इसलिए, श्वेत पत्र में इस पर ज़ोर दिया गया है कि यह सुनिश्चित करना राष्ट्रीय और प्रांतीय, दोनों सरकारों की जिम्मेदारी है कि नगर पालिकायें जल आपूर्ति व स्वच्छता सेवाओं के प्रावधान सहित प्रभावी ढंग से अपनी जिम्मेदारियों का निर्वाह करें और उन्हें उनका लक्ष्य प्राप्त करने में सहायता प्रदान करें।

जल तथा दक्षिण अफ्रीका विकास दृष्टिकोण

यदि सरकार संवेदनशील व सहयोगपूर्ण ढंग से जल संसाधनों की व्यवस्था करने में लोगों की अपेक्षाओं पर कुछ हद तक खरी उतरती है, तो दक्षिण अफ्रीका के विकास दृष्टिकोण की उपलब्धि संभव हो पायेगी।

जल के उपयोग निम्नलिखित हैं:

1. प्राथमिकता के आधार पर घरेलू खपत के लिए और जहाँ जलजनित सीवरेज मानव अपशिष्ट को ले जाने के लिए स्थापित है।
2. कृषि को व्यवहार्य बनाने के लिए। अतः यह आवश्यक माना जाता है कि भूमि सुधार कार्यक्रम का योजनाओं के साथ अनिवार्य रूप से सामंजस्य हो, जिससे भूमि को उत्पादक बनाने के लिए पानी का न्यायसंगत उपयोग सुनिश्चित हो सके।
3. वानिकी विकास ग्रामीण क्षेत्रों में रोज़गार व आय के अवसर पैदा करता है और वन एक महत्त्वपूर्ण उद्योग के लिए कच्चा माल प्रदान करते हैं जिसमें दक्षिण अफ्रीका अग्रणी है, वनों में पानी की ज़रूरतों को उसके अन्य उपयोगों के साथ संतुलित किये जाने की आवश्यकता है।

4. अन्य कई आवश्यकताओं के लिए, कृषि में होने वाली खपत की तरह खनन, विनिर्माण व विद्युत उत्पादन एक साथ लगभग एक चौथाई भाग पानी का उपयोग करते हैं। तथापि, वे अपनी सेवाओं से जो मूल्य और रोज़गार प्रति किलोमीटर में पैदा करते हैं, वह कृषि व वनक्षेत्रों की तुलना में कहीं अधिक हैं। किन्तु इसका यह आशय नहीं है कि विनिर्माण उद्योग अधिक महत्त्वपूर्ण है–ग्रामीण समुदायों को सहारा देने में कृषि की एक महत्त्वपूर्ण भूमिका है। हालांकि, यह सुझाव दिया जाता है कि पानी के लिए उद्योगों को अनावश्यक रूप से बाधित करना राष्ट्रीय समृद्धि के हित में नहीं होगा।
5. पानी के अधिकतर उपयोग पर्यावरण पर भी प्रभाव डालते हैं और इसकी लागत वैकल्पिक जल उपभोक्ताओं व विकास के आर्थिक लाभ के आकलन में शामिल करनी चाहिए। जल के प्रतिष्ठित प्रयोक्ताओं को बरकरार रखने के लिए, प्राकृतिक संसाधनों के आधार को उचित ढंग से संरक्षित किया जाना चाहिए। हालांकि, एक सुरक्षित प्राकृतिक वातावरण के भीतर पर्यटन को प्रोत्साहित करने के लिए पानी उपलब्ध है और मनोरंजन भी रोज़गार का सृजन करने की क्षमता रखता है।

एक कम उपलब्धता वाला व संवेदनशील संसाधन

दक्षिण अफ्रीका कम वर्षा वाला एक इतना शुष्क देश है कि संसार के जल संसाधनों के औसत का इस देश में बहुत असमान रूप से वितरण हुआ है। इसमें 42 मिलियन की मौजूदा आबादी में प्रत्येक व्यक्ति के लिए प्रतिवर्ष 1,200 किलोलीटर स्वच्छ पानी उपलब्ध है। दक्षिण अफ्रीका जल संकट की दहलीज़ पर खड़ा है। जनसंख्या वृद्धि कुछ वर्षों में दक्षिण अफ्रीका को स्तर से नीचे ले आयेगी। नाम्बिया और बोत्सवाना जैसे ज़्यादा शुष्क माने जाने वाले देशों की तुलना में दक्षिण अफ्रीका में प्रति व्यक्ति पानी की उपलब्धता पहले से ही कम है।

दक्षिण अफ्रीका में पहले से ही इस्तेमाल किया जा रहे जल संसाधन की मात्रा जल उपलब्धता का अन्य परिमाण है। दक्षिण अफ्रीका अपने यहाँ उपलब्ध कुल जल का आधे से ज़्यादा भाग प्रयोग करता है, जो कि वह वहन कर सकता है, जबकि शुष्क नाम्बिया और बोत्सवाना उपलब्ध पानी का 5–10% भाग इस्तेमाल करते हैं।

ऐतिहासिक कारणों से, कई सबसे बड़े और तेजी से उभरते हुए जल उपभोक्ता बड़ी विश्वसनीय नदियों के अंत के बजाय छोटे अनियत जलाशयों के उद्भव में पाये जाते हैं। मानव अपशिष्ट व आर्थिक गतिविधियों के एक परिणाम के रूप में इसे विकट प्रभाव का सामना करना पड़ेगा। जिन क्षेत्रों में अभी भी पानी प्रचुर मात्रा में है, सामान्यतः ये क्षेत्र वही हैं, जहाँ भूमि की प्रकृति या अन्य कारकों ने व्यापक सामाजिक व आर्थिक विकास को सीमित रखा हुआ है। दक्षिण अफ्रीका की प्रमुख नदी प्रणालियों की एक अन्य सीमा यह है कि उसे ऑरेंज, लिम्पोपो व कोमाती जैसी नदियों का पानी पड़ोसी देशों के साथ साझा करना पड़ रह है।

उपलब्ध जल के ग़ैर–पारंपरिक स्रोत तथा समुद्र के पानी से लवण की मात्रा को समाप्त करने वाली छोटी परियोजनाओं में उस स्रोत को प्रयोग करने की लागत बहुत अधिक है। अतः हमारे विकास पर पानी नहीं बल्कि वित्तीय संसाधन अंतिम रोक लगाते हैं।

अन्य प्राकृतिक संसाधनों से विलग होकर जल संसाधन नहीं चल सकते। पानी की उपलब्धता जल–चक्र से संचालित होती है, जिसमें बादलों से वर्षा का जल धरती पर प्रवाहित होता है या धरती उसे सोख लेती है, जहाँ इसे भूमिगत जलीय चट्टानों की परतों में भूजल के रूप में संग्रहित किया जा सकता है और अंततः यह नदियों, झीलों व बांधों के ज़रिये समुद्र की ओर बहता है। भूमिगत जल के वाष्पीकरण और पेड़–पौधों के वाष्पोत्सर्जन से पुनः बादल बनते हैं और इस प्रकार, यह चक्र चलता रहता है।

जल संसाधनों पर भूमि का उपयोग काफी प्रभाव डालता है। इसी प्रकार, वायु में फैला प्रदूषण भी जल की गुणवत्ता पर गम्भीर प्रभाव डाल सकता है। जिस ढंग से हम नदियों का उपयोग या यूं कहें कि दुरुपयोग करते हैं, उसका हमारे समुद्रतट के आसपास के सागर व खाड़ी पर उसका असर होता है। जल संसाधन के अंतर्गत ही, पानी और तलछटों, समुद्रतटों, पशुओं, पौधों और नदियों में रोगाणुओं, बांधों और झीलों से विकट अंतःक्रिया होती है, जिसका जल प्रबंधन में ध्यान रखा जाना चाहिए। अंततोगत्वा, मानव गतिविधियां हमारी जलवायु पर एक गहरे प्रभाव की शुरुआत हैं, जो वर्षा की मात्रा व वितरण और वाष्पीकरण की दर को प्रभावित कर सकती हैं। अपनी जल संसाधन नीति में इस सब का ध्यान रखा जाना चाहिए।

इन सभी संबंधों की जटिलता जल प्रबंधन के प्रति एक संयुक्त एकीकृत दृष्टिकोण की मांग करती है।

सामाजिक-आर्थिक संबंधः

जल नीति सामाजिक व आर्थिक संदर्भों, जिनमें ये लागू होते हैं, के उपयुक्त होनी चाहिए। दक्षिण अफ्रीका मध्यम आय वाले देशों की तुलना में सबसे पिछड़ा देश है।

आय वितरण के मामले में दक्षिण अफ्रीका विश्व के सबसे असमर्थ देशों में से एक है। यहाँ कम से कम 32% लोग बेरोज़गार हैं। रंगभेद, अभाव और निर्धनता के परिणामस्वरूप, अफ्रीकियों में बेरोज़गारी अन्य अश्वेतों की तुलना में दुगुनी, भारतीयों से तिगुनी और श्वेत लोगों से दस गुणा है। अफ्रीकियों में दक्षिण अफ्रीका के लगभग 95% ग़रीब भी शामिल हैं। निर्धनता अधिकांशतः ग्रामीण क्षेत्रों में मौजूद है, जहाँ दक्षिण अफ्रीका के लगभग 75% ग़रीब लोग निवास करते हैं। दक्षिण अफ्रीका के निर्धन लोगों में 45% बच्चे हैं। इसका प्रभाव ज़्यादातर धीरे–धीरे ग्रामीण व शहरों से सटे क्षेत्रों की महिलाओं व बच्चों पर पड़ता है, विशेषतया महिला प्रधान घरों में। इन क्षेत्रों में अफ्रीकी महिलाओं के पास मीलों तक पैदल चलकर पानी लाने के अलावा और कोई विकल्प नहीं है, एक भारी बोझ जो उनके स्वास्थ्य व आमदनी पर सीधे तौर पर प्रभाव डालता है। इसके फलस्वरूप, बच्चे स्वच्छ जल की कमी तथा ख़राब सफाई व्यवस्था से संबंधित रोगों के शिकार होते हैं।

ग़रीबी, असमानता और शिक्षा के अभाव आदि के जाल से निकल पाना बहुत मुश्किल है। सरकार ही अपने सीमित साधनों से जीवन स्तर में मामूली सुधार लाने के लिए आवश्यक क्षेत्र के केवल 15% भाग को ही कवर कर सकती है। 42 मिलियन आबादी में से 12 से 14 मिलियन की आबादी सुरक्षित जल की सुविधा से वंचित है और 20 मिलियन से अधिक जनसंख्या पर्याप्त सफाई के बिना जीने के लिए मजबूर है और इन सुविधाओं के कमी में अभाव की यह मात्रा स्पष्ट रूप से दिखाई दे रही है।

जल का पुनर्निर्माण एवं विकासः

दक्षिण अफ्रीका में विकास के दृष्टिकोण का आधार, पुनर्निर्माण एवं विकास कार्यक्रम (Reconstruction and Development Programme-RDP)

इस बात पर ज़ोर देता है कि वृद्धि व विकास लक्ष्य विरोधी नहीं हैं बल्कि एक सामान्य रणनीति के आधारभूत स्तम्भ हैं। इस का कहना है कि दक्षिण अफ्रीकियों के बहुसंख्यक लोगों के जीवन स्तर में सुधार के बिना विकास के लिए राजनीतिक हालात का अस्तित्व नहीं बचेगा और विकास के बिना जीवन स्तर में सुधार के लिए आर्थिक स्थितियां पैदा नहीं की जा सकतीं।

रूपरेखा के भीतर आर.डी.पी. के प्रमुख कार्यक्रम निम्नलिखित हैं:

- मूलभूत आवश्यकताओं को पूरा करना
- मानव संसाधनों का विकास
- अर्थव्यवस्था का निर्माण
- राष्ट्र और समाज का लोकतंत्रीकरण करना।

दक्षिण अफ्रीका का स्वप्न केवल घर, रोज़गार और शिक्षा ही नहीं है। यह एक ऐसा देश है जहाँ लोगों के पास अवसर हैं कि वे अपने कौशल और अवसरों को विकसित करके काम करने व आय अर्जित करने के लिए अपनी उत्पादकता का उपयोग करें और जिससे वे अपनी मूलभूत आवश्यकताओं को तो कम से कम पूरा कर सकें। यह एक स्वप्न है, जहाँ, चूंकि अवसरों की उपलब्धता है, इसलिए लोग एक–दूसरे के साथ परस्पर शांतिपूर्वक, गरिमा व सुरक्षा के साथ जी सकते हैं, जहाँ विवेकपूर्ण प्रबंधन के कारण, जिस परिवेश में लोग जीते हैं, कठोर परिश्रम करते हैं और तनाव मुक्त होकर जीते हैं, वह परिवेश स्वस्थ व खुशनुमा है और इसे ऐसा रखा जा सकता है।

इस स्वप्न के महत्त्वपूर्ण सिद्धान्त विकास, रोज़गार और व पुनर्वितरण (Growth, Employment and Redistribution-GEAR) की बृहत् आर्थिक रणनीति में बताये गये हैं। इस प्रकार यह कार्य के लिए महत्त्वपूर्ण पथप्रदर्शक का काम करता है।

जी.ई.ए.आर. का ध्येय कई औद्योगिक क्षेत्रों में सुरक्षात्मक अवरोधों को कम करके, लघु व मध्यम उद्योगों को बढ़ावा देकर और दक्षिण अफ्रीकी विकास समुदाय (South African Development Community) में शामिल देशों के साथ–साथ अंतर्राष्ट्रीय स्तर पर प्रतिस्पर्धात्मक विनिर्माण उद्योग के साथ अनुकूलता पैदा करके आर्थिक विकास को बढ़ावा देना है। यह इस बात पर ज़ोर देता है कि दक्षिण अफ्रीका महज कच्चे तेल के प्राकृतिक संसाधनों के दोहन से विकास नहीं कर सकता। यह बात खनिजों के अधिक परंपरागत क्षेत्रों की तरह पानी के लिए भी उतनी ही लागू होती है।

ग्रामीण ग़रीबों की ज़रूरतों को पूरा करने के लिए, जी.ई.ए.आर. भूमि विकास व संबद्ध कृषि विकास तथा मूलभूत ढांचे, विशेषकर जल के प्रावधान पर ध्यान केंद्रित करता है। सार्वजनिक मूलभूत ढांचे में निवेश, नौकरियां पैदा करने, जीवन स्तर तथा अर्थव्यवस्था की उत्पादकता, दोनों में सुधार लाने के लिए एक अहम् केंद्रीय बिन्दु है। इस क्षेत्र में सफलता के मूल कारकों में सेवा प्रावधानों को एक ऐसे तरीके से संगठित करना शामिल है, जिससे उनकी लागत वसूल होती है और निजी क्षेत्र से प्राप्त होने वाली पूंजी का उपयोग सुगम हो जाता है।

जल के लिए विकास का दृष्टिकोण

जल के विविध व कभी–कभी प्रतिस्पर्धात्मक प्रयोग को देखते हुए, पुनर्निमाण व विकास कार्यक्रम (आर.डी.पी.) एकीकृत प्रबंधन की महत्त्व को दर्शाता है, जो अर्थव्यवस्था के उभरते हुए क्षेत्रों के लिए पानी की पहुंच को सुनिश्चित करेगा और अनावश्यक रूप से आर्थिक विकास को बाधित नहीं करेगा और इसी प्रकार, पानी उपलब्ध कराने वाले प्राकृतिक संसाधनों को नुकसान नहीं पहुंचायेगा। यह इस बात को सुनिश्चित करने के महत्त्व पर ज़ोर देता है कि हमारे पड़ोसी जल संसाधनों के अपने न्यायोचित हिस्से का उपयोग कर सकते हैं। इसलिए, इससे पूर्व कि वे पानी के व्यक्तिगत उपयोग पर ध्यान दें, कानून को दूसरे देशों के साथ पानी साझा करके, पानी का उचित प्रबंधन करना चाहिए।

इस प्रकार, दक्षिण अफ्रीका में जल प्रबंधन व जल कानून संकट में है और ऐसा सिर्फ़ इसलिए नहीं है कि वहाँ नई सरकार है, जिसके नये लक्ष्य व नये मूल्य हैं, बल्कि ऐसा एक नई वास्तविकता की ओर ध्यान दिये जाने के कारण है। जिस समय संसाधन भरपूर मात्रा में उपलब्ध थे, तो केवल उनके दोहन का ही काम था। बांध, पंपिंग स्टेशन, व पाइपलाइनों का निर्माण बाढ़ के पानी को संचित करने के लिए किया गया, ताकि उस पानी को सूखे के समय उपयोग में लाया जा सके और उद्योगों में व जिन क्षेत्रों में इसकी ज़रूरत है, उनमें इसका पुनर्वितरण किया जा सके।

जल प्रबंधन के इस ऐतिहासिक केंद्र को बदलना होगा। चूंकि अधिकांश सुलभ संसाधनों का विकास किया गया है(और बहुत कम बाढ़ का पानी ऐसा है, जिसका उपयोग नहीं किया गया और जो

भंडारण के योग्य है)। इसलिए, इस कार्य का हमें तेजी से बाधाओं के भीतर ही कुछ प्रबंध करना होगा–बाधायें जो प्रकृति द्वारा हमें दी गई हैं। इस बदलाव को नये कानूनी औज़ारों की आवश्यकता होगी। इस प्रकार, नदी तटों का वह सिद्धान्त, जिससे अतीत में पानी का आवंटन होता था, गोरे भूस्वामियों को अपनी भूमि का विकास करने के लिए तथा एक कृषि आधारित अर्थव्यवस्था को पानी के उपयोग के लिए सहायता पहुंचाने के लिए व प्रोत्साहन देने के लिए रंगभेदी राष्ट्र का एक प्रभावशाली साधन होता था। अब सरकार की नीति पर्यटन जैसे क्षेत्रों में उद्योगों को बढ़ावा देने और रोज़गार बढ़ाने के साथ–साथ समाज में समानता लाने की भी है।

जल प्रबंधन प्रणाली और कानून, जो इस बात को मजबूती देते हैं कि इन प्राथमिकताओं को सामने लाने के लिए और उपभोक्ताओं, जो पानी के अपने उपयोग में बहुत लाभकारी हैं, की ज़रूरतों को पूरा करने के लिए अब इस प्रणाली और कानून को अवश्य ही अपनाया जाना चाहिए। यह इस प्रकार किया जाना चाहिए कि वे कृषि अर्थव्यवस्था के लिए एक सहारा बने रहें, जिस पर अनेकों दक्षिण अफ्रीकी निवासी भविष्य में कई वर्षों तक निर्भर रहेंगे। और सबसे बड़ी बात, यह इस तरीके से किया जाना चाहिए कि जो उस संविधान की मजबूरियों को सहारा दें, जो सभी दक्षिण अफ्रीकी लोगों के लिए समानता और प्रगति के अवसरों को बढ़ावा देता है, जो उचित अधिकारों की रक्षा करता है तथा जिनसे यह न्यायपूर्ण मांग कर सकता है।

आने वाले वर्षों और दशकों में, पानी की इसी मात्रा को विकासशील समाज में बढ़े हुए उपभोक्ताओं की संख्या के बीच और उनके मांगों में साझा करना होगा। इस चुनौती से निपटने का तरीका एक समाज के रूप में दक्षिण अफ्रीका की सफलता को तय करेगा। पानी की सच्चाई सबने साझा की है। अतीत की सख्त चेतावनियां, जिन्होंने यह कल्पना की थी कि तीस वर्षों के भीतर पानी की कमी दक्षिण अफ्रीका के विकास को पंगु बना देगी, ग़लत थी।

इक्कीसवीं शताब्दी के जल प्रबंधन की चुनौती यह सुनिश्चित करना है कि समाज का विकास इस प्रकार होता है कि वह संसाधनों के आधार की कमी के भीतर भी सफलतापूर्वक कार्य कर सकता है। यह सभी के हित में साझा प्रयत्नों के रूप में और विभिन्न समूहों के बीच संघर्ष की एक अनवरत शृंखला की अपेक्षा, देशभक्ति की

एक नई भावना के रूप में, पानी के संरक्षण व विकास के उपयोग से निपटने के समान है। और इसी भावना के अंतर्गत नया जल कानून लिखा जायेगा।

टिप्पणियां

उपरोक्त श्वेतपत्र में एक अर्थव्यवस्था से संबंधित कुछ कठोर तथ्य बनाये गये हैं, जिसे काफी हद तक रंगभेद का समर्थन करने वाले राष्ट्र द्वारा श्वेत भूस्वामियों को अपनी भूमि को अनुगामी ढंग से विकसित करने के लिए प्रोत्साहित करने के लिए इस्तेमाल किया गया।

हालांकि, भूमि का स्वामित्व काफी हद तक इन श्वेत लोगों के हाथों में था लेकिन फिर भी कई अन्य दक्षिण अफ्रीकी निवासी भी कृषि अर्थव्यवस्था पर निर्भर थे, इसलिए, कृषि अर्थव्यवस्था को जीवित रखने और उसकी सफलता के लिए आवश्यक मात्रा में केवल पानी उपलब्ध कराते रहना आवश्यक है। लेकिन इसके साथ ही, दक्षिण अफ्रीकियों को और अधिक रोज़गार प्रदान करने के लिए स्थानीय खनिज संसाधनों और सेवाओं आदि का उपयोग करके, औद्योगिक विकास को गति देना भी ज़रूरी है। चूंकि अश्वेत दक्षिण अफ्रीकी निवासियों को पीने के पानी और स्वच्छता सुविधाओं की पर्याप्त आपूर्ति नहीं की जाती, इसलिए इस दिशा में भी पानी की आवश्यकता है। श्वेत पत्र पर्याप्त रूप से यह स्पष्ट कर देता है कि हमें पानी की सीमित मात्रा के भीतर ही इस सब की व्यवस्था करनी है, जिसे दक्षिण अफ्रीका अपने पड़ोसी देशों के अधिकारों को नज़रंदाज़ किये बिना प्रतिवर्ष अपने अधिकार के रूप में प्राप्त करता है। इसके अलावा, श्वेतपत्र में यह भी स्पष्ट कर दिया गया है कि बांधों, पंपिंग स्टेशनों आदि का निर्माण करके बाढ़ के संग्रहीत सीमित पानी का हम पहले ही दोहन कर चुके हैं। और देश को भविष्य में पानी के दोहन की बहुत कम गुंजाइश के साथ छोड़ दिया गया है। इस स्थिति में दक्षिण अफ्रीकी सरकार का श्वेतपत्र उनकी सभी आवश्यकताओं की पूर्ति के लिए एक कानून के निर्माण की बात करता है। निस्संदेह, सरकारी कानून दक्षिण अफ्रीकी समाज के विभिन्न वर्गों के लिए मददगार सिद्ध होगा। इस कानून के अतिरिक्त, इस अध्ययन में ऊपर कहीं और भारत में पानी के उपयोग के लिए व्यक्त विचारों को देखते हुए, श्वेत पत्र में कल्पित अपनी कानून प्रणाली को सुदृढ़ बनाने के लिए दक्षिण अफ्रीका के लिए यह बात मददगार होगी कि पूरे देश में कृषि

के लिए सर्वत्र ड्रिप तथा स्प्रिंकलर प्रणाली का उपयोग करते हुए पानी की आपूर्ति की व्यवस्था की जाये। जल आपूर्ति की यह व्यवस्था काफी हद तक उनकी विभिन्न आवश्यकताओं की पूर्ति के लिए सीमित पानी की आपूर्ति करने की समस्या का समाधान कर देगी। इसके विपरीत, हालांकि हमने अपने इस अध्ययन में बताया है कि हमारी कृषि आवश्यकताओं के लिए स्प्रिंकलर व ड्रिप प्रणाली का उपयोग करके पानी की आपूर्ति किये जाने की ज़रूरत है, ताकि पेयजल, स्वच्छता, औद्योगिक व अन्य उद्देश्यों के लिए पानी की प्रचुर मात्रा उपलब्ध रहे। इस अध्ययन में ग़ैर–कृषि कार्यों के लिए वर्ष 2020 व 2050 के लिए, उपलब्ध पानी की मात्रा निर्धारित कर दी गई है। वास्तव में, दक्षिण अफ्रीका में गोरों की स्थिति, जिसमें वे प्राकृतिक जल आपूर्ति व्यवस्था की नदी के मूल में स्थित भूमि पर वर्चस्व रखते थे और अपनी खेती के लिए नदियों के पानी पर अपने अधिकारों का दावा करते थे, हमारे शक्तिशाली और प्रभावशाली अमीर किसानों के समान हैं, जो हमारी बड़ी व मध्यम सिंचाई की नहर प्रणाली में नहरों के आसपास जमीन ख़रीदते हैं और धान व गन्न जैसी पानी की भारी खपत वाली फसलें उगा कर कानून का उल्लंघन करते हैं यहां तक कि वे उन क्षेत्रों में भी पानी का भारी खपत वाली फसलें जैसे ज्वार, बाजरा, कपास इत्यादि उगाते हैं, जहां कानून स्पष्ट रूप से इसकी मनाही करता है, जबकि दक्षिण अफ्रीका के श्वेत पत्र में भी पानी के समान वितरण के एक कानून के निर्माण के लिए केवल एक सिद्धान्त की कल्पना की है। हमारे मामले में हमारे यहां एक कानून है, जो नहर व्यवस्था के निचले पायदान के दूरदराज के इलाकों में भी पानी उपलब्ध कराने की अनुमति देता है लेकिन इसे ऊँचे पायदान पर बैठे किसानों के प्रभाव और सामाजिक ताकत के द्वारा लागू नहीं किया जा रहा। किसी भी स्थिति में, माइक्रो–हाइडल प्रणाली के उपयोग के ज़रिये, कृषि के लिए सर्वत्र पानी की आपूर्ति करने की इस पुस्तक में बताई गई व्यवस्था, भारत और दक्षिण अफ्रीका, दोनों के लिए ही मान्य है।

संदर्भ सूची

1. कृषि वित्त निगम मुम्बई, *तमिलनाडु में ड्रिप सिंचाई योजनाओं में वित्त पोषण :* इण्डियन पैट्रोकैमिकल्स कॉर्पोरेशन, बड़ौदा द्वारा तैयार एक व्यवहार्यता रिपोर्ट ।
2. एग्रीकल्चरल फाइनेंस कन्सल्टेंट्स लिमिटेड (पूर्व नाम कृषि वित्त निगम लिमिटेड) मुम्बई, *तमिलनाडु में सामुदायिक कुंओं के लिए ड्रिप सिंचाई योजनायें :* तमिलनाडु सरकार, मद्रास के लिए तैयार एक व्यवहार्यता रिपोर्ट, अगस्त 1989।
3. कृषि वित्त निगम, *मुम्बई, बिहार में ड्रिप सिंचाई योजनाओं को वित्त पोषण :* इण्डियन पैट्रोकैमिकल्स कॉर्पोरेशन लिमिटेड, वड़ोदरा (गुजरात) के लिए तैयार एक व्यवहार्यता रिपोर्ट, 1988।
4. कृषि वित्त निगम लिमिटेड, मुम्बई, उत्तरी क्षेत्रीय कार्यालय, नई दिल्ली, अक्तूबर; *ड्रिप सिंचाई प्रणालियों का मूल्यांकन,* कृषि में प्लास्टिक के उपयोग पर राष्ट्रीय समिति, कृषि मंत्रालय, भारत सरकार तथा कृषि एवं सहकारिता विभाग द्वारा प्रायोजित, 1988
5. एग्रीकल्चरल फाइनेंस कन्सल्टेंट्स लिमिटेड, (पूर्वनाम कृषि वित्त निगम लिमिटेड) मुम्बई, जनवरी 1989; व्यापक भूमि उपयोग प्रबंधन परियोजना, हकनहाल, जिला बेल्लारी, कर्नाटक सरकार द्वारा तैयार एक व्यवहार्यता रिपोर्ट, जनवरी 1989
6. सेंटर फॉर साइन्स एंड एन्वायरन्मेंट, स्टेट ऑफ इण्डियाज़ एन्वायरन्मेंट 4 ए सिटिज़न रिपोर्ट, *डाइंग विज़्डम–राईस, फॉल एण्ड पोटेंशियल ऑफ इण्डियाज़ ट्रेडिशनल वॉटर हार्वेस्टिंग सिस्टम्स।*
7. योजनाओं के माध्यम से सिंचाई क्षमता (संचयी) (परिशिष्ट 8. 1.2–दसवीं पंचवर्षीय योजना, भारत सरकार)।
8. फिरोदिया, अरुण, *'काउज़ आर फॉर एवर, मीथेन गैस, द आंसर टू आयल इम्पोर्ट्स, द टाइम्स ऑफ इंडिया,* 8 दिसम्बर 2004।

9. कर्नाटक सरकार, योजना विभाग (योजना वित्त व संसाधन प्रभाग); अंतर्राज्यीय आर्थिक संकेतक, मई 2004।
10. कर्नाटक सरकार, राजस्व सुधार आयोग, अंतिम रिपोर्ट, खण्ड 1, नवम्बर 2003।
11. कर्नाटक सरकार, राजस्व सुधार आयोग, अंतिम रिपोर्ट, फरवरी 2004।
12. कर्नाटक सरकार, व्यापक भूमि उपयोग प्रबंधन परियोजना।
13. भारत सरकार, योजना आयोग, ग्यारहवीं पंचवर्षीय योजना 2007–12।
14. 'सिंचाई उपकरण, 'कृषि एवं उद्योग सर्वेक्षण, खण्ड 14, अंक 8, 2004।
15. नदियों को परस्पर जोड़ना, जल संसाधन मंत्रालय, भारत सरकार, नई दिल्ली 2003– अंतर बेसिन जल अंतरण प्रस्ताव, अध्यक्षता श्री सुरेश टी. प्रभु।
16. न्यूसन मैल्कॉम, लैंड, रीवर एंड डिवेल्पमेंट : *संस्टेनेबल मैनेजमेंट ऑफ रीवर बेसिन्स।*
17. श्रीनिवासन, टी.एम., *दक्षिण भारत में सिचाई एवं जल आपूर्ति 200 ईसा पूर्व– 1600 ईस्वी।*
18. जल नीति पर श्वेत पत्र–दक्षिण अफ्रीका, 30 अप्रैल 1977।

□□□